中央广播电视大学教材

社会信用体系原理

王东胜　等编

中央广播电视大学出版社
北京

图书在版编目（CIP）数据

社会信用体系原理/王东胜等编．—北京：中央广播电视
大学出版社，2011.4
中央广播电视大学教材
ISBN 978-7-304-05089-4

Ⅰ.①社⋯　Ⅱ.①王⋯　Ⅲ.①信用—广播电视大学—
教材　Ⅳ.①F830.5

中国版本图书馆 CIP 数据核字（2011）第 065598 号

中央广播电视大学教材

社会信用体系原理

王东胜　等编

出版·发行：中央广播电视大学出版社

电话：营销中心 010-58840200　　　总编室 010-68182524

网址：http://www.crtvup.com.cn

地址：北京市海淀区西四环中路 45 号　邮编：100039

经销：新华书店北京发行所

策划编辑：李永强	**版式设计：**何智杰
责任编辑：胡玉喆	**责任版式：**韩建冬
责任印制：赵联生	**责任校对：**王　亚

印刷：北京博图彩色印刷有限公司	**印数：**0001~2000
版本：2011 年 4 月第 1 版	2011 年 4 月第 1 次印刷
开本：185mm×230mm	**印张：**18.5　**字数：**363 千字

书号：ISBN 978-7-304-05089-4

定价：27.00 元

（如有缺页或倒装，本社负责退换）

总　序

　　社会，尤其是转型期的社会，会不可避免地遇到诸多困难，甚至危机。在各种危机中，尤以信用危机的后果最为严重，影响最为深远。比如，2008年发生、席卷全球、几乎把世界经济拖入第二次世界大战以来最为严重衰退的金融风暴，其本质就是一场信用危机。在一个缺少信用的环境里，社会运行成本会大大增加，最终受到伤害的将是每一个人。

　　一方面，对于我国而言，加强社会信用体系建设，特别是加快信用人才培养，对于规范市场秩序，优化发展环境，推进科学发展，构建和谐社会，尤其是对于应对国际金融危机，促进经济平稳、快速发展，具有根本性的作用。目前，我国信用人才的培养主要分为学历教育及社会培训两个层面。国内已有中国人民大学、首都经济贸易大学、天津财经大学、上海财经大学、上海立信会计学院等多所高校开设了信用管理专业。信用管理专业毕业生已经成为工商企业、征信机构和金融机构倾力争夺的紧俏人才。

　　从我国信用管理人才供应情况看，信用人才的培养还远不能满足社会经济发展，特别是社会信用体系建设的需求。据测算，目前我国所需信用管理人才数量应在500万人以上。在这一背景下，2010年春季开始面向全国招生的中央广播电视大学信用管理专业的开设，无疑为社会信用体系建设开辟了一个教育大平台。该专业的课程涵盖了学历教育与职业培训教育相结合的"双证制"教育，具有"量身定做"的针对性和"不拘一格"的普及性，填补了我国远程教育专业设置的空白，开辟了信用管理人才培养的新途径。

　　信用管理专业系列教材的编写工作，是在曾荣膺"2009年中国信用建设创新单位"称号的天津广播电视大学主持下，依托中央广播电视大学专业团队的雄厚实力，会聚诸多业内专家、教授、远程教育学者以及一线骨干教师的智慧与心血，历时4年，在大家齐心协力、献计献策、不断探索与创新下完成的。这套教材的陆续出版奠定了全国信用管理专业教育大平台的坚实基础。

　　信用管理专业系列教材的编写是一次全新的尝试。在目标设计上，该系列教材定位于学历教育和职业知识技能培训相结合的目的，不仅要满足全国广播电视大学信用管理专业的教学需求，还要兼顾当前普及信用管理知识、适应国家信用管理职业建设与发展的需求，力求体现系统性和实践性。这套教材的陆续出版也为全国广播电视大学组织开展系列教材的编写提供了宝贵经验。

这套教材的特殊定位，决定了它不仅可以为信用管理专业教学服务，适用于全国广播电视大学信用管理专业的教学；而且可以满足各行业信用管理实践人员，尤其是在企业中从事信用风险管理和征信技术工作的专业人员的需要。对于广大企业信用管理岗位的专业技术人员、信用管理咨询服务从业人员，以及其他社会信用体系建设的相关专业人员来说，此系列教材也不失为一套系统性强、特色突出、专业实用、便于自学的最新参考资料。

本系列教材在内容安排和编写上，力求架构如下知识体系并体现如下风格特点：

1. 以信用管理的基础理论为指导，突出理论创新和现实应用的结合。通过简洁的论述，呈现我国现阶段信用管理活动较为清晰、完整和科学的理论体系，帮助读者认识我国现代信用管理基础理论研究与实践应用的基本框架。

2. 全面介绍信用管理的各种成果，努力实现对信用管理知识的普及。从多个层面展示现代信用原理在社会经济秩序和人们生活中的作用，通俗易懂地说明其在行业管理和实践中的各种应用范式，并揭示信用管理实践的特点。

3. 结合我国社会经济的基本情况，探讨信用管理工作的具体方法。科学、系统地介绍信用管理的各种方法、规范、技巧、程序、模式和经验等，具有易于掌握，实用性和可操作性强的特点。

4. 围绕社会信用体系的建立和发展，提供各种有益经验和政策探索。安排一定篇幅推介国内外成功的信用管理行业、机构组织及有效的法律、政策，并探讨其发展的历史与趋势，力求与信用管理政策研究同步发展。

5. 将信用管理发展的最新成果与远程教育的方法相结合，符合远程教育的基本规律。为了便于学生自学，在内容、结构、版式方面都作了一些改革尝试，力争实现以学生为中心的设计思想，在适应学生以自学为主的学习方式上获得突破。

此外，每一本教材都配有辅助媒体，如视听教材和课件等，特别适合工作繁忙的学生自学使用，也便于信用管理职业培训选择使用。

在编写过程中，教材编委会和教材评审委员会通过数次论证、设计和修改，确定了撰写方案。针对六门必修课、两门选修课的教材，教材编委会和教材评审委员会进行了一系列严格的初审、修改、再审、再改和最终审定，以确保其设计上的科学合理和质量上的放心可靠。

世有伯乐，然后有千里马。如果说，信用管理专业系列教材的编写是当前万马奔腾的社会信用体系建设大业中的一匹"千里马"的话，那么，该系列教材编写大团队中的"智囊团"和"验收团"就是"伯乐"。正是有众多的"伯乐"深度参与了该系列教材的设计、执笔与评审，才有了该系列教材编写工作的顺利完成。

该系列教材编写的成功，是信用管理专业建设大团队协作的成功。该系列教材的陆续出版，标志着我们在社会信用体系建设大业中，在信用管理专业与远程教育、传统教育相融合的大道上，迈出了扎实的一步。我们坚信，在这一康庄大道上，会有更多的"伯乐"、更多的"千里马"脱颖而出。当更多的"伯乐"与"千里马"所催生的"闻道者"和"术业专攻者"，投入社会信用体系建设大业，哪怕是为此而迈出一小步时，他们的努力都将推动社会信用体系建设大业向前跨越一大步。

值得肯定的是，中央广播电视大学信用管理专业作为首个面向全国开展学历教育并兼顾职业培训的专业，其教学资源包括教材、录像课、网络课件等多种媒体形式，并通过中央广播电视大学网络平台组织教学活动。这就使该系列教材在选材布局方面获得了更大的空间，使各种媒体的本体优势及远程开放教育的总体优势互补得以实现。因此，我们由衷期待信用管理专业和该系列教材可以帮助学生成长。

"民以信为立，国以信为基。"党的十六大把"诚实守信"作为我国社会主义市场经济未来道德建设的重点；社会主义市场经济体制的确立，又从根本上保障了发展社会信用、建立信用制度的良好基础。在举国重视社会信用建设的大背景下，我们衷心希望，信用管理专业系列教材的出版能够为我国社会信用体系的建设和发展略尽绵薄。

是为序。

章　政

北京大学中国信用研究中心　主任

2010 年 5 月于北京大学

前　言

　　社会信用体系问题是建设有中国特色社会主义市场经济所必须解决的一个重要问题。市场经济就是信用经济，信用是维系社会经济正常运转的基本机制之一。个人必须树立信用观念，企业必须加强信用服务，国家不能没有社会信用体系，社会不能没有信用服务制度。当前，我国社会信用体系的建设已严重滞后于社会主义市场经济体制发展的进程。社会信用体系不健全、信用秩序混乱严重地阻碍和干扰了我国社会主义市场经济的健康发展以及和谐社会的构建，完善我国社会信用体系已经成为保证我国经济可持续发展，顺利构建和谐社会的必要条件。党中央、国务院高度重视信用问题，2007 年 10 月，党的十七大报告明确提出建立和健全社会信用体系，加快建设和完善企业和个人征信系统，建立有效的信用激励和失信惩戒制度，强化全社会信用意识和诚信行为，营造诚实守信、公平竞争的市场环境，规范发展行业协会和市场中介组织的具体要求。为此，强化信用教育首当其冲。

　　近年来，随着市场经济程度的不断加深，我国经济建设取得了举世瞩目的成就，信用环境发生了翻天覆地的变化。这对于信用学教材的编写也就提出了更高的要求。我们较系统地梳理了国内外信用体系建设的相关理论，并与我国的实践相结合，在参考国内外已有文献的基础上，兼收并蓄，扬长避短，编写了这本具有较强理论性和实践性的教材。

　　"社会信用体系原理"是中央广播电视大学开放教育（专科）信用管理专业的一门统设必修专业课，我们希望学生通过本课程的学习，系统地从理论方面了解社会信用体系这一社会系统工程。为了配合本课程的教学，我们编写了本书，本书既可作为信用管理专业基础课教学的教材，也可作为各项信用服务培训的基础教材，还可以作为社会各界人士学习和了解信用服务知识的参考资料。

　　本书的主要特点是：

　　1. 定位明确。本书定位于培养专科应用型人才，以简明性、原理性为宗旨，内容上做到"必需、够用"，并着眼于实际应用，具有可操作性。坚持按照先进、简明、适用、通俗的原则选择内容。"先进"，就是强调信用学科新理论、新知识、新技术、新方法、新经验，使内容先进、科学；"简明"，就是内容"必需、够用"即可，基本概念准确明了，基础知识全面深入，不片面强调过于复杂的论证；"适用"，就是着眼于信用学科的发展和现实应用，具有理论和实用价值，具有可操作性；"通俗"，就是内容深入浅出，通俗易懂。

2. 反映时代特色，注重本土化。本书能够反映对信用学科的最新认识、形成的新成果。"本土化"，就是在编写过程中不照搬国外的教材，而是要有意识地把西方信用学科的普遍原理与中国的特殊国情和中国信用学科的最新实践相结合，编写出符合我国国情的教材。

3. 体系清晰，使读者对所学内容一目了然。本书力求篇章结构合理有序，利于读者掌握相关知识。

本书结构设计与总纂由南开大学王东胜副教授负责。全书分十章。在编写过程中，具体章节分工是：王东胜编写第一章、第二章、第三章、第五章、第六章、第七章和第十章；天津广播电视大学杨冬梅副教授编写第四章和第九章；天津财经大学刘云编写第八章。另外，多位老师和研究生对本书的编写提供了帮助。这里要特别感谢天津财经大学杜木恒教授、天津广播电视大学孙会国老师、中管信用中心王炜博士以及郭文斌、刘仁宾、师军、王洋和邓敏等，他们查找了大量文献，提出了许多有益的建议并协助编者完成了此书。在对本书进行评审时，审定组专家中央财经大学李健教授、安贺新教授和许进副教授提出了宝贵意见，在此一并表示感谢。本书在编写过程中，参考和吸收了大量该领域已有的各类研究成果，对这些成果的编著者在此表示衷心的感谢！

编者在编写过程中深刻体会到：社会信用体系建设是一项长期而艰巨的任务，目前理论上尚未形成系统的、完整的学科体系，实践上尚处于摸索阶段，需要众多同人一起积极探索和不懈努力，找到完善之路。由于时间仓促以及本人的研究和实践深度有限，书中的错误和疏漏在所难免，还望广大师生予以批评指正，以便日后逐步改进和完善。

编　者

2010 年 12 月

目　录

第一章

社会信用与现代市场经济

学习目标

1. 掌握信用结构的构成及信用机制的内涵和功能；
2. 了解信用形成的基础和信用的发展阶段；
3. 理解现代市场经济是信用经济；
4. 掌握市场经济条件下的信用供给机制。

基本概念

信用结构　　　信用主体　　　信用方式　　　信用机制　　　信用行为

信用关系　　　信用制度　　　社会信用　　　信用货币

对"信用"词义的解释无论是在中国还是在外国，都比较丰富。而国内比较权威的经济学词典和教科书通常将"信用"定义为借贷活动，包括现代的赊欠、债权、存款等，是指以偿还为条件的价值运动的特殊形式。例如，"商品买卖中的延期付款或货币的借贷"，即在商品货币关系存在条件下，"债权人以有条件让渡的形式贷出货币或赊销商品，债务人则按约定日期偿还借款或贷款，并支付利息"。

根据"信用"一词的各种解释，我们可以归纳出信用概念的两个层面的含义：一是伦理道德信用，即基于伦理道德价值判断的信用范畴，这是广义的信用，是指人们履行义务或责任的意愿和行为，涉及政治、社会、经济、文化、道德各个方面，亦即人们通常所说的"诚信"概念。二是契约经济信用，即基于经济价值判断的信用范畴，这是较为狭义的信用，是指经济交易活动中经济主体（主要是受信人）按期履约的意愿和行为。在现实社会经济生活中，信用涉及经济、文化、法律、政治、道德等多个层面，而这些方面往往不能截然分开，并且相互关联，相互作用，我中有你，你中有我。例如，商业领域的信用，既反映了一种商业道德，又体现了一种企业文化、经济文化。信用所涉及的债权与债务、权利与义务关系，则反映了法律和经济的问题。

在信用交易过程中，受信人的承诺和授信人的认可相互结合在一起，便形成了信用关系。信用关系的纽带是契约（合同或合约），但这种契约可以是正式的（有正规标准的契约，甚至经过公证），也可以是非正式的（口头或默认）。一般而言，非正式契约不具有法律效力，但无论是发达社会还是不发达社会，都存在大量的非正式契约。契约能否履行，既取决于受信人的守信程度，又取决于授信人的信用服务水平。但关键在于加强信用管理，即要有一套完整的对受信人具有内在约束的信用规则和对受信人构成外在约束的信用法律。信用规则和信用法律构成了信用制度的基本内容。

第一节　信用结构和信用机制

一、信用结构

信用结构是指信用活动过程中所形成的各种信用要素、信用形式、信用类型的构成状态。经济交易活动中所产生的信用行为和信用关系形成了信用的基本结构，这种基本结构由信用主体、信用客体、信用条件、信用载体、信用内容、信用方式、信用类型诸要素组成。

（一）信用主体

信用主体是指信用行为发生的当事人双方，即具有各种民事行为能力的经济主体（包括自然人和法人）。其中，转移资产的一方为授信人（债权人），而接受资产转移的一方为受信人（债务人）。在有的市场信用交易中，如抵押贷款，同一主体既是授信人，又是受信人，而在大多数交易中，授信人与受信人则是相互分离的。可见信用行为发生有双向性，也有单向性。

（二）信用客体

信用是通过一定经济交易行为的发生来实现的，就应当有交易的对象，即信用客体。这种交易的对象是授信人的资产，既可以是有形的（如商品、货币等），也可以是无形的（如各种服务）。如果没有交易的对象，就不会有经济交易行为发生，也不会有信用行为发生。

（三）信用条件

信用条件包括时间间隔和承诺。信用意味着资产和服务的转移或者所有权和使用权的暂时分离，这就需要确定一个时间间隔，没有时间间隔，授信人无从授信并取得权利，受信人也难以获信并践约，契约也难以订立，当然信用关系也就难以确立。时间间隔使得某种信用关系中内含不确定性因素的影响，容易诱发风险，为了减少信用风险，需要一方对另一方做出某种承诺（如还本付息承诺、售后服务承诺、品质保证承诺等）。

（四）信用载体

信用及信用关系在交易中是通过信用载体反映出来的，没有信用载体，信用关系无所依附，信用行为无从规范，信用难以维持。信用载体可以是内化在交易行为中的价值准则，也可以是带有非正式契约性质的口头承诺或者格式化的各种信用工具；可以是抽象的，也可以是具体的。前者主要指口头信用，如血缘关系、个人权威性品质以及口头协议等。授受信双方以诚实、信誉、信任为保证条件，明显地包含道德和心理因素，基于个人品质与能力。在这种意义上显示人格化，依赖特殊对象或个人的信誉、权威、信任心理等抽象形式。后者主要指书面信用和挂账信用等具体物化形式。书面信用反映在凭证上，如信用流通工具、契约文书、发票等；挂账信用反映在账簿上。在这两种信用形式中，授受信双方也需要依靠诚实、信誉、信任等条件，但其效力主要源于书面凭证的法律效力，鉴于利益的等价权衡。在这种意义上信用载体显示价值化。

（五）信用内容

在信用关系中，授信人以自身财产为基础授予对方信用，受信人则以契约或承诺为保证而取得信用，便形成了信用内容。在信用行为发生过程中，授信人取得一定权利，受信人则承担相应义务，没有拥有的权利和承诺的义务便没有信用。因此，信用内容的实质就是信用关系各方的权利与义务关系。

（六）信用方式

信用方式指信用交易的具体表现形式，是信用活动的条件、过程及形式的集合表现。主要有借贷、商品赊销、预付货款、分期付款、延期付款、经销、代销、包销、委托、代理、担保、抵押、租赁、信托等。不同的信用方式各有其相应的信用载体。

（七）信用类型

信用类型是对不同信用方式所进行的区分与归类。按信用交易对象划分，有实物信用和货币信用；按信用提供主体划分，有企业信用、银行信用、社会信用、个人信用、国际信用等；按信用对象物的用途划分，有生产信用、流通信用、消费信用、融资信用、合作信用等。

二、信用机制

信用的实现有赖于信用行为的实施和信用关系的形成，信用行为和信用关系需要内在的道德伦理约束（信用意识）和外在的规则制度制约（信用制度）予以保障。由此形成了以信用意识、信用行为、信用关系、信用制度为内容的信用机制。以下主要讨论信用行为、信用关系和信用制度。

（一）信用机制的内涵

信用机制是一种自循环系统，要保证其各个链条不中断或不发生梗阻，还需要信用行业、信用中介机构与信用监督管理机构的参与和引导，需要以现代信息技术为基础的信用信息管理系统的支撑，这些构成了社会信用体系的基本内容。所以，从层次上考查，社会信用体系由信用价值心理层次、信用要素层次、信用制度层次、信用运行层次、组织管理层次等组成，信用结构和信用机制在这些不同信用层次中形成了一种交互的关系。

1. 信用行为

信用行为即信用实践活动，涵盖权利的享有和义务的承诺与履行，包括诚实交易、定约履约、按约行事等行为活动。在市场信用交易中，信用行为具体表现为守信和失信两种行为。守信与失信直接取决于信用意识和偿还能力，受信人的信用意识和偿付能力强，就会自觉履行偿债义务和责任，恪守信用。反之，缺乏信用意识或偿还能力，容易发生失信或违信行为。

2. 信用关系

信用关系是人们在长期的商品交换过程中凝聚起来的信用意识的必然要求，信用关系的发展进一步推动了信用行为的发生，信用行为的顺利实现依赖于信用制度的保障。这种信用行为、信用关系、信用意识和信用制度之间所形成的内在耦合关系便构成了信用机制。

信用关系是由两个或两个以上经济主体在交易行为中所结成的经济关系。信用交易中的信用关系是客观形成的现实关系，是结果性的存在。信用关系确立后，授信人取得一种权利，受信人承担一种义务或责任，没有对权利和义务、利益和责任的关系的承诺就无所谓信用。因此，信用关系表现为权利和义务、利益和责任的关系。良好的、稳定的信用关系趋向于普遍化和经常化，会上升为一种交易规则，并逐渐制度化，这有利于规范人们的经济行为，促进市场交易秩序的形成和信用交易的发展，从而有助于信用机制的顺利运行。信用关系在初始时是依赖于一种道德力量，出于利益选择或预期下的道德约束。随着商品经济发展和市场经济的确立，以及经济行为的契约化，信用关系越来越依赖于制度和法律的保障。

3. 信用制度

信用制度是约束信用主体行为和维护信用关系的一系列规范、准则等合约性安排。它是通过正式的合约性安排和非正式的合约性安排两种形式形成的。正式的合约性安排所形成的信用制度主要表现为对交易双方的行为进行约束，保障信用秩序的各种规则和管理制度，主要是以法律约束为中心的各种交易规则，是外在的、公开的、有章可循的。非正式的合约性安排所形成的信用制度是长期演化形成的，表现为非正式的规则、社会文化、社会习俗、交易习惯、价值准则、思想道德等，是内在的、隐性的，但又是人们自觉遵守的。信用制度的功能在于减少市场交易中的机会主义行为，减少经济活动和联系中的不确定性，帮助人们形成稳定、可靠的预期。一项制度安排是"好"是"坏"，即对它的价值判断如何，要看它能否提高经济效益，带来经济增长，以及最大限度地实现社会公平。

所以，信用机制是适应商品经济和商品交换发展内在要求的必然结果，是对经济主体的内化的和外在的制约机制，它的建立和完善为保证市场经济正常、稳定、有序地进行提供了重要的制度保障。严格地说，信用机制并非信用行为、信用关系和信用制度等的简单叠加，而是市场经济社会不可或缺的、可以自我循环的信用约束和规则体系。

（二）信用机制的功能

1. 稳定功能

健全的信用机制能够减少经济活动和经济交易中的不确定性，帮助人们形成稳定、可靠的预期。现代社会经济生活中，经济主体之间在十分广阔的领域中存在着既竞争又合作的关系，但由于人的有限理性、机会主义行为以及信息不对称等原因，经济主体自身不可能处理好竞争与合作的关系。信用机制的存在为人们从事社会经济活动提供了一系列规制，规范着经济主体的行为及其相互之间的信用关系。信用机制通过自身对经济主体的经济交易关系的这种规制效应，减少了经济活动中的信息成本和不确定性，使得干扰契约进行的不利因素减少到最低程度。因此，健全的信用机制为节约经济交易费用提供了有效途径。

2. 约束功能

健全的信用机制及其实施，能够规范和约束经济主体的交易行为，便于经济主体之间的信息传递，从而有利于维持良好的市场经济秩序，优化社会信用环境。信用机制约束经济主体遵守诺言、履行约定，在获取一定利益的同时，出让相应或对等的利益或承担一定的责任，履行一定的义务，从而实现利益或责任、义务互置。

3. 信任功能

信用机制奠定了社会经济交往的信任基础，而信任是现代社会"陌生人"之间进行经济交易的纽带，这种信任包括某个经济主体对自己的行为结果会获得预期利益的信心和交易对方会保障这一利益实现的置信。正是有了信用机制对经济活动和经济主体行为在道德、制度、法律上的有效约束和严格规范，使得信用交易对象越来越多，交易范围越来越广，交易规模越来越大，从而促进社会经济形态由低级向高级发展。试想，在一个缺乏信任的社会里，人们将大笔现金存入银行或购买有价证券，银行又将大量资金贷放出去，人们定期向保险公司支付保费以换取未来很长时期才能兑现，甚至永远不需要兑现的保险单，生产商将大批产品预售给购货方等一系列信用活动的实现，那是根本不可想象的。所以，信用机制构成了社会的信任结构，促进了信用经济的成熟和发展。

第二节 信用形成的历史条件和发展阶段

社会信用是指社会成员在社会活动中遵守法律、履行义务的自觉程序。现代社会是一个复杂的大系统，不同的社会主体之间有着千丝万缕的关系，因此社会信用绝不是各种社会主体信用的简单相加。它主要包括政府信用、企业信用、个人信用三个方面，是评定社会成员信用情况的一项综合性指标。社会的市场化程度越发达，对社会成员的信用要求就越高。

一、信用形成的基础

（一）自然基础

众所周知，凡群居性的高等动物，对自己的同类都有一种本能的相互趋近和相互肯定的倾向，在相近和类比的意义上，我们也不妨将其称为动物间的彼此"信任"。在类属相同、血缘关系相近的动物个体之间这种"信任"关系表现得尤为明显。例如，在猩猩、大象、狗等动物群体中，母兽面临外来危险时会不惜牺牲生命保护幼兽。母兽的行为不能不使我们肯定动物界确有"信任"或"信用"存在。正是这种"信用"关系的存在，才使它们在自然选择的过程中胜出，在进化的历史链条中占有一席之地。人作为高级动物是动物大家庭中的一员，尽管在漫长的进化过程中，它获得了许多其他动物所不具有的特质，但仍然在许多方面与其他动物保持着一致或联系。遗传机制的强制性迫使高级机体在一切方面包含低级机体的要素和特质，因此，上述这种动物的类信用因素也就必然构成人类信用的自然基础和生物学起点。

（二）社会基础

人类的社会化机制及其日益强化是社会信用形成的社会基础。人类的本质在于社会性，社会的本质在于实践性。人类社会实践过程的存在和发展，必然导致人与人之间的协作配合或社会联系的强化。从原始人对狩猎对象的追捕合围到现代人进行高自动化机械系统的流水作业，无不如此。而人与人之间的配合协作，当然少不了彼此间的利益认同、关系认同、命运认同等基本条件，它们的综合表现就是彼此的信用态度和趋向，就是彼此相互承诺和践诺的信用关系的确立。如果原始人在捕获机会转瞬即逝的那一刻，现代人在流水线上眼看配件就要从左手滑过的那一刻，还要对其他人能否有合作的信用进行猜测的话，社会生产就根本无法进行，人类社会也根本不能存在。人类社会的这种强制性社会化机制是信用存在的社会基础。它与自然基础相结合，使社会信用由可能的潜在形态转化为显化的现实形态。

二、信用发展阶段

一般来讲，信用发展有三个不同阶段：

（一）信用的道德化阶段

信用的道德化阶段是最早形成的。如前文所述，我国古代有丰富的信用道德的文化思想、资源。例如，儒家文化有许多对君子的行为规范，如"言必信，行必果"，还有"君子一言，驷马难追"。要成为"君子"，就必须成为一个有信用的人；而"小人"则看重利益，不讲信用，没有信誉。

在我国民间，也有借钱或物时的守信用的习惯。例如，"好借好还，再借不难"这句俗语，貌似简单，但意义十分深刻。即使在现代民间小额金钱借贷中，依然适用这些习惯。一旦某人借钱不还，特别是有钱也不还时，他的商业信用度便极大降低了。最后，他会被人视为"赖账"之人，终会被淘汰出商业社会。现在，我国民间信用仍然处于道德化阶段，民间的小额借款有时不用写借据，全凭借款者的个人信用。这便是信用的道德化阶段。

（二）信用的商业化阶段

信用的商业化阶段，是将信用记录当做一种"信息商品"使之进入市场，像所有信息商品那样可以买卖。在发达国家的市场上有专门经营信用记录的公司，这些公司从各种金融机构有偿收集客户们的信用记录资料，将这些信用记录的原始资料整理后，输入计算机的数据库。现在信用信息公司已经可以将数据库用光缆同各个金融机构相连接，随时提供在线服务。当银行和信用卡公司需要了解或调查某个客户的信用记录时，可随时通过信用信息公司有偿使用这些记录资料。

由于信用记录资料商业化，在金融市场上就形成了"市场信用的纪律和制度约束"。信用的约束方式表现在：商业银行和信用卡公司对于信用记录欠佳的客户，不会向其发放贷款或提供信用卡。这是对客户个人的信用记录的商业化。

而且，在现代社会里，金融机构的信用也被商业化了。国际上有几家著名的金融机构信用评级公司，如美国的标准普尔公司、穆迪公司等，专门对金融机构进行信用评级。

金融机构如果在国际市场上发行债券，发行价格和发行成本与该金融机构的信用级别有相当大的关系。金融机构的信用级别越高，发行债券的成本越低。反之，金融机构的信用级别越低，它发行债券的成本就越高。所以，这些信用评级公司的评级方法与技术，也成为商业市场的知识产品。

（三）信用的证券化阶段

信用发展到证券化阶段，原来由一个或两个担保人来担保的贷款信用，改由大众来担保。保险经营就是信用契约化的典型。保险公司是没有能力单独承担担保风险的，但是保险公司采取一种风险分散的特殊经营方式，即由大众买保险来分担风险。这样，保险公司就可以承担较大的风险了。

同样的道理也适用于贷款的担保经营方面。当担保人采用发行债券的方式，将担保的风险分散给大众时，担保人的风险也同样可以减少。这种做法就是信用的证券化。通过证券的方法，以支付一定利息为条件，向大众出售担保证券、债券、契约，以及商业票据，可以筹集到大众担保的资金。这就到了信用证券化的阶段。

信用好的大型金融机构，可以以较低的成本发行债券，再将低成本获得的资金转给融资成本较高的小型公司，这通常是大型国际银行总行对海外分行提供资金的主要方法，这也相当于总行对分行的信用担保的一种证券化。

可见信用的证券化是采用市场的方法，将信用担保的履行变成了依靠市场来保障，而不是基于个别金融机构或个人的信用水平。

三、信用制度变迁

(一) 人伦信用

在传统社会，信用主要表现为一种人伦信用。人们在发生经济往来时，主要依靠双方之间的道德信任来约束自己的行为，依靠无字据的"君子协定"来使双方自觉履行经济义务或其他义务。

人伦信用是以自然经济为基础的。在自然经济社会中，人与人之间的关系是以血缘和亲情为纽带的。在家国一体的社会结构中，血缘关系成为社会的基本关系。个体的基本社会角色是家庭成员，而不是社会公民。不仅如此，血缘还是人际关系的基本类型，是一切关系的基础。传统社会人际关系的基本范式是"君臣、父子、兄弟、朋友、夫妇"五伦。其中，君臣关系为父子关系的延伸，朋友关系为兄弟关系的延伸，夫妇则介于两者之间。血缘本位导致了人们对情感的重视，血缘机制的核心便是"情"。在人际交往中，人们以人情为调节机制，通过"修己正心"、"以心换心"、"将心比心"、"投桃报李"的人际交往来维护相互之间的信用关系。同时，在自然经济社会，人们的生活自给自足，社会流动性很小，人们从小到大乃至离开人世都在一块，"低头不见，抬头见"，在这种"熟人社会"里，人们极易建立和保持相互之间的信任关系。

🎓 **小知识**

　　"五伦"是中国传统社会基本的五种人伦关系，即父子、君臣、夫妇、兄弟、朋友五种关系，是狭义的"人伦"。古人以君臣、父子、夫妇、兄弟、朋友为"五伦"。孟子认为：父子之间有骨肉之亲，君臣之间有礼义之道，夫妇之间挚爱而又内外有别，老少之间有尊卑之序，朋友之间有诚信之德，这是处理人与人之间关系的道理和行为准则。

　　《孟子·滕文公上》曰："使契为司徒，教以人伦：父子有亲，君臣有义，夫妇有别，长幼有序，朋友有信。"人伦中的双方都是要遵守一定的"规矩"。为臣的，要忠于职守；为君的，要以礼给他们相应的待遇。为父的，要慈祥；为子的，要孝顺。为夫的，要主外；为妇的，要主内。为兄的，要照顾弟弟；为弟的，要敬重兄长。为友的，要讲信义。

　　"人伦"一词最早见于《孟子·滕文公上》。书中载，上古时候，人们

"逸居而无教，则近于禽兽"，圣人"使契为司徒，教以人伦"。在《尚书·尧典》中，已有"慎徽五典"的说法，即要以五种美德教导自己的臣民。据《左传》解释，"五典"就是"父义、母慈、兄友、弟恭、子孝"。后来，孔子提出"君君、臣臣、父父、子子"，增加了君臣关系。最后由孟子在整理和总结中国以往道德关系和道德规范的基础上，全面地概括了封建社会里人们之间的这五种基本的道德关系，并提出相应的道德规范。中国古代许多思想家，特别是儒家最重视人伦。据孟子说，古代设立庠、序、学校，"皆所以明人伦也"。一旦"人伦明于上，小民亲于下"就能实现国治天下平的理想社会。

（二）契约信用

在市场经济条件下，信用主要表现为一种契约信用。市场经济本质上是一种契约经济。市场经济使人们从一种"熟人社会"进入了"陌生人的世界"，由于交易范围的扩大，人们相互之间不知底细，商品交换的信用只能靠契约来维护。在"契约社会"，每个人都是独立自主的，都在法律上享有平等的权利和义务，人们不再是束缚在"家族"内听任"家长"的支配，而是处于一种新的社会秩序中，受契约调整，这种新的社会秩序不是在血缘关系中确立的，而是由每一个人根据契约而形成的。

（三）从人伦信用到契约信用

随着我国市场经济的发展和商品货币关系的普遍化，人们之间的经济交往日益频繁和复杂，人员流动性较大，传统的重复式、人情化交易越来越被非重复式、非人情化交易所取代。与此相适应，仅仅依靠人伦信用关系无法满足流动的、分化的、异质的个体之间的经济秩序的需要。于是必须借助于以法律为保障和后盾的契约信用关系。因而，信用制度也逐渐由人伦信用向契约信用转变。这一转变使社会信用关系发生了根本的变化。

1. 信用要求由模糊到清晰

在传统社会里，人们只是一般性地要求诚实守信，但应达到何种程度，没有任何量化指标。在市场经济条件下，信用要求具体而明确，往往伴有量化的指标来衡量对信用关系的重视程度和其可靠程度。现在国际上通行的做法是进行信用评估。

2. 信用约束机制由弱到强，由软到硬

在传统社会中，信用约束机制侧重软约束，即主要依靠社会舆论、个体的道德自觉来保证信用。背信之人，其受到的是社会舆论的谴责和良心的谴责，仅此而已，难有进一步的惩罚。在市场经济条件下，信用约束机制硬化。在现代社会中，信用主要是借助法律权威来监督和保护，失信时要实施惩罚和赔偿。

3. 信用关系作用范围由小到大，由狭窄到宽泛

在传统社会里，信用起作用的范围是很狭窄的。由于约束机制较弱，人伦信用关系很难在较广的范围内，或在素不相识的人之间实际地发生作用，是一种基于血缘、亲缘的人伦信用。商品经济是一种开放的外向型经济，商品交换打破了狭隘的时空限制。与之相适应，信用范围也日益广泛，从封闭走向开放。

4. 信用价值取向从义到利

在传统社会里，信用关系重视的是人与人之间的"义"，强调信用关系是道德义务，应自觉履行，否则便是不义之人。在市场经济条件下，信用价值的取向虽然也强调义，但更强调的是经济利益。商品活动在带来巨额利润的同时，也往往存在巨大市场风险。信用的作用就在于使将来的给付行为变得更加可以预期、更为确定，避免或减少市场风险。信用兼具人格性和财产性且财产性日益突出的事实，是市场经济条件下信用日显重要的基本原因。

总之，由人伦信用到契约信用，是我国由传统自然经济和计划经济向市场经济体制转变的重要方面，也是我国市场信用制度变迁的基本内容。

第三节　信用与现代市场经济的联系

没有信用，就没有秩序，市场经济就不能健康地发展。这句话揭示了信用与现代市场经济的内在联系，表明了现代市场经济依存于信用这一基本属性。因此，揭示信用与市场经济的内在联系，深刻认识市场经济依存于信用的基本属性，便成为研究社会信用体系建设的理论基础和逻辑起点。

现代社会的发展越来越充分地表明，信用和法律是维系市场经济健康发展的两个互补的基本机制。实现公平和有序竞争是市场经济体制的本质要求，其外在的规制是法律体系，其内在的约束机制则是人们在交易中逐渐形成的社会信用体系。

社会信用的发展与商品货币经济的发展密切相关，并且在不断改变着商品。由于货币经济运行的方式乃至性质，尤其是在商品货币经济高度发展的现代市场经济中，信用成为维系各个经济主体利益关系的纽带和维护市场秩序的基石，没有信用就没有交换，没有信用就没有秩序，没有信用市场经济就不能正常运行。市场经济需要信用，市场经济逼着人们讲信用；市场经济的法则奖励讲信用，也毫不留情地惩罚不讲信用。任何国家要发展市场经济，就必须在广泛倡导信用精神的基础上培植和维护信誉，这样才能以良好的形象在激烈的国内

外竞争中立于不败之地。市场越发达，就越要求诚实守信。

一、现代市场经济本质上是信用经济

（一）信用是经济正常运转的必要条件

在商品经济活动中，由于各部门、各企业生产不同商品的周期长短不一，资金周转情况也各不相同，客观上产生了商品赊销以及资金借贷的要求。由于生产力的提高，商品日益丰富，住宅等不动产以及耐用消费品的销售，客观上也要求消费信用的出现。在这种条件下，信用关系便逐渐成为现代经济生活中一种最普遍的经济关系。这时，经济活动中的每一个部门、每一个环节都渗透着信用关系。在社会再生产过程中，任何企业都不可避免地要利用信用活动来保持生产连续进行或扩大生产。政府发行国债，向企业、个人或其他部门借款；也作为债权人向社会发放贷款，利用信用关系生产公共产品，调控经济活动。个人一方面通过银行存款或购买企业、政府债券成为债权人；另一方面也通过消费信贷、分期付款等方式获得信用而成为债务人。这些信用关系相互交织在一起，成为联结所有经济活动主体和一切经济环节的纽带。经济越发展，债权、债务关系越紧密，信用对经济正常运转就越加必要，一旦遭到侵害，就易引发债务危机、信用危机和经济危机。从这个意义上说，现代市场经济实质上是信用经济。

（二）信用是市场运行机制本身的要求

现代市场经济本质上之所以应当是信用经济，还反映在市场运行机制本身就蕴涵对市场主体的信用要求。价值规律要求人们遵守等价交换、平等互利的原则；竞争法则要求人们树立公平的竞争观；经济交往的复杂性要求市场主体尊重契约和合同。从商品市场的买卖到资本市场的借贷，从要素市场上的交易到证券市场上的支付等，无不需要因自愿和重复而产生商业社会所需要的道德即商业信用。因为市场交易具有自愿性，必然要求只有在双方都觉得有利可图的情况下交易才能进行；因为市场交易具有重复性，某个交易者在某一时刻可能具有欺诈性，但他不可能在另一时刻再欺诈同一对象，所以出于自我利益最大化和长期化，交易者自然要形成一种重信用的习惯。市场主体只有讲信用才可能获得牢靠的伙伴，才可能有品牌形象的树立，才可能进行规模扩张。在成熟的市场经济条件下，信用已经成为每个社会主体立足社会不可或缺的"无形资本"，恪守信用乃是每个社会主体应当具有的生存理念和社会意识之一。它不是空洞的概念，而是资本，是财富，也是竞争力。一个企业缺少资金可以借贷，而缺少信用则无人会与之进行交易。古今中外，没有人因无信而长久立足，没有企业因无信而不断发展，没有国家因无信而兴旺发达。总之，人类社会自出现商品交换后，经济领域的信用关系也就相伴而生。当以物易物的交易进化到以货币为媒介的商品交易之后，随着商品赊销和货币借贷行为的逐渐普遍化，经济信用成为社会信用的代名词。

现代市场经济中的信用形式和信用工具丰富多样，而所有信用形式的采用和信用工具的使用都是建立在信用提供者和使用者相互信任的基础之上，信用成为了市场经济正常运行必不可少的要素。因此，市场经济也可称作信用经济。

（三）信用由商品经济自身特征决定，是其高度发展的必然结果

现代市场经济之所以成为信用经济，不是偶然的，而是由商品经济自身特征决定的，是其高度发展的必然结果，是市场经济运行的内在要求。

1. 信用经济是市场经济发展的高级形态

从信用的产生和形成看，信用经济是市场经济发展的高级形态，市场经济由无序到有序的发展过程就是信用经济的形成过程。市场经济在长期的发展进程中，经历了实物交换、货币交换、信用交换三种形态。在原始社会末期，出现了相互交换物品的需要，交换过程表现为"物—物"。在"物—物"交换的后期，产生了作为一般等价物的货币，交换过程延长为"物—货币—物"，显然这是与人们对等价物的信任分不开的。商品交换的进一步发展和生产的社会化，特别是近代以机器大工业为物质基础的社会化大生产，使经济主体越来越依赖于企业的建立，企业在社会化分工体系中，伴随着技术的不断更新和社会分工的日益细化，对外界的依赖性必然越来越强。在封建社会后期产生了银票、纸币，甚至发行了国家债券，标志着信用程度的提高。另外，随着企业规模的不断扩大，企业所需的巨额投资也必然越来越社会化，这一切使建立普遍的信用关系成为经济主体生存发展的先决条件，从而使信用关系和以此为基础的信用经济迅速发展起来。到了资本主义阶段，股份公司和股份制经济的迅速发展促进了市场经济的空前繁荣，商业银行、投资银行在经济生活中占有支配地位，股票、债券、期货、期权、认股权证、商业票据、信用卡等各种各样虚拟资本和信用工具不断出现，交换过程表现为"信用—商品或服务"。只有到了这一阶段，信用才超出了流通货币的范畴，社会才建立了各种各样配套的信用形式、信用中介、信用服务制度和法律规范，信用才真正渗透到经济生活的每一个角落。所以，信用是社会经济发展到一定阶段的必然产物，只有现代市场经济才可以真正称为信用经济。

信用经济作为市场经济的基本形态，具有如下特点：

（1）信用经济是一种低交易成本的经济。由于信用关系的普遍建立，使经济主体在建立经济联系时所需的交易成本大大降低，从而提高了资源配置效率。

（2）信用经济的发展具有阶段性。信用经济最初以商业信用为主，后来随着以银行为核心的信用中介机构的建立，信用发展到银行信用阶段。在股份公司和股票市场基础上发展起来的委托代理信用，成为信用发展的新阶段。

（3）信用经济在空间上具有区域性。信用的区域性来自于信用主体经济活动特定的区域范围，也来自不同区域内由制度、法律和文化等的不同所决定的游戏规则的差异。

（4）信用在形态上存在着不同的层次。随着交易范围的不断扩大，逐渐形成了由个人间的信用到企业间的信用、银行间的信用、地方政府间和地区间的信用，直至国家间及国家集团间的信用等不同层次。在上述层次之间又存在着不同的信用联系。

小知识

　　交易成本（transaction costs）指达成一笔交易所要花费的成本，也指买卖过程中所花费的全部时间和货币成本，包括传播信息、广告、与市场有关的运输、谈判、协商、签约、合约执行的监督等活动所费的成本。这个概念最先由新制度经济学在传统生产成本之外引入经济分析中。

　　交易成本理论是由诺贝尔经济学奖得主科斯（Coase）1937年提出的。他在《企业的性质》一文中认为交易成本是"通过价格机制组织生产的、最明显的成本，就是所有发现相对价格的成本"、"市场上发生的每一笔交易的谈判和签约的费用"及由于价格机制存在的其他方面的成本。

　　交易成本理论的根本论点在于对企业的本质加以解释。由于经济体系中企业的专业分工与市场价格机制的运作，产生了专业分工的现象，但是使用市场的价格机制的成本相对偏高，从而形成企业机制。由于交易成本泛指所有为促成交易发生而产生的成本，因此很难进行明确的界定与列举，不同的交易往往涉及不同种类的交易成本。

2. 信用是由商品经济的基本特征决定的

同自然经济相比，商品经济是一种具有扩张性的经济。在商品经济条件下，市场竞争十分激烈。市场竞争的核心是价格竞争，但归根到底是生产技术竞争。要想在竞争中取得有利地位，就必须改进工艺，提高生产技术水平，拥有规模经济优势。而做到这一点，就需要有不断的资金投入。要满足商品生产者对资金的需求，可以依靠其自身的积累，但其过程漫长，会丧失许多优势和商机。而通过信用方式，则可及时获得所需要的资金。商品生产和商品交换越发展、越普遍，信用关系也就越发展、越普遍。

3. 信用是信用货币的广泛使用的结果

信用货币是指各国政府发行的纸币和中央银行发行的银行券。信用货币是在信用基础上产生的，信用货币的流通既是货币发挥各种职能的过程，同时又是一种信用活动。比如，银行向企业贷款，一方面是银行和企业之间发生了债权、债务关系；另一方面又是银行向流通领域投入了货币。自金属货币退出流通领域以后，信用货币成为流通中最基本的货币形式。在市场经济条件下，任何人的生活都离不开货币，所有的经济活动都或多或少会与信用货币发生联系，产生各种各样的货币收支，而这些货币收支最终都是银行的资产和负债，都是银行和其他部门之间的信用关系，因而信用关系就成为现代经济中最普遍、最基本的经济关系。

4. 市场经济是契约经济和信用经济的有机统一体

（1）市场经济是契约经济。这是指在市场经济中，契约形式成为社会经济交往的基本形式。市场交易的基础由人伦关系转为契约关系，交易过程体现为契约的形成与履行过程，市场行为体现为契约行为，市场经济也相应成为契约经济。经过进一步考查，契约往往又是市场交换关系的法律形式，契约的确立和执行要依附于公正的法律权威。在简单商品经济时代，人们之所以主要借助家族血缘式的信用关系的一个重要原因就在于法制不健全，经济交往常常得不到应有的法律保障，即使建立了契约关系，也会遭到强权乃至暴力的破坏。从这个意义上讲，现代市场经济既是契约经济，也是法制经济。而契约经济在其本质意义上又是信用经济。契约具有信用本质特征，违约无异于违信。随着市场经济的发展，隐含在契约中的信用原则日益凸显，信用在市场经济运行中的地位也越来越突出。

（2）市场经济是信用经济。这是一种既基于价值又基于事实的判断。从价值判断看，市场经济是建立在高度分工合作基础上的经济形态，有较高的信用要求。从事实判断看，在一个完善的市场环境中，人们会自觉或不自觉地遵循各种信用准则和规范。否则，一旦信用关系被破坏，市场经济活动就会受阻。市场经济越发达，对信用要求越高；而信用越普遍化，社会信用度越高，经济活动的成本就越低。所以，信用不仅是市场经济的行为规则，更是市场经济的一种无价的社会资本。

二、信用是现代市场经济运行的基础

现代社会是以市场经济为基础的信用社会。信用关系最初是作为商品交换关系的一个方面而存在的，即商品交换双方在等价交换基础上的借贷融资关系。这种关系本质上是一种劳动交换关系。信用关系虽然决定于生产，但又积极促进生产、交换、分配、消费的发展。高度发达的信用关系是现代市场经济的基本经济关系。信用不仅是一种道德价值和思想观念，而且作为现代社会关系的支柱和规范市场的纽带，它对生产力的发展起着巨大的推动作用。

由于信用关系遍布经济生活的各个领域和社会再生产的各个环节，信用关系是否规范，信用活动是否有序，对于现代市场经济能否顺利运行具有举足轻重的影响。事实表明，无论信用缺失还是信用膨胀，都将破坏市场经济秩序，引发信用危机和经济危机。

（一）信用是保证社会化大生产正常进行的重要条件

社会化大生产是现代技术条件下有适度规模的生产经营。其基本特征是，社会分工较细，社会再生产各环节相互衔接，从而形成一个社会运行的有机总体。在这个总体运行中，各企业资本运行必须保持其连续性，否则再生产就会中断，并影响相关企业经济单位。在现实经济生活中，由于自然的或人为的因素，使再生产连续性受到干扰和破坏。在这种情况下，就必须利用信用，借入资金或实物借贷，为保持社会化大生产正常进行提供所需要的生产要素。

（二）信用可以促进资本自由流动，优化社会资源配置

在现代市场经济条件下，由于资本的构成和资本周转的不同等原因，造成各部门等量资本所得到的利润不同，有些部门利润率低，有些部门利润率高。在等量资本获得等量利润规律的作用下，必然产生资本自由流动，资本由利润率低的部门流向利润率高的部门。从社会资源配置看，资本自由流动有利于资源配置优化。而信用则为资本的自由流动提供了便利的条件。资本的自由流动则促进了生产部门、企业之间的竞争，竞争的结果带来了利润的平均化，使价值转化为生产价格，从而使市场经济发展到一个平均利润规律和生产价格规律起作用的高级阶段。信用促使人力资本和物质资本的自由流动，使社会各生产要素的配置趋于优化，并提高经济的规模效益。

（三）信用使流通费用减少，加速资本周转

市场上流通的费用之一是货币本身。信用的广泛发展使相当部分的交易可不再使用成本较高的货币。在信用发展过程中创造的商业票据、支票、银行债券等信用流通工具，代替金属货币流通。现代银行制度的发展使债权、债务可以在银行信用的基础上通过转账结算方式清算，不需要现金结算。在商业银行组织的转账的基础上创造的存款货币流通，节约了现金流通费用，并加速了货币流通。随着电子计算机的普及，电子货币结算将成为普遍的现象，将大大节约社会流通费用。

由于信用、货币流通和商品形态变化加快了，资本形态的变化也加快了，并且由于信用促进了生产与消费的协调统一，从而加快了整个生产和消费的过程，导致时间的节约和效率的提高，使货币的需求量相对于商品流通量或总产量大为减少。

（四）信用有利于政府宏观调控目标的实现

现代市场经济是有宏观调控的市场经济，良好的信用机制对市场经济运行起着重要的调节作用，同时又是实现政府宏观调控目标不可或缺的一个条件。如果信用机制健全，信用活动规范有序，政府的宏观经济调控目标也就易于实现；反之，则必然会影响政府宏观调控目标的实现。

（五）信用加快了市场经济的发育成长和世界市场的形成

以股份公司为代表的现代企业制度，是 19 世纪初在西方资本主义发达国家出现的一种新型企业组织形式。现代企业制度从产生到广泛发展，都离不开信用的支持。正是信用促进了社会分工的深化发展，促进了现代企业制度的产生和发展，使之取代了传统的企业制度和落后的家族企业制度。正是信用推动了社会资本和生产的集中，生产规模惊人地扩大了，原来靠自我积累缓慢发展的小生产，被迅速扩大的大规模生产所取代，社会的生产力得到迅速的发展；正是信用推动了股份公司的成立，推动了资本的社会化，加快了私人企业向公众公司的转变；也正是信用推动了企业的两权分离，使执行资本职能的资本家转化为经理，而资本所有者成为单纯的所有者。国际信用的发展会加深国际间的分工与合作，加强国家间经济的相互依存性，促进世界市场的形成和发展，加速经济全球化的进程。

在现代经济生活中，信用是汇集社会资金的重要渠道；信用是国家宏观调控的重要手段；信用是国与国之间建立良好国际关系的基础，没有信用的国家必定会失去在地球村生存的资格。总之，信用体现的是国家与国家、企业与企业、个人与个人，以及三者之间的一种基本的互信关系，它作为现代经济的运行机制，保障社会生产力的良性发展。

（六）信用发展不当，也会阻碍和破坏经济的发展

信用对经济发展的积极作用是多方面的。但是如果信用发展不当，也会产生负面影响，以至于阻碍和破坏经济的发展，从反面表现信用对经济发展的基础作用。

我们知道，在信用制度和货币资本化基础上产生的股票、期货、金融衍生产品等参与经济活动，便形成虚拟经济。与虚拟经济相对应的是实体经济，即工业、农业、建筑业、交通运输、商贸物流、服务业等的经济活动。实体经济是虚拟经济的基础。虚拟经济既相对独立于实体经济，又不能完全脱离实体经济。如果虚拟经济总体上适应实体经济发展的需要，虚拟经济就会促进实体经济发展；如果虚拟经济严重脱离实体经济，就会产生负面作用。

1. 信用过度膨胀，就会形成泡沫经济

在简单商品生产条件下，生产的规模、市场的供给受生产者的实际支付能力的限制，如果生产的产品卖不出去，生产者不能购买原材料，生产就无法继续进行。但在信用比较发达的条件下，信用可以创造需求，当一种产品的市场需求已经饱和，销售不出去时，企业仍可通过信用方式获得资金，购买生产资料，继续维持生产，造成生产和需求的脱节。依靠信用造成虚假需求，虚假需求又推动了经济的虚假繁荣，导致经济的过度扩张，产生泡沫经济。当信用扩张到无法再支撑经济的虚假繁荣时，泡沫就会破裂，进而引发金融市场的动荡，甚

至导致金融危机或经济危机，导致对实体经济的破坏。英国18世纪初的"南海泡沫"事件、西欧19世纪的股票投机热潮、日本20世纪80年代的泡沫经济、1997年的东南亚金融危机、2008年的美国次贷危机等，无不与信用过度膨胀和信用投机有关。

2. 信用严重缺失，会导致市场经济秩序的混乱和衰退

信用过度膨胀对经济发展不利，但信用若严重缺失对经济发展也不利：

（1）信用缺失会导致社会交易成本增加，交易规模下降。由于信用的缺失，会使市场主体放弃信用结算的方法，而倒退到现金交易或以货易货的原始状态；会造成货币发行和流通费用上升，在通货膨胀或假币充斥的情况下，货币本身的信用度下降，影响商品的正常流通；会使假冒伪劣商品充斥市场，当人们无法一一加以分辨时，会放弃交易机会，使社会的交易总量下降，并造成生产资源的浪费和生产与交易成本的上升。

（2）信用缺失会造成社会资源闲置，社会投资不足。由于信用不足，银行担心信贷的风险，慎贷惜贷，出现金融资源闲置的现象。其结果，一方面使银行的资金积压；另一方面由于大量的企业缺乏银行的贷款，又造成社会的投资不足。

（3）信用缺失会导致投资萎缩、投机盛行和种种社会腐败现象。由于信用问题，使社会正常的经济发展受阻，而灰色经济则大行其道。市场机会太少，信用太低，民间便不愿投资，或转做只求短期收益甚至不讲信用的投机，社会各种投机、行贿、腐败行为增多。

（4）信用缺失会导致金融危机。当众多的企业投资失误，资金周转不灵，企业和银行到期无法兑现债务时，会引发金融危机。

三、信用制度是现代经济正常运行的基石

信用关系成为现代市场经济最普遍、最基本的经济关系，信用制度也随之成为维系现代经济生活正常运行的基本要素。

（一）建立信用制度是贯彻守信原则的需要

在市场经济条件下，商品交换是最自然的现象，人们利用契约、交换和买卖而取得彼此所需要的利益。这就使得在市场经济条件下的商品交换关系中，必然存在着人人都需要遵守的行为法则——守信原则。一个人的私人利益被其他个人的私人利益所限制；与此相应的是，一个人的私人利益的满足又以其他个人的私人利益的满足为前提。这是客观存在的事实，也是信用制度得以产生的社会基础。可以说，现代社会里所有具有行为能力的正常人的社会行为，都是一种基于信用的约定。人们就是根据这种约定来期望他人的行为，并决定自己的行为的。这种对约定的履行，对行为人而言就是守信用。恪守信用就是能够履行跟他人

约定的承诺，并因此取得社会公众的信任。是否履约和怎样履约，反映信用度的高低。用信用原则去衡量政府行为、企业行为以及公民的个人行为，就形成了政府信用、企业信用和个人信用，并以此为基础构成整个社会信用制度体系。社会信用制度的成熟程度，是社会文明程度的标志，是社会形象好坏的重要标准。良好的社会信用制度，对经济发展和社会进步起着巨大的保障和推动作用。

（二）建立信用制度是维系市场秩序的要求

成熟的市场经济总是在一定市场秩序下追求效率的。市场秩序是人在市场活动中表现出来并由人加以规定或约定的，是一种规范与约束体系，这种约束的内在性主要是道德与利益驱动使然。信用所具有的道德与利益双重本质要求，满足了这种市场秩序精神，也必然为市场秩序所要求。信用秩序成了现代市场交易行为的制度背景，构成了现代市场经济运行机制之一。

（三）建立信用制度是降低信用风险的需要

现代市场经济是社会化大生产与专业分工细致化的经济，高度的社会分工必然伴随着广泛而频繁的交换，不仅交换的范围越来越广泛，交换的内容、数量迅猛增长，交换手段、方式日新月异，交易风险也不断增加，这决定了其较之以往经济更具复杂性。社会经济活动复杂性的客观存在和经济利益的本质要求，提出维护市场经济有效运行的规则、秩序问题。诚信作为一种经济伦理或制度安排和秩序规范，诚信体系的建立成为市场经济的原则要求和社会要素之一，诚信服务的市场化则为诚信体系的建立提供了可靠的资源保证。

（四）建立信用制度是维系现代经济正常运转的需要

市场经济越发展，信用关系越复杂，买卖、借贷、租赁、雇用、信托等经济关系都要靠契约信用维系，由此产生了一套每个市场主体都必须遵守的信用规则和法律规范，以约束和强制每个市场主体的行为。信用是市场经济的基本准则，西方人有个说法叫"诚实是最好的竞争手段"。失去了信用，交易的链条就会断裂，市场经济根本无法运转。因此，普遍的守信行为是交易能够进行、经济能够运转的前提，也是每一个社会主体立足于社会的必要条件。任何现代社会都需要一整套严格的信用服务体系。只有在这一体系的基础上建立起稳定可靠的信用关系，市场经济才能稳定运行。人人遵守规则、信守诺言、保持良好信用，是维系一个社会正常运转的最起码条件，也是市场经济的基础和生命线。

从现代信用关系的维系和运转看，现代市场经济是契约经济或法制经济。这里的"法制"，是指以法律制度、国际惯例和商业习惯为主导的信用制度，是信用体系中制度因素的总称。

建立信用制度的目的在于为信用体系的建立提供完整、公开和相对稳定的标准，指导和保障以市场交易人为主体的基础信用的建立和发展，使市场主体遵循诚信原则，建立相互依赖、遵守承诺的关系，形成诚实守信的健康环境。

第四节　市场经济条件下的信用供给机制

现实经济生活中，经济决策常常涉及动态选择和不对称信息，在这种情况下不讲信用的行为就不可避免地存在了。分工不仅是交易的必要条件，而且是经济发展的源泉。但是，分工也带来了道德危机，因为社会分工的不断发展，使得市场上绝大多数交易双方的信息日益不对称。其中拥有私人信息和具有相对信息优势的一方有可能通过隐蔽行动转移风险或直接侵害他人的利益，这就是经济"机会主义"行为。与信用背道而驰的经济"机会主义"行为在谋取自身效用最大化的同时，不仅损害他人利益，而且最终大大降低市场运行的效率。市场经济制度作为一种完整的制度体系，它解决这一问题的根本途径在于建立一套完备的交易制度，因为制度作为博弈的规则，是供给和维持人们之间信用关系的关键。如果制度安排使得当事人履行契约比不履行契约更有利可图，使得人们明智地为了交易带来的长远利益而抵挡短期机会主义行为的诱惑，人们之间的信用关系就可以建立起来。如果说欺诈是一种自然的欲望，那么以资本形式出现的市场即市场经济就是对这一欲望的一种节制、调整和规范化。正是从这个意义上，我们说信用是一个制度问题。此处的制度，包括社会规范、商业文化以及各种各样的社会组织制度。这些制度安排具有一定的互补性和替代性，它们共同决定了市场经济条件下信用的供给机制、适用范围和相互联系。

一、信用供给机制

（一）产权制度

信用的基础是产权，产权制度的基本功能是给人们提供一个追求长期利益的稳定预期和重复博弈的规则，从而使得人们自觉地去遵守信用原则。在私有产权制度下，个人拥有的财产具有排他性（不可侵性）及所有者可享受消费上的排他性，从而使人们得以自由地根据自己的偏好进行预期效用最大化的消费选择；对投资对象的所有权使得所有者可独占投资成果，从而使得人们得以根据受益预期和风险预期自由地进行投资决策。因此，可以说私有产权的存在是使经济主体在一系列经济活动中进行合理决策所必不可少的前提，是维系和支撑信用原则最基本的制度基础。当私有产权不存在或保护不足时，人们可能会通过自己的优势（如信息优势、权力优势）去侵占他人或国家的财产。这些行为都意味着资源配置和使用的非效率，意味着信用的成本非常高昂。所以在一个合理的产权制度下，人们拥有更多的自由签约权，有了自由签约权，人们会更讲信用，合约就容易得到自觉执行。因此，产权的清晰界定、自由流动和严格保护，是增强生产经营动力、稳定投资预期、规范投资行为和其他经营行为的基础和条件。我国目前存在的制假售假盛行，逃避债务和违约等失信行为严重，私人投资不够活跃，甚至外流等问题，都与没有形成健全和规范的产权制度有密切关系。因此，树立信用为本、操守为重的意识，形成完善的现代社会信用体系，建立良好的市场秩序尤其是形成各市场主体在市场运作中的自律机制，要求必须加快建立健全现代产权制度。

（二）法律制度

法律制度可以简单地理解为由第三方（法院）执行的交易规则，它通过两种途径维系信用的供给。一是界定人们的利益、权限和责任，即事前规制企业和个人的行为。在权责明晰的情况下，经济主体会比较注重自身利益和经济环境的相对稳定，会基于长远利益的考虑而理性地使用资源。当界定市场经济参与者利益、权限和责任的博弈规则不存在或不健全时，竞争只会停留在尔虞我诈、你抢我夺的"零和博弈"的阶段，而不会升华到互惠互补的价值创造式（帕累托改进式）博弈的层次。所以建立信用原则必须立法先行。二是事后仲裁和惩罚机制。通过失信惩戒机制的设立，做到"闯红灯者受罚"，加大企业和个人失信的成本，迫使其行为趋向讲信用，让信用成为守信者的通行证。

虽然各种法律要素（如事前监督、事后检查、检举和处罚等）有不同的组合，但是使法律制度保持一定的威慑力和抑制力对于维护社会公正和信用是必不可少的。

（三）信誉机制

如果说法律制度是供给信用的"硬制度"或者"他律机制"的话，那么信誉机制则是供给信用的"软制度"或者"自律机制"。信誉是在"重复博弈"中建立起来的。根据无名氏定理，当合作将无限期地进行下去的时候，任何追逐短期利益（无论它有多大），背离信用的动机和行为都是不理智的，双方会谋求不断的合作，以建立自己的信用。进一步的研究表明，只要是在稳定的而不是动荡不安的社会环境中，信誉机制发挥作用并不需要（也不可能）要求契约双方保持长期的交易关系，只要有一方是长期存在的，而且其他人又能够通过一定的方式观察到对方的商业行为，就足以使信誉机制发挥作用。任何人都可以与"长寿"一方签约并接受它的"权威"指导。这里的观察可以通过审核会计报表、品牌、商标或者社会审计等方式来实现。因此，借助信誉机制可以用较低的成本供给信用这种稀缺的资源。

（四）多边议价机制

多边议价即大家都集中到市场上，不但两两之间可以议价，而且每个人可以非常方便地从正在议价的卖主转向其他卖主。双边议价过程形成的价格总是因人而异，拥有优势信息的卖主可能欺诈买主，因为不讲信用的行为的成本很低而收益很高。但是在一个竞争性市场中，多边议价机制让买主用选择其他卖主的方法（就像股票市场上用脚投票）间接还价，所以任何卖主都不可能将失信行为维持下去，否则他的商品就会卖不出去。除此之外，市场上的套利行为也会使价格差别逐渐消失，失信行为变得无利可图。多边议价机制是一种以恶制恶的机制，它通过卖主之间的竞争遏制非诚信行为，人们只有讲信用才能在市场上生存下去。特别是在非人格化的市场上，所有的商品信息都翻译成一种信号——价格，人们将价格看成是既定的参数，从而只能通过改进效率、遵守信用来求利。当然，多边议价机制发挥功能有赖于资本和批发市场的自由进入、自由创业（尤其是批发零售业）、自有价格和私人财产制度的建立。

（五）信用中介组织

信用从根本上是一个信息问题，信息不对称日益成为经济生活的一种常态和特征。在这种情况下，形形色色的信用中介组织通过监督和记录市场中的交易行为，为现代社会的信用行为提供了信息基础。信用中介组织供给信用的机制是：受客户委托在资本市场、商业市场和消费市场对金融机构、上市公司、中小企业、国内公民和境内外国人进行资信调查、授信评级、代理、商账追收等。这些信用服务可以在国家法律、法规和政府监督范围内，对商业活动中各种客户所面临的信用风险提供商业化和社会化的规范管理服务。中介组织的征信服务与法律制度和政府监督的作用结合起来，在全国范围内形成有效的信用信息沟通渠道和合理的失信惩罚机制，对有不良信用记录的公司和个人通过市场化的征信手段将其列入失信的"黑名单"并对其不良记录通过正常渠道传播，在法律允许的范围内影响其市场交易能力和诚信能力。而且这些处罚不会简单地随个人和公司的破产、停业而消失，使得失信者无法在各种市场上生存，从而达到规范市场秩序、建立信用商业原则的目的。

二、信用制度与其他制度的关系

现代市场经济，固然需要信用制度与法律制度、社会制度、社会道德观念、宏观经济政策的相互配合，但更需要信用制度发挥其特殊的作用。

（一）信用制度与法律制度

法律与规则只是社会行为的准则、框架，它不可能将各种利益界限界定得十分具体和清晰。在现实经济生活中，会有很多的经济纠纷，大家都认为自己有理，有时法律都难以裁决，需要有信用制度。信用制度与法律制度共同服务于市场经济。

1. 信用制度公开透明，确定了社会行为标准与界限信用制度可以营造一个公开、透明的环境，确认一个清晰可执行的标准与界限，这就是诚实守信基础上的公平交易。在公开、透明、平等的交易下，双方均明确了各自的利益所在，自愿认可了这个交易活动，那么，双方都没有侵犯他人利益，并且实现了自己的利益。这种以诚实守信为前提的经济活动，是市场经济平稳运行与发展的重要基础。但是，诚实守信也是需要环境和条件的，需要以一定的信用制度为基础。这个信用制度应该包括对失信的惩罚，对守信的奖赏。从某种角度上说，信用制度与法律制度是市场经济健康发展的两个不可或缺的条件。

2. 信用制度运行成本低

信用制度和法律制度两者相比，建立信用制度的成本要小，同时，可以减小社会摩擦。有很多问题是法律解决不了的，而且，法律一般对已发生的事情才能进行判断和处理，讲究的是证据，它的目的就是制裁、惩罚。从其效果来看，从对事情的效益上来看，再公正的法律也不过是一种消极的事后处理。而信用制度是一种社会行为准则的约束，它在事情发生之前和整个过程中都有约束力，在某种程度上，是以道德观念为出发点的，并有具体惩罚约束的机制。

建立在信用基础之上的，追求个人行为最大化的界限的确定是简便易行的。人们知道怎样就算不诚实守信了，自己的这种不诚实守信是不是会危害到对方。这些，稍有生活常识和经验的人都可以自己判断，而且这些都可以通过信用数据库、信用评估等各种信息散播渠道，散播给社会。这种约束简明、具体、可操作、很现实。法律制度与其相比就没有这方面的优势了。在很大程度上，在各种各样的交易中，人们不是法律专家，不熟知各种法律条款，不能直接判断自己是否违法了，违法到什么程度，具体会受到什么样的制裁，法律的约束很难具体的深入人们的生活当中。所以，当人们遇到法律问题的时候，就一定要请律师。从这个角度说，信用制度是最好的、最有效的、成本最低的社会管理制度。

其实，这种简明有效的信用制度，在大体上应该也是符合社会伦理与道德的，是符合正义，融合于法律的。如果大家都能在信用制度约束下，在诚实守信的前提下，进行各种各样的经济活动，尊重所有权，尊重他人利益，各自追求平等与自由，而又不伤害他人，那么，在这个信用制度下进行的一切社会经济活动，都是符合道德与法律的，是有利于社会发展与进步的。因此，从逻辑上讲，信用制度与法律制度是相辅相成的，只是从社会运行成本和操作简便易行的程度来看信用制度略胜一筹。

3. 信用制度影响广泛

在一个成熟的市场经济国家，没有人能离开信用而生存，信用不仅存在于人们的经济生活中，而且存在于社会活动中，信用能够在成熟的市场经济中流行主要取决于它的特点。正因为信用的这种记名性、尺度性、可流通性，所以信用制度才能够深入人心，才能够有效，才能伴随人们的具体而细微的日常活动，这是法律与道德可望而不可即的。

道德宣传与信用制度的建立的社会成本要比确立和运行一套法律体系的社会成本低得多。比如，在法律体系中，必不可少的公检法系统，是政府的重要职能部门，也是财政支出的大户，是纳税人的重要负担。而这些支出用一般的经济常识来粗略判断，都属于非生产性支出。试想，如果省去这么一大块非生产性支出，整个社会的经济运行效率就会大幅度提高。社会信用制度的建立可以交由民间去运作，由民间各种信用数据库、资信评估公司去发展。这样可以促进形成一个新型的行业——信用服务行业，可以增加就业，同时，为财政创造税收。

在市场经济社会里，道德与法律是衡量与界定人们追求个人利益合理性的标准与尺度。在法律和道德均允许的范围内，人们各自追求利益，同时也能实现整个社会群体利益的最大化，带来整个社会经济的发展。这需要法律的界定与威慑，需要道德的约束。但是，如前所述，法律的作用是有限的，其有限性表现在三个方面：其一，法律是专业化的，有专门的制定和执行系统，涉及各方面的专业法律和具体条款，人人都懂法、知法是不可能的。其二，法律不是在人们日常经济生活中时时处处起具体作用的。其三，俗话讲，法不责众，有时法律面对群体行为是软弱无力的。面对利益，道德约束和自律往往是比较微弱的，自古就有"人不为己，天诛地灭"之说，可见，在市场经济中，法律和道德对于人们追求个人利益的各种经济活动和社会活动的威慑与约束都有一定作用，而又是有所不足的。从制度建设的角度看，有必要建立某种新的经济管理制度来弥补这个不足，信用制度就可以担当此任。

（二）信用制度与社会制度

社会制度的内涵是相当丰富的，其外延也是很广阔的。在此，仅讨论其中与信用相关的最主要的部分，即行政管理制度、社会发展目标。

1. 信用制度与一般行政管理制度

我们是从社会主义计划经济逐渐转轨、改革、发展过来的。在我们的经济活动与社会运行中，存在和延续着大量的旧体制下的行政管理制度。这些行政管理制度具体、苛刻、琐碎，带有过去制度的痕迹。从社会运行来看，社会主义计划经济最大特点是一切资源与财富由国家计划分配，强调国家利益与集体利益，不重视甚至忽视微观经济主体，特别是企业与个人的利益。在这种思想指导下，产生了一系列的行政管理制度，以及建立了一整套行之有效的执行这种行政管理制度的体系。在很大程度上，这个行政管理制度及其执行体系，是以约束企业和个人的微观经济利益为主的，管制企业与个人的私利，企图以此实现集体利益或国家利益的最大化。因此，这些行政管理制度及执行体系几乎面面俱到，限制甚至扼杀了企业和个人的个性与生命力。

从某种角度讲，市场经济优越于计划经济，在很大程度上，就是因为市场经济强调微观经济主体，强调企业与个人的重要性。并且，以各种经济制度来解放和保护企业与个人的个性与利益追求，鼓励其在社会能够接受的合理范围内实现利益最大化。在这种经济运行模式中，一切制度与规则都建立在平等、公开、自由的基础上，强调以人为本，任何直接的行政干预与压制性的管理都被唾弃，苛刻、琐碎、面面俱到的行政管制早已被扬弃。

信用制度逐渐形成，这是市场经济的创举。有一定社会经验的人都知道，如果行政管制过多，各种限制性的条条框框过多，甚至这些管制与条条框框可能会发生冲突，人们在无力履行这些管制，无法承受这些限制的时候，最简单的办法就是说谎、逃避、放弃。而在市场经济中，以人为本，在尊重人的前提下，取消了一些直接的行政管理与限制性管制政策，说谎和逃避等行为不由这些行政管理制度来约束，而由信用制度、失信惩戒机制、社会道德与行为规范来制约。讲信用是自然的，不讲信用是一种严重的、被人唾弃的行为。所谓没有规矩，不成方圆，这个规矩不是靠行政管制能够建立起来的，而是靠运用和身体力行这些规范的社会公众的共识与行为确立的。

信用制度虽然不能完全替代行政管理制度，因为行政管理制度还有它存在和延续的历史性原因，但是改革和扬弃这些由于历史性原因所延续下来的行政管理制度，也是社会进步的一种必然。逐渐取消一些行政管理的条条框框，解放企业和个人的个性，鼓励和保护其微观经济利益，鼓励讲信用的经济活动，建立社会信用制度，这需要一个过程，需要道德宣传，需要信用服务行业的发展，需要让社会各界看到守信用的企业和个人，能够真的得到利益，受到法律保护。总之，讲信用的企业与个人得到好处；相反，不诚实的、失信的、损害他人利益的、违反信用制度的企业与个人受到惩罚。

2. 信用制度与社会发展目标

社会制度是一系列政治、经济、管理制度、政策规定与实施手段、社会运行规则与道德规范的总称。社会制度约定了人们的社会地位与角色，规定了社会资源在社会成员之间分配的原则，并使之具体执行和实现。进步的社会制度就是约定人们的社会地位是平等的，所有权与人权是受到尊重的，社会财富在社会成员之间是公平合理分配的。衡量一个社会的社会制度是否进步，就是要看其平等、公平、自由的程度，要看这个制度是否能够给社会带来效益与可持续发展，能够使社会秩序稳定、健康、繁荣。

目前，我国的经济发展形势与情形正是如此。改革开放三十多年，我国取得了世人瞩目的成就、史无前例的辉煌，其根本原因就是制度的变革。现在，阻碍我国经济腾飞的根本原因也是制度，已改变了的社会制度推动了经济发展，但当经济发展到一定程度的时候，这个制度还面临着进一步的、彻底的改变，二者的关系是动态的、辩证的。没有永恒的、永远正确的制度。

在经济制度上，我国目前缺乏的就是信用制度，应该让社会各界，包括政府在内的参加经济交易的各方，都在公平、公开、自由的前提下平等地交易，任何一方都没有特权，政府没有、国有企业没有、官员没有。要通过制度和规则的形式，告诉社会各界，在经济活动中，在所有的买卖活动中，所有人一律平等。任何违背这个平等原则，失信的人、事、机构，都会被记录在社会信用数据库中，都会被公开、公告给社会，社会各界，包括任何人、任何机构，都可以拒绝与不守信的人或机构来往。在这个信用制度下，私有制企业和个人只要按照平等、互利的原则，诚实守信地从事经济活动，就会得到社会的承认，经济活动就应该能够发展和扩大。目前我们就需要建立这样的一个先进的信用体系，以这个制度来确立、承认和保护那些能够促进社会经济发展的新生力量，从制度上为社会建立一套新的运行规则，以适应和促进新的生产力的发展。从社会效益看，信用制度约束和限制任何形式的对他人财富的侵犯和损害；从经济活动方面看，它维持了社会的交换秩序；从社会活动方面看，它创造了平等合理的社会环境。在这种新型的信用制度下，弱者得到保护，强权受到限制，有钱有势的人、有权的政府部门受到约束。这样的信用制度和社会发展目标是社会进步的体现。

（三）信用制度与社会道德观念

1. 在我国传统文化与道德观念中信用不是主流

在我国传统文化与道德观念中，也是有信用观念、意识与要求的，只是不是主流思想。一方面，在社会行为准则"忠、孝、仁、义、礼、智、信"中，"信"是排在最后的，要维护主流思想，维护忠、孝、仁、义，然后再讲究信用；另一方面，讲究信用的范围也是极其有限的，并非全社会。从长期以来的实际情况看，一般来讲，讲究信用主要限于在熟悉的社会群体当中。自古就有"兔子不吃窝边草"、"童叟无欺"、"君子一言，驷马难追"。但是，这种信用思想、观念在人们心中的强度是很弱的，是随时可以改变的，整个社会没有形成大的环境与氛围，与主流思想相比是完全不同的。讲究信用并不是全社会的事情，有太多的人群可以排除在信用之外，沾上皇权的、享有特权的、拥有霸权的人群都可以不讲信用。在一定程度上还推崇信用的社会群体应该是商界。过去的商人是比较讲究信用的，追求诚实守信，以诚信为本。但即便是这样，信用在商界也没有形成气候，"无商不奸"就是对商界信用的否定。

2. 在计划经济中信用失去了存在的社会基础

计划经济消灭了私有制，模糊和淡化了所有权，使信用失去了利益根源，失去了存在的经济和社会基础。以公有制为基础，一切资源与财产都是国家的，银行是国家的，企业是国家的，国家的代表就是政府。政府是计划经济体制下的经济活动主体。长期以来，在计划经济体制下，政府决定生产什么、生产多少、怎样生产。分配与交换也是由政府根据计划，通过行政命令在国家的企业之间进行调拨配置。在计划经济中，分散在全国各地的国有企业实际上都是政府组织生产的大大小小的不同的"车间"，它们没有自己的财产，没有自己的利益，没有自己的权力。一切都是国家的，一切都由政府来安排。在这种情况下，企业的对外交往不是自主的，不是交换式的，完全不需要信用。

在计划经济下，银行与企业的所有权都是国家的，政府是其共同的老板。二者之间的借贷关系也不是真正意义上的信用关系。是否符合信贷条件、能否贷款、贷款以后干什么、什么时候偿还、偿还多少，都不是银行和企业所能够决定的，在很大程度上是由政府决定的，实际上就是由政府的主要领导人决定的。在这种情况下，贷款是对的，不能偿还也是对的，拖欠是没有问题的，形成不良贷款也是正常的，银行的领导、企业的领导、政府的领导都是没有责任的，一切服从国家利益。

信用观念、信用思想及信用行为，在长达几十年的计划经济体制中，被社会深深地遗忘了。如果说，在我国，信用在传统的道德文化与行为规范中就没有得到巩固，不是主流，那么，到了计划经济时期，信用更是被忽视了。

3. 在市场经济中信用观念是重要的社会道德基础

在市场经济建设和发展的过程中，人们的思想观念、道德行为及规范发生了重大的改化。应该说，信用思想、信用观念及信用行为在曲折中不断发展。

在我国，在20世纪末的十多年里，压抑了很久的私有意识与所有者权利及个人利益开始膨胀，人们开始急剧地，甚至不择手段地扩张和聚敛财产、利益与一切。整个社会形成了一股向"钱"看的思潮。欺诈、坑蒙拐骗、盗版、缺斤短两等失信行为随处可见。

当这种现象在社会上普遍存在的时候，当人们聚敛财富、追求利益、伤害他人的时候，发现自己也正在被他人伤害着，自己的所有权、财产和利益正在被他人蚕食着，人们开始强调原则，整个社会要求和呼吁信用。信用观念与行为才开始逐渐苏醒。

事实上，市场经济对私有财产与个人利益的承认与保护也是有限度的，是有一定的界限的，这个界限就是在追求私有财产增长、实现个人利益的同时，不能侵犯或损害他人财产与利益。在这个限度内，追求个人利益是受到保护的，市场运行也是有秩序的，市场经济的发展是有生命力的。但是，如果超越这个限度，侵犯或损害他人利益，而满足自己的利益，就破坏了市场秩序，市场经济不要说有生命力，根本就无法维系。

（四）信用制度与宏观经济政策

1. 信用不足导致消费需求不足

从经济学原理来看，需求不足是个奇怪的现象，因为它与经济学的基本假设相冲突。经济学认为人是经济人，要追求物质消费利益和效用的最大化，人们之所以不更多地消费，是因为生产不出来。然而现实却出现了需求不足的问题。那么，问题出在哪里呢？主要原因是信用不足，只要有消费欲望，没有钱可以去借，但是如果没人借给你，或者是你不敢去借，或者是社会制度就不让你去借，那这种不足就真的存在了。我国目前的经济问题正是如此。

经过 30 年的改革与发展，我国人民积累了大量的财富，总体生活水平已经过了温饱阶段，在发达的城市与地区实现了小康。消费开始面临转型，由温饱式的消费，转向小康消费，并向更高层次的物质与精神方向发展。例如，现在人们开始追求汽车、房子等。而这些需求有时是目前的收入水平很难即期实现的，这不能说是需求不足，应该说已经很旺盛了，到了需要马上兑现和满足的程度。那么为什么不去借贷？借贷消费的好处应该说也是人尽皆知的。"天堂"里的美国老太太和中国老太太的对话已经很著名了。我们的社会缺乏信用制度，缺乏信用运行机制，缺乏新的信用交易原则和信用制度，因此，不能广泛地鼓励和保护社会各界按照新的信用原则与制度进行经济活动和社会活动。应该承认，我国目前的有效需求不足不仅仅是经济问题，从某种角度上说，还有社会制度问题。

应该说，经济方面的问题是需求与供给结构与总量确实不对称，信用活动总水平确实低下。社会经济运行的效率与资源配置的效果低下，这一点在企业之间商业信用不能广泛开展上体现得最明显。目前，由于信用的普遍缺失和信用环境的恶劣，企业各个自危，在贸易中均强调现金交易，不肯给对方以信用，这样降低了交易对象的选择范围，也使得资源配置不能达到最优和高效。这样导致的结果一定是交易费用和管理成本的上升。这最终会影响社会经济发展的速度和质量，影响经济增长率。另外，在我国，消费信贷没有起到应有的作用。

2. 信用不足导致投资需求不足

前面的分析结论是我国目前的需求不足在很大程度上是信用不足，信用不足影响和制约了我国现阶段的市场经济发展。不仅如此，目前的投资不足也与信用不足密切相关。在现代经济发展中，金融市场变得越来越重要了，银行与金融市场共同成为融通与分配资金的场所。资金需求者根据各自的需要与特点，选择到银行去借贷和到资本市场上去发债、发股。社会资金得到合理的分配与充分的流动。目前，在我国，人们不消费，那么就把钱存到银行去，或者投到资本市场上去，如果是这样，即使消费需求下降了投资也不应该下降，因为储蓄可以转化为投资，银行在中介信用的同时，分配了信用。经济增长不应该受到影响。但是，目前实际情况是储蓄并没有转化为投资，银行普遍惜贷，或者是说不敢按照需求去放贷。大笔资金滞留在银行，原因就是银行不太相信借钱的人。

信用不足，限制甚至阻碍了社会资金的流动。目前，我们的社会缺乏信用制度，缺乏行之有效的信用服务。所以，企业和人们在回避与信用有关的交易。

银行的惜贷和不敢贷，在很大程度上既有社会信用缺失的问题也与自己信用服务水平不高，或对自己信用服务没有信心有关，或者根本就缺乏信用服务手段。如果有一定的信用服务手段，有一套有约束力的社会信用制度，让借贷双方能够互通有无、沟通信息、彼此了解、增加信任，这种借贷成交的概率就会大大提高。呆坏账发生的概率也会大大降低。

3. 宏观经济政策的调整与改变

信用不足造成了消费不足与投资不足，从而影响了总需求不足，那么，我们的宏观经济政策就要有很大的调整和改变。要促进总需求，拉动内需，促进经济繁荣，就不能只着眼于经济手段与经济政策，不能只注重货币政策与财政政策，更应该注重社会经济管理制度的建设。

具体地说，就是要建立和发展信用制度。宏观上要推进信用立法体系的建设与具体法律条文的确立。在微观上，要鼓励企业和个人进行信用交易，鼓励银行开展以增加创新业务、防范信贷风险为核心的信用服务，鼓励企业开展以增加销售额、扩大市场份额、提高核心竞争力为核心的企业信用服务，鼓励征信公司、资信评估公司、信用风险管理与咨询公司等信用服务公司的发展。

从逻辑上说，信用不足影响了总需求不足，信用不足又是与制度的建立与发展有关的，而制度的建立与运行是需要一定时间的。尽快建立社会信用体系，教育社会各界按照新的信用制度与诚实守信的原则去进行经济活动与社会活动是当前的首要任务，可以说是迫在眉睫。

人们长期以来都认为，信用是微观领域里的问题，如企业或个人是否诚实守信，是否履行合同，是否按期偿还银行贷款本金与利息，等等，这些问题好像都与微观经济活动有关，与宏观经济运行没有关系，或者没有直接关系。但是，恰恰相反。作为具体的经济活动，信用确实在微观经济活动中得到表现，但是，信用交易总量和信用制度就是宏观经济的一部分，它直接影响宏观经济发展目标。

★ 案例

蒙牛学历门事件引发的思考

2010年7月12日，内蒙古蒙牛乳业（集团）股份有限公司专门发布公告对该公司执行董事丁圣的学历进行澄清。公告指出，以往蒙牛的文件中对该公司执行董事丁圣的简历描述有误，董事会特此进行澄清，表示丁圣曾在南开大学的工商管理专业进修相关课程，而非毕业于该大学并持有其工商管理硕士学位（MBA）。这是第一个正式在公司公告中宣布修改的高管简历，随后更多简历被进行了修改并发布在公司网页、百科网站、出版社的声明中。据某百科类网站技术人员表示，近两天时间，就有近百位名人的简历被修改，修改的内容都是学历，并且修改人数还在持续增加。无疑，这些都是唐骏"学历门"之后的"余震"。在这之前，方舟子以多项证据指出，唐骏的"美国加州理工大学计算机科学博士"学位和"卡拉OK打分、大头贴照相机"两项专利以及个人创建公司的经历均系造假。唐骏则回应从未在任何公开场合说过自己是美国加州理工大学的博士，并出示学位证书表示自己是美国西太平洋大学的博士，随后方舟子又指出这是一家卖文凭的"野鸡大学"。网友还翻出了一大批该校博士毕业生名单，国内多家国企、事业单位的管理人员赫然在列。假学历为何有市场？在网上查询代理文凭网站，几百页的查询结果让人目不暇接。网页旁边特意强调"诚信经营、服务至上、质量第一、服务一流"。拨通咨询电话，问能不能办资源与能源管理专业的博士文凭，对方建议"换个美国一般院校的MBA文凭，使用起来比较安全，价格也不贵，2万元就能拿下"。一直有这样的说法，一种是"真的假文凭"，通过办假证而获得；另一种是"假的真文凭"，也就是文凭注水，而"野鸡大学"显然属于后者。

资料来源：魏刚、唐逸：《遏制学历造假：重新评估人才评判体系》，载《中华工商时报》，2010-07-21。

·本章小结·

1. 信用交易的产生和信用关系的建立，需要具备一系列信用要件（要素），信用活动的广泛性使信用表现为许多种形式和类型。而经济交易活动中所产生的信用行为和信用关系形成了信用的基本结构，这种基本结构由信用主体、信用客体、信用条件、信用载体、信用内容、信用方式、信用类型诸要素所组成。

2. 社会信用是指社会成员在社会活动中遵守法律、履行义务的自觉程序。现代社会是一个复杂的大系统，不同的社会主体之间有着千丝万缕的关系，因此社会信用绝不是各种社会主体信用的简单相加。社会的市场化程度越发达，对社会成员的信用要求就越高。

3. 信用制度经历了人伦信用阶段和契约信用阶段。总之，由人伦信用到契约信用，是我国由传统自然经济和计划经济向市场经济体制变迁的重要方面，也是我国市场信用制度变迁的基本内容。

课后练习题

一、单项选择题

1. 信用行为和（　　）形成了信用的基本结构。

   A. 信用关系　　　　　　　　　　B. 信用主体

   C. 信用客体　　　　　　　　　　D. 信用条件

2. 下列选项中，（　　）不是信用方式。

   A. 分期付款　　　　　　　　　　B. 无偿赠与

   C. 延期付款　　　　　　　　　　D. 商品赊销

3. 按信用对象物的用途划分，以下不属于该分类的信用类型是（　　）。

   A. 生产信用　　　　　　　　　　B. 个人信用

   C. 流通信用　　　　　　　　　　D. 消费信用

4. 以下选项中，不能说明"信用是现代市场经济运行的基础"的是（　　）。

   A. 信用是保证社会化大生产正常进行的重要条件

   B. 信用可以促进资本自由流动，优化社会资源配置

C. 信用可以加强失信惩戒机制的建设

D. 信用使流通费用减少，加速资本周转

5. 信用过度膨胀，会（ ）。

    A. 促进实体经济   B. 形成虚拟经济

    C. 形成泡沫经济   D. 稳定宏观经济

二、多项选择题

1. 按交易对象分，信用类型可分为（ ）。

    A. 实物信用   B. 企业信用

    C. 货币信用   D. 个人信用

    E. 商业信用

2. 按信用交易物的用途分，信用可分为（ ）。

    A. 生产信用   B. 消费信用

    C. 流通信用   D. 融资信用

    E. 实物信用

3. 信用载体可以是抽象的，也可以是具体的，其具体物化形式有（ ）。

    A. 血缘关系   B. 书面信用

    C. 挂账信用   D. 口头协议

    E. 货币信用

4. 信用机制的功能有（ ）。

    A. 稳定功能   B. 引发功能

    C. 约束功能   D. 信任功能

    E. 融资功能

5. 社会信用主要包括三方面，分别是（ ）。

    A. 政府信用   B. 企业信用

    C. 商业信用   D. 个人信用

    E. 实物信用

6. 社会信用体系由（ ）等组成。

    A. 信用价值心理层次   B. 信用要素层次

    C. 信用制度层次   D. 信用运行层次

    E. 书面信用

7. 信用供给机制包括（ ）。

A. 产权制度   B. 法律制度

C. 信誉机制   D. 多边议价机制

E. 书面协议

8. 信用经济作为市场经济的基本形态，其特点是（　　）。

　A. 低交易成本   B. 阶段性

　C. 区域性   D. 全局性

　E. 公平性

9. 信用机制的内容包括（　　）。

　A. 信用意识   B. 信用行为

　C. 信用关系   D. 信用制度

　E. 信用主体

10. 市场经济是（　　）。

　 A. 契约经济   B. 实体经济

　 C. 虚拟经济   D. 信用经济

　 E. 书面协议

三、判断题

1. 信用的发展先后经历了商业化、证券化和道德化三个阶段。（　　）

2. 由人伦信用到契约信用，这是我国市场信用制度变迁的基本内容。（　　）

3. 信用和法律是维系市场经济健康发展的两个可相互替代的基本机制。（　　）

4. 市场竞争的核心是生产技术竞争，但归根到底是价格竞争。（　　）

5. 在我国传统文化与道德观念中信用是主流。（　　）

6. 信用制度和法律制度两者相比，建立信用制度的成本要小，同时，可以减小社会摩擦。（　　）

7. 衡量一个社会其社会制度是否进步，就是要看其平等、公平、自由的程度，要看这个制度是否能够给社会带来效益与可持续发展，能够使社会秩序稳定、健康、繁荣。（　　）

第二章
社会信用体系概述

学习目标

1. 掌握社会信用体系的含义、主要内容和分类；
2. 掌握社会信用体系的构成；
3. 了解社会信用体系的运行机制；
4. 掌握社会信用体系的功能；
5. 掌握政府在信用经济发展中的作用；
6. 掌握政府在社会信用体系建设中的作用；
7. 了解我国政府信用建设中存在的问题。

基本概念

社会信用体系　　　　企业信用　　　　信用经营机构　信用监管体系
企业信用监管体系　个人信用监管体系　失信惩戒机制　社会信用体系运行机制
搭便车

市场经济是信用经济。社会信用体系是市场经济体制中的重要制度安排。党中央、国务院高度重视社会信用体系建设工作。党的十六大、十六届三中全会明确了社会信用体系建设的方向和目标。我国"十一五"规划提出，以完善信贷、纳税、合同履约、产品质量的信用记录为重点，加快建立与我国经济社会发展水平相适应的社会信用体系基本框架和运行机制。

第一节　社会信用体系的基本概念及其运行机制

一、社会信用体系的基本概念

社会信用体系也称为国家信用体系或者社会信用服务体系。要对社会信用体系的基本概念做出一个准确的解释目前还不是一件容易的事。在近年来理论界的诸多讨论中，对社会信用体系的称谓和内涵的界定存在很多不同的看法。例如，在称谓上，有的将社会信用体系与信用征信系统等同，有的则将社会信用体系与信用服务体系、社会诚信机制相提并论。在内涵上，有的从社会信用体系的运行机制过程的角度出发，认为社会信用体系是包括信用记录、信用征集、信用调查、信用保证以及信用制度、信用服务在内的信用系统；有的则从信用的社会功能与管理功能的角度出发，将社会信用体系视为一种社会机制，是由社会信用制度、信用服务和服务系统、社会信用活动、监管与惩戒机制组成的社会治理机制。

社会信用体系是通过把各种与信用建设相关的社会力量有机地整合起来，鼓励守信行为，制约和惩罚失信行为，使信用主体行为的价值取向逐步完善，使失信者自觉自愿地由失信走向守信，共同促进整体社会信用水平的完善与发展，从而保障社会秩序和市场经济的正常运行和发展。

社会信用体系几乎涵盖了市场经济体制的所有重要方面，包括企业和个人强烈的信用意识，以及全民以讲信誉、守信用为荣的道德品质。这是建立整个社会信用体系的基础和必要条件，既涉及对交易过程的规范，也涉及对市场主体和政府行为的规范，构成了一个复杂和庞大的系统。但是，社会信用体系又不能单纯地建立在诚实守信的道德规范之上，更重要的是要建立管理市场主体之间的信用关系的一整套法律、法规、准则、制度和有效的信用市场形式。

社会信用体系以一国的社会信用制度为基础，在一国范围内制定各项信用法律、法规以确保社会信用交易的正常开展；建立各种社会信用服务机构、信用数据信息征集管理机构、信用经营服务机构等，为信用活动提供便利；依靠失信惩戒机制惩戒违信行为；同时开展信用服务教育培养信用服务人才，为社会信用体系建设和信用服务储备力量。

由此可见，社会信用体系是一个涉及众多领域与综合知识的系统工程，它为一国的社会经济建设提供必要的信用支持，具有不容忽视的重要作用。

二、社会信用体系的主要内容和分类

（一）社会信用体系的主要内容

社会信用体系主要包括信用中介组织、企业内部信用服务制度、行业信用服务、信用奖惩机制、信用立法、信用教育和企业与个人信用数据库等方面的内容。

这些内容可以概括为以信用交易媒介为载体的信用工具体系，以道德和法律、法规为主要内容的信用规范体系，以保障信用行为为内容的信用中介体系，以宣传和教育为主要内容的信用教育体系四大方面。在这四大信用体系中，信用工具体系是信用商品化以后进行交易的一种书面凭证（如各种票证、凭据等），它能规范和扩大信用交易的方式和范围；信用规范体系主要是通过相应的法律、法规和制度规范信用主体的信用行为；信用中介体系主要是中介组织在法律、法规允许的范围内通过收集和分析个人、企业的信用资料，为客户提供当事人信用状况等证明材料，帮助客户判断和控制信用风险的社会化信用保障系统；信用教育体系主要是通过传授信用知识来提高企业和个人的信用观念和信用意识。这四大体系构成了一个有机的整体，共同承担塑造社会信用的功能。四大体系的最终目的是通过指导、规范、保障、拓展信用行为，使社会具有诚实守信的交易行为，促进市场经济的良性发展。但是目前我国社会信用体系的建设不理想，社会信用制度不健全，导致了失信现象比比皆是，造成信用关系紊乱，经济秩序混乱，从而影响了市场经济发展和现代化建设。

（二）社会信用体系的分类

社会信用体系一般按信用的主体分为政府信用、企业信用和个人信用。

社会信用体系是一种以道德为支撑，以产权为基础，以法律为保障的社会机制。它把各种与信用建设有关的社会力量有机地整合起来，以有关的信用法律、法规为依据，以信用中介组织为载体，以合法有效的信用信息为媒介，以打破信息不对称为手段，通过鼓励和弘扬守信行为，制约和惩罚失信行为，使信用主体（个人、企业、政府等）行为的价值取向发生改变，自觉地从失信向守信转变，进而促进整个社会信用水平的完善与发展，保障社会秩序和市场经济的正常运行与健康发展。

1. 政府信用

在这一社会信用体系中，政府信用处于主导地位，起着支柱作用。政府是社会信用的代表，政府信用在社会中具有示范效应。政府在信用体系建设中的作用包括制定规划，总体协调；推动信用服务的相关立法的建立健全；负责社会信用数据库建设，依法披露政府部门所掌握的信用信息；加强失信惩戒机制的建设；加强征信行业管理。

2. 企业信用

企业是信用的最大需求者和供应者。在市场经济运行中，企业是市场价格关系、供求关系、竞争关系的主角，企业的行为对市场机制与市场秩序的发展有重大影响。企业信用是企业管理水平、技术水平、道德水平的综合反映。企业信用也称商业信用，是指工商企业之间在商品交易时，以契约（合同）作为预期的货币资金支付保证的经济行为，故其物质内容可以是商品的赊销，而其核心是资本运作，是企业间的直接信用。企业信用在商品经济中发挥着润滑生产和流通的作用。企业信用的信用工具形式主要是商业票据。企业信用不仅在金融市场被投资人或贷款人所关注，而且在一般交易市场上也被多方重视。随着经济契约化的发展，企业信用将成为合作与交易的先决条件。因此，企业信用体系建设是整个社会信用体系建设的关键。

3. 个人信用

个人信用是指个人通过信用方式，从银行等金融机构获得自己当前所不具备的预期资本或消费支付能力的经济行为，它使得个人不再仅仅依靠个人资本积累才能进行生产投资或消费支出，而是可以通过信用方式从银行等金融机构获得预期资金或消费支付能力。个人信用是社会信用体系的构成基础。规范个人信用评估机构的设置和管理体制、模式，界定个人信用数据的开放范围，保护个人隐私权，保证数据的真实性及失信的法律责任，建立科学的个人信用评价标准，是个人信用建设的主要内容。

三、社会信用体系的构成

社会信用体系有狭义和广义之分。狭义的社会信用体系主要是指与信用信息服务活动有关的体制框架和体系，主要由两方面构成：一是信用调查活动，即征信活动；二是信用评级活动。相应的，从事信用信息服务的机构也大体上分为两大类，即征信机构和评级机构。这两类机构的区别在于：评级机构提供的资信评级报告主要向社会公众公开，为公众决策提供参考；而征信机构提供的信用调查报告不向社会公开，仅供委托人决策参考。广义社会信用体系包含的内容则十分丰富，具体可以分为信用法律、法规体系，信用经营机构，信用服务机构，信用监管体系、失信惩戒机制，以及信用文化教育体系等。我们站在广义的角度进行阐述。

（一）信用法律、法规体系

信用法律、法规体系是社会信用体系的保障。有效的法律、法规体系不仅可以支持宏观层面的信用服务，而且可以保证微观层面的信息获取，在维护整个社会信用体系方面也发挥着重要的作用。因此，必须要重视创造完善的法律环境，制定一套完整、有效的规范信用活动的法律、法规，明确各信用主体的法律地位和责任，为整个社会信用体系的运行提供支持（详见第四章）。

（二）信用经营机构

信用经营机构即信用市场上的授信人和受信人，是社会信用活动中的主体，主要包括企业、银行以及非银行金融机构（如信托投资公司等），它们通过赊购赊销、信贷等经济活动扮演着授信人或者受信人的角色。可以说，这些信用经营机构之间的经济行为，构成了社会信用行为的主体。

（三）信用服务机构

信用服务机构包括征信公司、资信公司、信用管理咨询公司等，它们以社会实体信用活动为基础，以信用经营机构为主要客户，以经营并销售信用产品、提供专业化的信用服务为手段，成为现代信用活动同时也是社会信用体系的重要组成部分。实体信用活动是指由公共部门、银行、企业等信用经营机构为信用主体进行的信用活动，这些活动直接给信用主体带来了生产、经营、资金或销售上的变化。围绕着这些实体信用活动部门就产生了信用信息管理与服务行业。

目前，在发达国家中，以信用交易为主要交易手段的市场经济已经成熟，逐渐形成了完整、健全的信用信息管理与服务体系，这样的国家被称为"征信国家"。

（四）信用监管体系

信用监管体系是信用监管机构根据相关法律、法规对各信用主体的行为、信用产品和信用活动进行监督、规范、控制和调节等一系列活动的总称，其目的在于防范信用风险，规范信用行为，健全信用制度和促进信用发展。依据监管对象，信用监管体系可以分为企业信用监管体系和个人信用监管体系。信用监管的内容主要有：建立征信数据环境，订立信用服务从业人员的职业道德和操守规则，构建信用监管法规体系，监督和管理信用服务机构，建立和加强行业协会等民间机构的自律管理和开展信用服务教育等。

1. 信用监管体系分类

（1）企业信用监管体系。企业信用监管体系是指政府部门以电子化和计算机网络为技术支撑，以企业登记注册的信息为基础，对市场主体信用状况进行征集、整理和评估，并据此实行分类监管，对不同信用状况的企业实行奖励、惩处、约束、警示等措施，以提高企业信用水平的监管工作系统。

企业信用监管的主要内容有:

①确立市场准入、经营行为和市场退出指标,避免企业在建立、经营或破产的过程中的违法失信行为。

②促进出台和实施企业信用相关法律并对其进行技术性解释。

③实施分类监管,提高监管的针对性。从目前工商行政管理部门实施信用监管的大量实践来看,可将监管类别划分为四个等级,即绿牌企业(守信企业)、蓝牌企业(警示企业)、黄牌企业(失信企业)和黑牌企业(严重失信企业)。对绿牌企业实施一般性监管,给予奖励措施;对有一定失信行为的蓝牌企业予以警告;对黄牌企业要作为重点监控对象,全方位实施监督检查;对黑牌企业,要发布吊销执照公告并将其违法记录予以曝光,将其淘汰出市场。

④结合分类监管实行信用激励和失信惩戒机制。

(2)个人信用监管体系。个人信用监管体系,就是对个人信用、个人信用授受机构和服务中介机构等的活动和运行进行控制、监督和管理的一系列活动的总称。个人信用的监管是整个信用监管体系的重要组成部分。

个人信用与其他信用相比具有独特的特点:首先,要在个人信用信息披露和保护个人隐私权之间找到平衡点。个人在整个信用体系中处于相对弱势的地位,个人信用信息的不当公开有可能被不法分子利用,伤害到当事人的合法权益,因此,在建立个人信用监管体系时一定要注意处理好公开个人信用信息和保护个人隐私权两者之间的关系。其次,消费信用是个人信用监管的侧重点。个人信用又称消费者信用,个人信用行为大都发生在消费活动中,主要有三种形式:一是企业直接对消费者提供的信用,如分期付款、货到付款等;二是金融机构直接对消费者提供的消费信贷,如信用卡消费等;三是金融机构在企业和消费者之间进行资金融通,如住房贷款、购车贷款等。这三种形式基本涵盖了个人信用行为的内容,因此,对消费信用的监管成为个人信用监管的重点所在。

个人信用监管的内容主要包括:控制个人信用工具投放总量,促进出台和实施个人信用相关法律并对其进行技术性解释,严格监督个人信用信息和征信数据的取得、使用和披露程序,建立统一的个人信用信息系统,建立并实施失信惩戒机制。

2. 信用监管主体

信用监管主体包括政府相关部门、中央银行、民间机构和国际金融监督组织。政府相关部门包括工商管理职能部门和银行业、证券业、保险业监督管理机构等行业监管部门。民间机构有信用行业协会等。国际金融监督组织有巴塞尔银行监管委员会、国际清算银行、国际货币基金组织等。在社会信用体系中，我们主要讨论政府、中央银行和民间机构的作用。

政府中的行业监管部门要确定其行业运作所采用的模式，保证金融体系的安全，维护市场的公平竞争，按照国际惯例将征信数据市场化，筛选合格的征信机构，推动信用服务相关法律的立法工作，负责执法和技术性解释法律条款，直接参与失信惩戒机制的建立和运行，等等。

（五）失信惩戒机制

失信惩戒机制是指所有授信单位共同参与的，以企业和个人征信数据库的记录为依据的，通过信用记录和信用信息的公开，尽量减少交易中的信息不对称情况，以约束各信用主体行为的社会机制。其主要功能是对失信企业或个人实施实质性打击，使各信用主体明确失信的严重后果而不敢轻易违约，同时也维护守信者的利益，并在有条件的情况下对守信者进行物质性奖励。失信惩戒机制是社会信用体系的重要组成部分，能够有效制约不良信用行为，保护和激励良好信用的发展。

失信惩戒机制是由直接惩戒和间接惩戒共同作用而实现的。直接惩戒主要来自政府职能部门和行业协会，包括政府相关部门做出的行政性惩戒和监管机构做出的监管性惩戒，由相关部门和监管机构采取记录、警告、处罚、取消市场准入、依法追究责任等手段惩罚和制止失信行为。例如，工商管理部门直接公布“黑名单”，银行业监督管理委员会向全社会通告贷款违约企业等。间接惩戒主要通过开放社会信用数据库给失信主体造成各种不便利，主要包括由金融、商业和社会服务机构做出的市场性惩戒和通过信用信息广泛传播形成的社会性惩戒。市场性惩戒可以为信用记录好的企业和个人提供优惠和便利，而对信用记录不好的企业和个人加以严格限制；社会性惩戒是使失信者对授信人的失信转化为对全社会的失信，让失信者一处失信，处处受制约。

需要注意的是，刑事处罚并不属于失信惩戒机制，这里的失信是在市场经济中产生的，其惩罚机制也相应地来源于市场。但并不是说失信者只受失信惩戒机制的制约，对于严重的危害社会的失信行为，不仅要受到失信惩戒机制的惩罚，也要受到法律的制裁。

（六）信用文化教育体系

1. 信用文化推广

当今社会已经进入信用经济时代，信用交易量的膨胀使得信用观念已经不仅仅作为个人的信条停留在道德层面，诚信已经成为社会经济生活中不可缺少的必须遵守的商业准则。在社会信用体系的建设过程中，必须把信用文化推广作为一个重要方面，积极开展诚信教育，在全社会形成讲诚信的好风气。

信用文化推广是建立社会信用体系的一项长期的基础性工作。全体社会成员的诚信意识提高了，市场主体的守法意识增强了，现代信用知识增加了，自我约束和自我保护能力增强了，社会信用体系的建立和完善就有了坚实的基础。

信用文化推广的形式多样，包括诚信机构评选、诚信宣传、信用知识普及等。例如，在我国开展的"百城万店无假货"、"诚信单位"等评选活动中，涌现了一批依法经营、诚实守信的企业和个人典型，为社会树立了榜样。

小知识

"百城万店无假货"活动启动于 1995 年底。当时，随着社会主义市场经济的发展，人们的道德观念和行为方式发生深刻变化，广大群众对商业领域存在的假冒伪劣现象反映强烈。中宣部、国内贸易部决定在全国开展"百城万店无假货"活动，教育引导企业员工严格遵守"诚信、公平、情义、服务"的商业道德准则，努力形成"为人民服务、对社会负责"的良好道德风尚。两部门组织北京、上海、天津等城市 30 家大型国有商业企业，发出不售假货倡议，成为第一批示范企业。随着参与部门的逐年增加，在工商、质检等有关部门的协调配合下，"以真诚赢得信誉、用信誉保证效益"已成为商业企业员工的自觉行动。

近年来，"百城万店无假货"活动声势不断壮大，诚实守信的商业新风吹遍神州大地。中宣部等 8 部门先后公布了 81 条示范街、308 家示范店和 2 个示范市场，各省区市也先后公布了省、地（市）级示范街 1 000 余条、示范店 7 700 多家。这些不同层次的示范点影响了周边众多的商业街、商业企业和市场，发挥了模范带头作用。

"百城万店无假货"活动之所以能取得好的成效，是因为其适应了建立社会主义市场经济新秩序的要求，有利于增强社会成员的信用意识，有利于维护消费者权益，有利于促进社会的和谐稳定。

2. 信用服务教育

信用服务教育的发展可以为现代信用活动培养专业人才，是现代信用活动的组成部分，是社会信用体系的基础。失信行为的产生固然与受信人的道德水准、资信等级等因素有关，但与授信人缺乏信用服务人才、信用服务水平不高也有密切关系，因此，提高授信人信用服务水平是预防失信的重要手段。这就需要建立信用服务教育体系，培养大批合格的信用服务人才。目前，信用服务教育形式主要有三种：高等学校的常规教育、职业培训和信用服务远程教育。

可以看到，社会信用体系几乎涵盖了整个市场经济体制的所有重要方面，构成了一个复杂而庞大的系统。其中的各个环节和组成部分都是十分重要的。无论哪个方面的缺失或薄弱都会对社会信用体系的整体有效性产生负面影响。因此，建立完善的社会信用体系需要较长的一段时间。

四、社会信用体系的运行机制

要实现社会信用体系的高效运转，必须构建多层次、多方位的运行机制。

（一）社会信用体系运行机制的内涵与分类

社会信用体系运行机制是由信用生产、交易、保障、约束、监督、培育等各个环节组成的有机整体。它是社会信用体系的运作系统和核心组成部分，运行机制是否健全有效，直接关系到社会信用体系建设的成败。涉及的信用主体规模庞大，类型复杂，需要政府、信用服务当局、信用中介组织、企业、金融机构和居民个人等主体共同参与和密切配合，涵盖制度、体制、组织、技术、法律、道德、文化等不同层面。按照考查方法与分类标准的不同，其包含不同的内容。

1. 按不同的信用主体分类

按照信用主体来分，社会信用体系的运行机制包括个人信用制度、企业信用制度和政府信用制度三个子系统。个人信用制度是管理、监督和保障个人信用活动的规则、政策和法律的总和，主要为证明、解释和查验自然人信用情况提供依据，并规范个人信用行为，提高其守信意识。企业（政府）信用制度是管理、监督和保障企业（政府）信用活动的规则、政策和法律的总和，是证明、规范企业（政府）信用活动与信用行为的基本依据。个人信用活动往往与个人消费、税收缴纳联系在一起；主要形式有商品赊销、分期付款销售、消费信贷等。政府信用则主要体现在国债清偿、币值稳定性、政策稳定性和透明度、对国有企业和垄断行业的态度、对地方利益的态度等方面。由于政府是规则制定者，其他一切经济主体的活动都必须在政府引导、规范和约束所形成的行为空间内进行，因此，政府信用制度在上述三个子系统中是基础，是制度保证。另外，推动个人信用交易在当前具有促进内需、革新观念、强化文化等重要作用，且我国这方面的制度建设几乎处于空白状态，因而个人信用制度在三者中是核心和重点。

2. 按不同的组成模块分类

社会信用体系的运行机制的基本功能是保证信用交易的成功，维护市场交易秩序，其基本运作机理是通过对个人、企业等在经济活动中所产生的大量有用信息的收集和加工整理，形成信用产品，以帮助克服在信用交易中普遍存在的信息不对称现象，彰显并奖优惩劣。同时，它依靠社会法律的强制性作用，对信用交易及信用服务相关行业进行监督和管理。其组成模块主要有：征信系统，包括征信数据的收集、分类加工、交易、披露使用等；服务系统，包括资信评估、信用担保与保险、商账追收、信用管理咨询；法律系统，如信用信息交易的规范和对失信的惩罚机制等；文化系统，如信用文化与道德的培育与弘扬等。

小知识

信息不对称理论是由三位美国经济学家——约瑟夫·斯蒂格利茨、乔治·阿克尔洛夫和迈克尔·斯彭斯提出的，他们由于对信息不对称市场及信息经济学的研究成果获 2001 年诺贝尔经济学奖。信息不对称（asymmetric information）是指在市场经济活动中，各类人员对有关信息的了解是有差异的，一些成员拥有其他成员无法拥有的信息，由此造成信息的不对称，掌握信息比较充分的人员，往往处于比较有利的地位，而信息贫乏的人员，则处于比较不利的地位，产生交易关系和契约安排的不公平或者市场效率降低问题。

该理论认为，信息不对称造成了市场交易双方的利益失衡，影响社会的公平、公正以及市场资源配置的效率，并且提出了种种解决的办法。这一理论为很多市场现象，如股市沉浮、就业与失业、信贷配给、商品促销、商品的市场占有等提供了解释，并成为现代信息经济学的核心，被广泛应用到从传统的农产品市场到现代金融市场等各个领域。

在现实经济中，信息不对称的情况十分普遍，影响市场机制对资源配置的效率，造成占有信息优势的一方在交易中获取太多的剩余，出现因信息力量对比过于悬殊导致利益分配结构严重失衡的情况。因此，纠正信息不对称造成的种种弊端，减少信息暴利及维护资源分配的效率及相对公平是信息经济学的主要任务。

3. 按不同的作用机制分类

上面是从组合模块这一横向角度来探讨运行机制内容的，各模块前后衔接、不可或缺、共同作用，促成社会信用体系的运行机制目标功能的实现。如果从纵向角度考查，将运行机制总体功能目标进行分解，则可得到按不同作用机制加以分类的内容。以此为标准，社会信用体系的运行机制包括信用保障机制、信用信息管理机制、信用征集机制、信用评价机制、信用服务机制、失信惩戒与守信激励机制、信用信息披露与快速传递机制、信用教育与培育机制、信用辅助机制、信用担保机制、信用担保机制、信用风险预警机制等。

4. 按不同的运行层面分类

社会信用体系的运行机制涵盖了多个层面：一是道德与文化层面，成熟的信用文化与良好的道德风范能有效地约束经济主体的行为，这是运行机制的隐性层面；二是法律与制度层面，是最具强制力的层面，决定了信用治理行为涉及的领域、指向和深度；三是组织体系层面，必须有相应的组织机构来实施信用治理行为；四是交易及技术层面，如信用信息系统的建立以及系统间信息网络化建设，新兴信用交易工具的开发与应用等，这一层面在一定程度上决定社会信用体系的效率与效果。

5. 按不同的运作模式分类

社会信用体系运行机制可以选择的模式主要有三种：一是"政府推动、政府投资、政府运作、政府监管"的政府主导型模式；二是"市场引导、社会投资、商业化运作、社会监督"的市场内生型模式；三是"政府主导推动、社会（民间）投资、市场化运作、政府监管"的混合型模式。

综上所述，社会信用体系运行机制具有多元性特征，由各种规定复合而成，是由信用主体、信用关系、信用制度和信用法规，以及信用组织管理体系所组成的有机系统。

（二）社会信用体系的具体运行机制

1. 信用保障机制

市场经济首先要靠信用，要靠完善的信用体系。但在信用失效的地方运用法律或行政手段就显得尤为必要。所以，信用和法律是保障市场经济有序运行的相互替代而又互补的两个机制。信用保障机制由一套完整的法律、法规体系构成，其主要功能是对社会信用体系运行机制的确立和实施提供法制保障。

2. 信用信息管理机制

信用信息管理机制的核心是建立信用信息管理系统，而信用信息管理系统则是社会信用体系运行的心脏。它由以下三个部分或环节有机构成：

（1）公共征信数据库。要在现有的政府部门信用信息数据库和行业信用信息数据库的基础上建立公共征信数据库。该数据库的建立有两种方式：一种是由政府投资建立自己的数据库；另一种是通过立法强制政府部门和社会其他单位提供拥有的企业、个人信用信息，组建虚拟公共数据库，虚拟数据库靠统一检索平台与相关数据库链接。相比而言，后一种建立方式见效快，投资少，无须更新和维护相关数据。

（2）统一的信用信息检索平台。信用信息检索平台可以由信用信息管理机构直接建立，直接管理和维护，也可以授权或委托中介机构建立，由中介机构来维护和管理。

（3）信用信息的运营和传输。公共征信数据库的信用数据的经营既可以采用商业化开放经营，也可以采用特许经营的方式由少数中介机构来经营，所得收入适当返还数据来源单位。计算机网络是信用信息管理系统运作的重要基础，是信用信息传输的主要通道。把政府有关部门、中介机构的计算机连成网络，使之在技术上可行。要逐步把广大的企业、个人连成一个统一的信息网络，实现信用信息的顺畅传递。

3. 失信惩戒与守信激励机制

总的来说，失信惩戒与守信激励机制是一套识别守信者和失信者，并确保守信者得到利益、失信者付出代价的机制，是社会信用体系运行机制的核心内容，其功能在于综合运用经济手段和道德谴责手段，惩治失信行为，将失信者从主流交易中清除出局，同时对守信者给予政策倾斜，降低他们获取资金、技术、服务的门槛，提供给他们各种交易便利。在征信社会，失信惩戒与守信激励机制能以很低的成本对已经发生的失信行为实施实质性打击，同时起到震慑作用，将失信的动机消灭在未然之中。失信企业在相当长的受罚期内将不能进入市场经济主流，经营成本加大，失信个人将面临极为不便的生活。对于守信行为失信惩戒与守信激励机制也会进行相应的奖励，守信者会在不知不觉中被给以高信用等级等无形资产。按照作用基础不同，失信惩戒与守信激励机制可分为两类：一是依靠经济手段和道德谴责手段，在市场交易中自发地实现激励和退出。一旦交易者发生不良信用行为，这一信息将快速地反映到其信用报告中并保留相当长一段时间，在这段时间内，该企业或个人的潜在交易对象（供货商、经销商、雇主、房东、贷款人等）可以查询到这一信息，并因此而放弃与之进行交易。反之，若保持良好的信用记录，该企业或个人得到了社会的信任，则会享受到因此而带来的便利。二是由政府制定政策进行制约，使政策向诚实守信的企业和消费者个人倾斜，间接地降低重合同守信用企业获取资本和技术的门槛。

4. 信用评价机制

信用评价是以调查、征集所得的信用主体的大量信息为基础，运用科学的评价方法和信息处理技术，加工成以信用主体资信报告为基本形式的信用产品（征信产品）。由于信用评价结果（征信产品）直接反映信用主体信用状况的好坏，影响信用主体的切身利益，因而信用评价机制在运行机制中具有重要地位。信用评价机制由评价主体、评价客体、评价指标体系和评价方法，以及信用评价行业发展模式组成。信用评价机制的运作要在相关法律的框架内，充分体现独立性、客观性、公正性、科学性、准确性和权威性等原则。这样，作为评判市场主体信用优劣的基本依据，征信产品及其广泛应用能有效克服市场交易中的信息不对称，增加信用交易市场的透明度，促进信用市场公开、公平、公正竞争。

5. 信用信息披露与快速传递机制

在搭建信息网络技术平台和建立相关立法的基础上，将银行的企业信贷登记咨询系统、个人信用登记系统、工商年检登记和信用服务系统，以及税务部门、质检部门、药品管理部门、海关、公安部门、司法部门等部门和各个行业组织所掌握的相关信息资源整合起来，实现互联互通、信息共享，并依法向社会公开披露。以此为基础，建立对失信行为的快速反应和传递机制，一旦某个市场主体失信，能够被相关部门及时发现，并迅速采取果断措施，将失信的负面效应减小到最低限度。同时，要让失信主体的不良信息有足够多的和适当的传递渠道得以传播，使失信行为置于广泛的舆论声讨之中。

6. 信用教育与培育机制

信用教育与培育机制是集伦理道德建设、信用文化塑造、信用专业人才培养于一体的自律机制。其功能在于将法治和德治、教育和管理紧密结合起来，提高全社会的思想道德水准，增强全民信用意识。一是加强道德建设，确立竞争与合作的市场双赢意识，努力形成与市场经济发展相适应的健康、和谐、文明的思想道德氛围，提高全民的社会公德意识。二是加强传统优秀思想文化的教育，从娃娃抓起，将诚实守信作为道德规范的重要内容灌输到人们的头脑中，为信用社会的形成奠定良好的思想基础。三是加强信用意识和职业道德教育，尤其要强化企业经营者的信用意识，树立权利与义务相统一的思想以及信用是宝贵的无形资产的观念，注重职业操守，形成"守信光荣"、"失信可耻"的信用环境。四是推进信用服务学科建设和信用服务专业人才培养，要逐渐在高等学校开设相关专业或相关课程，加强信用理论的研究，培养高素质的信用服务人才，尤其要采取有效途径尽快培养出一大批胜任企业和金融机构信用服务的专业人才，提高企业的信用风险管理能力和水平，降低被人骗的概率，反过来又促进企业信用意识的提升，减少骗人的行为。

7. 信用辅助机制

（1）社会信用的宏观辅助机制。社会信用的宏观辅助机制主要包括以下三方面内容：一是要进一步完善企业产权制度。只有确立明晰的产权关系，企业才能成为对生产经营负责的完全行为主体，也才能建立起真正意义上的现代企业制度，才有健全的法人治理结构和人格。只有这样的企业才有稳固的信用关系和厚实的信用行为基础。二是要建立和规范企业破产制度。要加大国有资产战略性重组力度，优化企业资本结构，降低企业资产负债率。对严重资不抵债的企业，要坚决依法破产。三是完善的信用配套保障制度。这包括社会保障制度、住房制度、存款实名制度、抵押制度、信用担保制度、信用保险制度等，以分散、转移、补偿信用风险。

（2）社会信用的微观辅助机制。社会信用的微观辅助机制的核心是建立企业内部信用服务制度。企业是社会信用体系中的基本单位，国外在这方面已经发展到企业建立健全客户关系管理体系以增强竞争力、提高效益的阶段。我国企业的内部信用服务水平还比较低，许多企业被信用风险和拖欠问题所困扰。

8. 信用担保机制

信用担保机制在增加中小企业信用，健全社会信用体系建设方面具有不可或缺的作用。近年来，我国信用担保机制建设已经取得初步成效，全国成立的各级各类信用担保机构达到数千家，担保业务量不断上升，对促进中小企业提升信用能力和缓解贷款难问题发挥了重要作用。

9. 信用风险预警机制

信用风险预警机制是对社会信用进行跟踪与监测，以及时发现信用风险和处理信用风险，将信用风险消灭在萌芽状态的社会机制。它是防范和控制信用风险的重要手段，是社会信用体系不可或缺的有机组成部分。

按照跟踪监测对象的层次不同，可以把信用风险预警机制分成微观的信用风险预警机制和宏观的信用风险预警机制。前者是通过监测单个市场经济主体的行为与各种情况变化，对其信用状况与违约的可能性做出评价，并将评价结果与事先设定的临界值进行比较，一旦接近或超越临界值，就通过一定的信息渠道发出预警信号，提请与之相关的其他市场经济主体加强防范的社会机制。与之相对应，后者主要监测、评价整个社会的信用状况并将评价结果回馈到社会以引起重视和防范。两者之间既密不可分，又各司其职。就作用基础来看，一方面，无论是微观预警机制，还是宏观预警机制，都必须依托于社会信用体系，离不开社会信用体系在收集数据、传递信号等方面的支持。另一方面，微观预警机制可以在单个企业内部，以其信用服务体系为基础来建立与发挥作用，而宏观预警机制则必须依靠社会联合征信与公共信用服务体系的配合才可运作。就作用范围来看，宏观预警机制在某种程度上涵盖微观预警机制，但后者又有自己特定的作用范围，特别是对于具体的经济实践与决策有很强的指导意义。

建立信用风险预警机制的基础环节是从实践中提炼和制定完整、科学而又有较强可操作性的预警信号（指标），并为这些信号设定临界值。就企业而言，有效的风险指标主要包括流动比率、速动比率、现金比率、营运资金、负债比率、资产总额、应收账款周转速度、存货周转速度等，分别从资产状况、负债状况、市场风险、流动性状况等方面反映企业面临的客户信用风险。而要使这些指标真正发挥预警作用，关键是要建立有效的分析制度，如在企业内部采取例会制度，以月或周为单位对本企业信用风险情况进行综合分析；开通信息反馈渠道，当员工在业务办理过程中发现客户信用问题，可直接向相关人员及时反馈情况。此外，还必须建立风险暴露后的紧急应对机制，迅速采取果断措施，将失信的负面效应减小到最低限度。

第二节　社会信用体系的作用

一、社会信用体系对经济发展的支持作用

社会信用体系的形成与社会经济发展的关系是相辅相成的。社会经济发展加速了社会信用体系的形成，社会信用体系形成后又推动了社会经济的进一步发展。

（一）社会信用体系的建设解决了交易双方信息不对称的问题

社会信用体系的建设解决了交易双方信息不对称的问题，使信用交易的开展更具有可操作性。只有开放的公共信息和数据共享才能增加社会经济交易的透明性，提高交易的公平性、公正性，使大家在统一的信息平台上了解各自的供需和信用状况，获取真实的交易信息，以便决定是否交易和如何交易。如果交易一方在交易过程中无法完全获取对方的资信信息，不能及时识别对方的特征及行为，只能在交易结束之后才有可能发觉和确认，遭遇欺诈的概率必然增加；没有完善的社会信用体系，受损失的一方即使发觉受骗也无法对另一方的欺骗行为进行约束和惩罚。长此以往就会形成欺诈—逃脱—再欺诈—又逃脱的恶性循环，致使信用交易效率低下甚至停滞。因此，建立自动履约守信的制度体系，即建立社会信用体系公开交易主体的信用信息，约束交易主体的交易行为，使各个经济主体在经济活动中诚实守信，公平交易，自觉维护自己的信用形象，保证与交易对方的信用关系，使欺诈行为无处藏身，交易才能得以顺利开展，社会经济才能实现良性循环。

（二）社会信用体系的建设使交易成本降低，信用交易成功率明显提高

社会信用体系的建设有利于节约交易成本，对于社会经济的发展起到重要的促进作用。在经济交易中，交易成本包含很多具体的内容，如生产成本、管理成本、机会成本等，有了社会信用体系作保障，交易双方在诚信的基础上开展合作，应收账款追收等管理成本降低，违约诉讼费用减少，交易效率得以提高，节约时间成本，经济效益必然获得较大的增长。而且，在社会信用体系的制约和规范下，交易主体的行为趋于规范，自觉遵守交易规则和诚信原则的意识增强，彼此敢于也乐于运用信用交易方式，提高了信用交易的使用率和成功率，为社会经济的进步和持续发展提供了保障。

（三）社会信用体系的建设有利于扩大对外开放

在 21 世纪的新阶段，我国的现代化建设要有新进展，改革要有新突破，开放要有新局面，技术、人才、资金等经济要素固然重要，但制度方面的因素更加不容忽视，社会信用体系建设作为经济制度建设的重点之一非常关键。信用是经济全球化条件下所有经济活动必备的"通行证"。没有信用这张"通行证"，"走出去"寸步难行，"引进来"更加困难。社会信用体系建设落后的地区，信用风险大，很难吸引国际资本、高层次人才和先进技术；信用缺失的地区则不可能具备真正的竞争力，其对外贸易和对外经济技术合作也不可能长期健康稳定发展。

（四）社会信用体系建设有利于现代产权制度的建立和完善

依托良好的信用基础和市场秩序，促进资本的流动和重组，才能够建立起"保护严格，流转顺畅"的现代产权制度。产权关系的有效组合、调节和保护不仅需要法律的认可和保护，还需要社会信用体系实施更富于弹性的市场监督。产权交易双方应该在公开、透明、平等的原则下进行诚实守信的交易，资产代理经营者应该忠实履行资产保值增值的职责。

二、社会信用体系建设是整顿市场秩序的治本之策

社会信用体系凭借自身健全的法律制度和管理体系，对于规范市场秩序、保障市场经济健康发展具有重要意义。它能够在全方位、多层次上监控市场秩序的状态，维护市场秩序的正常有效和市场经济的稳定发展。

（一）社会信用体系有助于建立严格规范的准入秩序

市场准入历来是保障市场经济规范运行的第一道屏障。严格而合理的市场准入机制使进入市场的企业满足了市场经济必需的一系列最低要求，保证了企业生产经营的稳健性和持续性，也维护了市场经济运行和发展的规范性和安全性。如果社会上拥有比较完善的社会信用体系，建立起有效的信息传输系统，就可以及时准确地了解申请人的资信状况、过往经历，判断其是否有建立企业并持续经营的能力和意愿，从而更加准确有效地界定准入的条件，决定是否允许申请人进入市场。

（二）社会信用体系有助于强化公平合理的竞争秩序

市场经济支持各经济主体以最低的成本获取最大的收益，同时促进社会经济发展。通常情况下，各经济主体以追求利润最大化为目标，所以他们的行为是多种多样的，既可能通过辛勤劳动和诚实经营获取利益，也可能通过不讲信用、损害别人来获取利益。当一部分人选择了后一种方式时，就必然会给另外一部分人造成不公和损害，破坏正常的市场竞争秩序。

社会信用体系恰恰作为一种奖优罚劣的市场机制，对于诚信经营的企业给予较高的信用认定，提供充分的信息支持，对于那些不讲信用违约经营的企业，将其不良信用记录予以披露，从客观上约束企业诚实交易、守信经营，否则其将自动被市场所淘汰。正是通过这样一种奖优罚劣的自动调节机制，逐步建立公平合理的竞争秩序，创造宽松高效的竞争环境，使新兴投资者敢于也乐于进入市场投资，使现有企业自觉自愿参与公平竞争，才能惩戒和杜绝恶性竞争，治理和整顿混乱的市场秩序，维护和保证公平合理的市场经济竞争秩序。

（三）社会信用体系有助于形成快捷高效的交易效率

现代经济讲求优质高效，经济交易手段的多样化和网络信息技术的普及化，使得经济交易的效率大大提高，世界经济在快捷高效的轨道上运行发展。如目前广泛使用的信用交易方式、赊销赊购、电子商务、物流配送等，都在一定程度上提高了经济交易的效率。但是，要想维持这样一种快捷的交易效率，单独依靠改进交易方式和提高信息技术应用程度是远远不够的，必须建立健全必要的社会信用体系作为保障，维护交易的正常化和规范化，才能保持并不断提高交易效率。

（四）社会信用体系有助于运行严厉公正的惩戒机制

任何交易行为必须是在双方诚实守信的基础上开展的，如果企业因为谋求更多的利益而违背信用的准则，必然受到应有的惩戒。当然，这种惩戒可能不像触犯刑法那样接受法律的制裁，但是该企业会在市场上失去发展空间和合作伙伴，让失信者付出失信的代价。社会信用体系中的惩戒机制是一种市场自发的制裁，它或许没有明确的法律条文，但是在日常的经济交易中大家都自觉地遵守并相互监督。一旦发现某些企业做出有悖信用的行为，大家会一致杜绝和其进行交易，这样必然使其丧失持续经营的来源和保障，陷入信用缺乏的困境，造成企业的经营困难甚至破产。因此，社会信用体系的惩戒机制是一种潜在的、自动的约束机制，在惩戒失信行为的同时，给予守信者必要的保护，建立相应的市场自发惩戒机制，借助市场自身的优胜劣汰，达到市场秩序的规范和完善。

第三节　社会信用体系的功能

建设社会信用体系的最终目的是为了发挥其在社会发展和经济建设中的作用。

一、社会信用体系在市场经济条件下的经济功能

交易的普遍性是市场经济的重要特征。在市场经济中，人们普遍的交易行为有赖于交易秩序和规则的约束和引导，否则，会出现无序与混乱的状态，从而破坏交易的正常进行和交易预期目标的实现，最终影响市场经济的信任度以及人们参与市场的信心。一切商品（包括服务在内）只有经过交换才能趋于最大价值的利用，因而，良好的经济秩序是实现商品交易的必然要求，也是一切社会资源实现其最大限度增值的必由之路，是社会整体利益实现和增长的基本条件。经济的有序发展既需要正式制度（如产权制度、法律制度等）的约束和规范，也需要非正式制度（如习惯与道德等）的调节和引导。习惯与道德调节是市场调节、政府调节以外的第三种调节。在市场调节与政府调节都起作用的场合，在法律产生并被执行的场合，习惯与道德调节不仅存在着，而且它的作用是市场调节与政府调节所替代不了的，也是法律所替代不了的。在经济发展中，信用作为一种习惯与道德调节，其功能隐含和渗透在制约经济发展的诸多因素中，间接地影响和推动着市场经济的健康发展。不论是个人还是企业，在经济生活中都越发感到获得信用的艰难，及其弥足珍贵。因此，市场经济的发展离不开信用在其中所发挥的无法替代的功能。

二、社会信用体系在政府权力运行中的功能

（一）社会信用体系节约公共事务管理的运行成本

管理社会公共事务是政府的一项重要职能，通过对公共事务的管理，为社会成员提供优良的公共物品和优质的公共服务，维护安定、有序的公共秩序。目前，在公共管理中，比较严重的是公共物品领域的"搭便车"现象。"搭便车"是指某些人或某些团体在不付出任何代价成本的情况下从别人那里或社会方面获得收益的行为。公共物品领域的"搭便车"表现为个人不愿意主动为公共物品付费，总想让别人生产后自己免费享用。这种动机的直接结果，就是公共物品只能由政府供给，而政府又很难了解个人的真实意图，难以确切地了解个别消费者对公共物品的效用函数，从而使资源配置失效。为了解决这个问题，人们虽然想了很多办法，但效果并不好。在公共物品的消费领域，还是要靠人们道德素质的提高，靠人们自觉意识的增强。信用伦理道德精神中所包含的诚信意识，有助于人们正确对待和爱护政府提供的公共物品，诚实使用、自觉归还，消除"搭便车"思想，从而提高公共物品的使用效率和范围，减少政府管理公共事务的费用，降低公共事务的运行成本。

此外，对于公共设施的使用和维护，也有赖于全体社会成员的自觉自律行为，政府对公共事务管理的支出与社会整体道德素质水平是成正比发展的，社会整体诚信度越高，文明行为越普遍，公共性服务和物品也就越全面、越丰富。

（二）社会信用体系节约执法成本

法律是维护社会秩序的刚性手段，其不但在制定过程中存在立法成本，而且在执行过程中也存在执法成本。一方面，任何部门法的制定、修改都存在一定成本。大量人力、物力、财力的消耗需要支付相应的费用，这是一种公共成本，在摩擦严重时，这种公共成本可能会升高。另一方面，法律在执行程序上也存在一定成本。目前由于债权、债务关系引发的经济纠纷，坑蒙拐骗、制假贩假的不法行为，证券期货市场的财务虚报等法律案件的增多，客观上增加了案件查处和法律实施的难度，特别是判决后的法律执行，更是耗费检察机关和各类执法机关大量人员和财力去监督执行，以保证健康有序的经济环境和安定团结的社会环境，这种社会正常运转所需的法律保障大大超出了社会应有的承受能力，透支着社会成本。而信用伦理道德则是通过信用伦理道德精神对人们内在道德观念和道德品质的塑造以及信用伦理道德规范对人们外在行为的约束，在社会中建立人际信任关系，促使社会形成积极健康的道德风尚，使不法分子失去生存空间，减少法律实施中的费用消耗如法律诉讼费用、庭审判决费用以及监狱管理费用等，从而节约社会运行成本。

（三）社会信用体系有助于政府形象的塑造

信用伦理道德中的诚信思想及其意识，体现在诚实和守信两个层面。诚实主要是强调与人交往过程中的一种真实不欺的行为准则，即以尊重事实的态度反映事物，向他人传递真实信息，讲真话，不说假话。尊重事物本来的面目，是诚实核心的规定性。但是，要做到真实地反映事物，前提是必须以求真、求实的态度去认识事物。而从另一层次上讲，尊重事实这样一种规定性，又必须要求人们在认识了事物的本真和客观规律以后，以事实为依据来解决问题，按照事物的客观规律性来处理问题。所以，从扩展意义上讲，诚实实际上就是求真、求实，即实事求是，以真诚的心境去认识事物，以真实的语言去反映事物，以诚挚的态度去解决问题和处理事件。而目前有些地区的政府领导在决策中缺少一种实事求是的精神，他们往往无视本地区经济发展的实际情况，决策中带有官僚主义作风，违背客观实际的需要，盲目地搞"政绩工程"、"形象工程"，耗费大量财力、物力、人力，其结果是造成豆腐渣工程和烂尾工程的存在。信用伦理道德精神和伦理规范，通过道德的教化和引导，有助于各级领导及公务员从思想上树立尊重事实、以事实为依据的道德观念；有助于培养他们追求真理、维护正义的道德意志和道德情操。只有在认识问题真实准确、分析问题客观公正的基础上，制定出的决策才能符合事物发展的客观规律和当前的客观实际，才能保证政策实施的科学性和时效性，杜绝政策的反复性和不稳定性，从而真正树立政府执政为公、勤政为民的良好形象。在现实生活中，政令往往在实施过程中出现执行不畅，故意曲解，甚至"阳奉阴违"的现象，使科学的决策得不到贯彻执行，无法发挥其实际效用，未能在各地区收到预期效果。通过信用伦理道德的调节和规范，增强公务员的诚信道德和实事求是的精神，可以保障政令贯彻和实施的准确到位。政府的承诺与践诺得到统一，政策真正落到实处，使人民能够在现实生活中切身感受到政策的好处和实惠。人民真正满意了，对政府信任度自然就会提高，政府的权威也随之提升，廉政为民的政府形象也会随之树立。

三、社会信用体系对社会道德文化建设的功能

社会的发展和进步，不仅反映在生产力水平的提高和人民生活的改善上，而且也反映在社会整体文化水平的提升和人民文化生活的丰富上。随着市场经济的不断深入，人们对经济利益的盲目追求驱使其在经济活动中不择手段，无视市场规则和道德规范的要求，以骗取或牺牲他人利益而求得自身发展，致使失信现象逐年增多，社会风气日益污浊，人际关系渐趋冷漠。信用的缺失，不但给人们的经济交往附加了条件，增加了难度，而且动摇了人们对社会公平、正义的信任以及对和谐生活的憧憬。

（一）社会信用体系净化社会风气、建立和谐人际关系的功能

随着经济的快速发展，社会中也弥漫着拜金主义、享乐主义、个人主义等不良风气，人们在利益的诱惑和驱使下，采用不正当或非法手段获取利益，使社会上渐成损人利己风气，人们之间失去了应有的彼此信任。由于信用建设在目前还处于起步阶段，信用制度还未完全建立，致使守信者得不到应有的利益回报，失信者却堂而皇之地大赚不义之财，这样一来，失信的人越来越多，普遍的不诚信则成为一种社会环境。人们会感到身边存在着这样的信任危机，种种现象说明当前人们对于他人的行为产生怀疑和不信任，自身也会在日常交往或交易中出现失信行为，推而广之地认为他人会有和自己同样的态度和行为，由此会对整个社会的普遍信任产生怀疑和迷茫，进而造成整个社会中缺乏诚信的环境和风气，这一点在不少问卷调查中就充分体现出来。因此，信用伦理道德有助于培养人们的诚信品质，规范人们的信用行为。只有社会个体的诚信度提高，整个社会的普遍诚信度才会随之提升，社会风气才会逐步得到净化和改善。人的社会性决定了人的生存状态不是个体的、分散的，而是群体的、聚居的。在社会化大生产条件下，人们之间的社会分工越来越细，人们的交往和交易日益紧密，交往的广泛性、普遍性以及高度的频繁性，使个人不再是单独和孤立的个体，其日常生活已经离不开他人和社会。与社会沟通、与他人交往成为人的一种社会需求和社会性行为。

人际关系的融洽与和谐日益成为人们生活是否满意、工作是否顺心的重要标志。在市场经济环境中，人们的失信行为已经波及人际交往，严重破坏着和谐、友善的人际关系，现在的"杀熟"就是破坏和谐人际关系的典型例子。人们之间由于彼此的不信任，容易产生冷漠、孤僻、自负、多疑的不良心理，这种心理对人们的道德品质形成了较大的负面影响，不利于社会信用体系的建设。信用伦理道德是通过伦理道德的软性约束和教化，内化为人际交往中的一种普遍心理，从而增强人们彼此间的信任，使人们的交往更加和谐与融洽，减少主观猜疑和摩擦，提高社会整体的诚信度。

（二）社会信用体系营造诚信的企业文化的功能

企业文化包括企业精神文化、物质文化和行为文化，它渗透在企业一切活动中，对内表现为企业精神，包括企业信念、价值观念、企业士气、企业氛围、人文精神，以及与此相适应的思维习惯等；对外表现为企业形象，包括产品形象、服务形象、员工形象、企业家形象、企业整体形象等；而企业行为，包括企业活动行为、企业制度行为、企业道德行为，则是将企业精神转化为企业形象的必要途径。企业文化以企业精神文化为核心，企业精神文化又以企业基本伦理价值观为核心，这成为企业个性的发源地。企业文化树立企业发展的外在形象。企业在经济活动中推行企业文化就是要向社会、向消费者展示统一的企业形象和产品形象，以便让社会、消费者认同自己的企业和产品，在这种认同中提高产品的无形价值，进而形成企业的信誉度和美誉度等无形资本，从而获得更大、更持久的利润。其中，企业文化是否具有以消费者的需求和利益为目标且合乎社会道义的伦理价值观是企业文化形成的关键。市场经济是以自由交易为基础的商品经济，交易双方均希望获得持久的利益，其前提就是交易双方的诚信道德。众多企业已经意识到诚信的企业精神和诚信的企业形象对获得交易机会，达成交易契约以及最终履行交易契约至关重要。因此，营造诚信企业文化成为塑造企业形象的重要内容。

诚信企业文化，指企业内在自觉遵守诚信原则，完全以诚信的理念来指导自己的经营活动。诚信企业文化的核心是企业所具有的诚信理念，这种理念并不是指企业为了自身的私利而迫于无奈地执行诚信理念，而是指企业把诚信理念作为自由行为准则和信条。任何一个企业虽然可能在一事一时上使自己的欺诈手段得逞，但其欺诈手段不可能永远得逞，其骗术最终会被识破和揭穿，那么短期行为的收益将远远不能弥补长期交易的最终失败。信用伦理道德能够培养企业员工的互信意识，从而提高员工的生产积极性、主动性、自觉性和创造性。企业的发展主要靠企业内部团队间的互相支持、配合和团结协作才能产生高效率，创造经济效益，团队建设离不开全体员工的共同努力。企业尊重每一个人，并尽力给每个人提供施展才能的平台和空间，充分信任员工的工作能力及工作的自主性、自律性。相对地，员工在进入企业前，应客观诚实地填写简历，在面试时真实反映自己的知识水平和潜在能力，给企业一个全面客观、真实准确的介绍，以便企业能够根据自身需要，给聘用者一定的空间。员工在进入企业后，企业根据自身情况，按照事前约定的各项待遇满足员工的要求，员工同时也诚实地按照自己面试时所介绍的自身特点展开工作。企业与员工双方互信意识的建立，有助于贯彻其经营理念，实现企业的发展目标，能够在企业中自觉形成诚信的文化氛围。

第四节　政府与社会信用体系建设

一、政府在信用经济发展中的作用

进入 21 世纪后，我国社会信用体系建设提上了国家的重要议事日程。社会信用体系建设需要在政府的统一领导下进行。社会信用体系建设的基础是信用经济的广泛发展和信用规模的持续扩大。因此，研究政府在建立社会信用体系中的作用，必须首先研究政府在信用经济发展中的地位和作用。根据对国内外的政府职能的研究，并根据我国的国情，我国政府在信用经济发展中应具有以下作用：

（一）调控社会信用总量，平衡信用的总供求

社会信用总量是银行信用量、合作信用量、国家信用量、股份信用量、企业间商业信用量、银行间同业拆借信用量、民间信用量之和。社会信用总量是衡量经济信用化程度的重要指标，社会信用总量越大，经济信用化程度越高；社会信用总量越小，经济信用化程度越低。但是，并不是社会信用总量越大越好，社会信用总量必须要与经济发展的阶段相适应，并根据经济发展的状况和需要不断调整。社会信用总量的调控涉及众多的主体，如中央银行、财政部、证券监督管理部门和其他经济综合管理部门，但是在社会信用总量的调控中，中央银行起着主导地位。中央银行通过调控银行信用量可以直接或间接地影响国家信用量、企业间商业信用量和股份信用量等，从而实现对全社会信用总量的调节。中央银行调控社会信用总量的工具和手段主要有：一般性政策工具、选择性政策工具和其他政策工具。

1. 中央银行通过一般性政策工具调节社会信用总量

一般性政策工具是对社会信用总量进行调节和控制的政策工具，主要包括法定存款准备金政策、再贴现政策和公开市场业务三大政策工具。

2. 中央银行通过选择性政策工具调控社会信用总量

选择性政策工具，是指中央银行针对某些特殊的经济领域或特殊目的的信用活动而采取

的信用调节工具，主要包括消费者信用工具、证券市场信用工具、不动产信用工具和优惠利率等。

3. 中央银行通过其他政策工具调控社会信用总量

其他政策工具主要包括直接信用控制和间接信用指导。直接信用控制，是指中央银行从质和量两个方面以行政命令或其他方式对金融机构尤其是商业银行的信用活动进行直接控制，以控制社会信用总量。其手段主要包括利率最高限额、信用配额、流动性比率管理和直接干预等。间接信用指导，是指中央银行通过道义劝告和窗口指导的方式对信用变动方向重点实施指导。

（二）制定相关规则，降低信用交易的风险

信用交易要以受信人具有守信（信守偿付承诺）的能力和意愿为前提，当授信人（债权人）授信失当或受信人（债务人）回避自己的偿付责任时，风险就发生了。为了防止这种风险的广泛发生和经济生活的混乱，任何社会都需要一定的社会机制来保证信用关系稳定可靠。政府在建立这样的社会机制，降低信用交易风险方面主要应该发挥以下三方面的作用：

1. 加大立法的力度，将信用交易纳入法制化轨道

法律是信用交易的强有力保障。要在法律的框架之内，以法律规范构成某项信用制度的基础。如商业信用的信用证、信用卡、信用销售等制度分别通过民法、合同法、金融法等不同法律规定确定。在探讨社会信用体系的建立和完善时，必须从法的角度去考虑信用建设的制度化、法律化问题。在防范信用交易风险方面的立法主要应该体现在两个方面：一是通过立法要求信息的强势方面承担充分披露信息的责任，以降低信息不对称为授信人带来的风险；二是要确保失信者受到应有的行政的或司法的处罚，还要使他们在经济上受到损失，直到无法在社会经济生活中立足，使人们不敢以身试法。

2. 建立完善的征信体系，降低信用交易中的信息不对称

根据现代经济学的分析，发生信用风险的根本原因在于信用交易中的双方信息的不对称性。要加强对信用信息的收集、分析并相机采取措施在事前、事中和事后防止信用风险的发生。信用服务一般由当事人自身组织实施，但有关信息由第三方去收集和提供往往更为节约和更为便利。因此在市场经济早期阶段就已经出现了征信机构等提供企业和个人信用记录的信用服务调查机构。虽然政府不一定要建立征信所等征信机构，直接对外提供征信业务，但是应该在征信机构规范运作方面制定相应的规则，以促进征信机构业务的发展并保证征信机构业务的规范运行。

3. 建立风险转移机制，分散信用交易中的风险

信用交易中的风险难以完全规避，但是可以通过建立相应的风险转移机制，分散信用交

易中的风险。信用交易中的风险转移机制主要包括信用担保机制、信用保险机制和保理机制等。虽然政府不能作为主体直接分散信用交易中风险承担方的风险，但是政府可以在以下两个方面发挥作用：一是制定相应的政策，鼓励风险转移行业的发展，并制定相应的规则，保证风险转移行业的规范运作，为整个社会的信用交易提供相应的风险转移手段。二是建立风险补贴基金，为"风险转移机构"提供经常性的补贴。例如，各国建立的中小企业担保基金，专门用于为中小企业贷款提供担保的机构的补贴。

（三）建立和健全监管制度，为信用经济的健康发展提供保障

市场经济发展是利益的重新组合和再分配的过程，利益的最大化是每一个市场经济参与者的追求目标。而这种对利益最大化的追求，又成为市场经济中存在非规范的，甚至是恶意竞争的直接动因。恶性竞争的加剧不仅是对中国传统道德体系的毁灭性打击，也降低了市场经济本身的运转效率，增大了市场经济体制运行成本，不利于市场经济的健康发展。为规范竞争，促进信用经济的建立和发展，政府必须建立与市场经济相适应的监管制度。

建立和健全监管制度、加强政府对经济活动监管的目的，不是要限制经济发展，而是要为经济发展提供必要的动力和支持，维护经济秩序，为经济发展提供良好的环境。建立和健全市场经济的监管机制，从本质上来说是对市场权力进行有效制约，这种制约的出发点正是为了实现经济发展的公平与效率目标。完善的监管制度主要包括以下三方面：一是市场准入的监管，主要是指制定各种市场准入标准，保证各交易主体的资格；二是市场运作过程的监管，主要是指制定各种规范市场交易的规则，维护市场竞争秩序；三是市场退出监管，主要是指建立相应的惩罚机制，制定市场退出标准。

（四）依法行政，树立良好的信用形象

在现代经济发展中，作为市场的参与者，政府具有双重身份：一是作为经济行为主体直接参与经济活动，如发行国债、政府采购、基础设施建设等；二是作为执法者，是经济活动中的"裁判员"。无论作为何种身份，政府信用都是影响信用经济能否健康发展的重要因素。

1. 政府良好的信用形象对信用经济发展的基础作用

政府是行使国家赋予的职权，执行国家意志，代表国家处理政务的机关。政府利用手中的行政权力，履行行政职责，维护社会和人民利益，对人民负责，对人民守信。这不仅是建立社会主义市场经济体制的要求，也是参与世界经济竞争的要求，是信用经济发展的基石。一方面，政府信用是建立完善的社会信用体系的必要前提和价值导向。在社会体系中，政府作为最高的行政权力组织，处于社会的中心地位。政府行为直接影响信誉。我国古代就有"民以吏为师"的说法，政府的一言一行都是普通公民学习的榜样。因此，在社会信用体系中，政府信用居于主导地位，政府信用的好坏对企业信用和个人信用具有很强的示范作用。因此，政府信用是政府有效发挥管理社会职能的一个重要前提条件，政府信用在整个社会信用体系中居于主导地位。另一方面，政府信用是社会主义市场经济体制建立和完善的保证。作为制度的制定者，政府怎样保证制度得到公众的认可、在社会经济活动中真正发挥作用，主要取决于政府的信用度的高低。一个强有力的政府必然能够更有效地实施政府方针和政策，所制定的制度也就更易于被公众所认可和遵循；从而进一步提高政府的信用度和公信力。反之，弱势政府失去了公众的信任，制定的制度只不过是些空空的白纸黑字而已，难以被执行，从而进一步弱化政府的信用度和公信力，造成恶性循环。

2. 我国政府信用建设中存在的问题

改革开放以来，我国政府在公众心目中的威望和公信力大大提高。但是，一些政府部门尤其是一些地方政府对政府守信问题认识不够，认为政府权力可以随意行使不受制约，甚至认为为了公共利益行使职权可以不考虑信用问题。在这样的观念支配下，违法行政、地方政府公然违背中央的政策、失信于民的现象不断发生。有些地方政府在经济活动中，不恰当介入，以公共利益为借口，公然违约，不守承诺，"透支"政府信用。有些地方政府甚至弄虚作假，欺下瞒上，朝令夕改，政策随意。加上监督不力，造成违法行政、执法犯法、违法执法现象屡禁不止，严重损坏了政府的形象，使社会失去对政府的信心，使信用经济发展失去了根本的保障。

3. 政府树立良好信用形象的途径

政府树立良好信用形象的途径主要有：

（1）提高对信用的认识。各级地方政府及其公务员，要充分认识政府信用的重要意义，形成信用共识，把加强政府信用体系的规划和建设作为自己的重要使命。对政府成员进行广泛深入的诚信教育。作为政府公务员应自觉规范自身行为，做到通过公正履行职责建立国家工作人员的诚信，又在诚信的基础上更好地履行自己的职责。

（2）尽快转变政府职能。在过去传统体制下，政府管了许多不该管也管不好的事，结果给公众和企业造成轻诺寡信的印象。转变政府职能就是变过去的全能政府为有限政府，变无所不为的政府为有所不为的政府。使政府只按社会分工集中精力干好本职工作，承担有限信用而不是无限信用，从而更容易信守诺言、取信于民。

（3）坚持依法行政。政府依法行政，人民遵法守法，应该是社会主义市场经济的基本要求。改革开放以来，我国在行政领域制定了众多的法律、法规，但政府依法行政还存在很多问题，政府及其职能部门不按照行政法规和部门规章办事的现象突出，如违法审批、乱执法、违法执法、滥处罚、执法不公不严、官员违法等严重损害政府在人民群众中的信用形象。只有依法行政、依法执法，才能树立政府为人民服务的形象，才能从根本上解决政府的信用问题。

（4）加强行政决策的科学性，杜绝朝令夕改。行政决策是国家行政机关依据法定权力履行职能对国家和社会公共事务做出的决定。但是一些地方政府在行政决策中严重违背经济规律，以行政长官的意志代替科学的论证，甚至有的行政领导为了政绩而上马"政绩工程"，往往款贷了，工程上马了，领导上调了，债务留给当地群众了。一些地方政策没有连续性，朝令夕改，说变就变，一届政府一种政策，影响政府的形象，使群众对政府的信任度降低。

（5）政府在处理经济活动各行为主体之间的利益冲突时，坚持公正、公平、公开的原则，重树政府信用。农民的负担问题、证券市场的造假问题、社会公共产品和服务的定价问题、民与官的官司问题等能否处理好实际上是对政府信用的考验，同时也是提高政府信用度的机会。政府只有真正成为一个合格的"裁判员"，才能得到各个社会阶层的认可。

（6）建立信用考评机制和追究、赔偿制度。从中央到地方逐级建立政府信用考评机制。上级政府负责下级政府的信用考评，本级政府负责所属部门的信用考评，国家工作人员的信用考评由其所在单位负责。考评结果向社会公布，集体考评结果作为其参评先进的依据，个人考评结果则作为本人晋升、晋级的依据。同时，国家要尽快制定政府违规、失约的追究、赔偿制度。对缺德失信的行为要依法追究其行政及经济责任，并给予受损方一定的补偿。通过这些强制性的外在约束来防止一些地方和部门随意施政。

二、政府在信用服务行业发展中的作用

根据我国国情和国际经验，在信用服务行业进一步发展中，政府的职能宜主要定位在下列几方面：

（一）为信用服务行业的发展创造有利条件

信用服务行业的发展状况直接取决于市场的供给和需求状况，因此，政府采取有利于增加市场供给和市场需求的政策措施将会推动信用服务行业的发展。

1. 提高征信市场的供给水平

影响征信市场供给状况的因素主要包括两方面，一是征信机构的整体规模状况，二是征信产品的质量。因此，未来增加征信市场供给能力的措施主要应从扩大征信机构的规模和提高征信服务和产品的质量着手。在这一过程中，政府应发挥如下作用：

（1）促进征信机构的规模扩张。征信机构采集信息的范围、效率等与其规模直接相关。

一般而言，征信机构的规模越大、分支机构越多，其信用信息来源就会越广泛，采集和处理信息的效率也越高，征信机构也就越有可能实现市场拓展的目标。从国际经验看，各国的征信机构在发展中都经历过一个快速扩张期，扩张主要表现为一些有竞争优势的征信机构通过新建分支机构，或者通过收购其他的征信机构迅速扩大规模。目前，我国的征信机构在扩大规模时虽然并没有明确的政策制约，但在实际操作中，在异地新建分支机构会经常面临许多困难。比如，在采集当地政府部门和相关机构所掌握的信息时可能会比较困难。征信机构的规模扩张是市场发展的必然要求，也是提高市场效率的重要途径，因此，政府对征信机构的规模扩张应采取鼓励的态度，破除阻碍信用服务市场规模扩张的隐性壁垒。

（2）对政府部门的信息披露做出规定。信用信息量是评判信用调查报告质量的最重要标准。信用调查报告等产品的信用信息量越大，其价值就越高，征信机构也就会越受市场欢迎，市场的规模也将因此不断扩大。征信机构的信息来源主要包括：企业、政府机构、银行、行业协会和新闻媒体等。显然，提高信用调查报告质量必须保证能够从政府部门和相关机构那里获取必要的信息。然而，由于目前我国在政府信用信息的公开和使用方面尚没有明确的法律规定，这在一定程度上增大了征信机构信息采集的难度，不利于信用调查报告质量的提高。因此，应及早对政府部门的信用信息公开做出明确规定。

（3）推动信息化建设，促进征信市场效率的提高。现代信息技术的快速发展和广泛应用，为信用服务行业提高效率创造了有利条件。在发达国家，信用信息的采集和信用调查报告的提交等工作都已通过网上进行，征信机构的运营效率显著提高，成本则趋于下降。由于我国的信息化水平还相对较低，目前，国内的征信机构在采集信息时，仍然主要通过上门或电话询问的方式，这也造成征信机构的运营效率还相对较低。目前，我国正在积极推动信息化进程，政府部门在信息化过程中应建立自己的数据库，这样不仅有助于政府部门管理效率的提高，而且有助于同征信机构的征信数据库对接，提高信用信息采集的效率。

2. 采取有效措施增加对征信行业的需求

我国征信市场潜力巨大，但要使潜在的市场转化为现实的市场，在发展初期需要政府部门对该行业的规范和推动。

（1）引导企业加强信用服务，培育自主需求。在市场经济下，企业是信用风险的主要承担者之一。然而，由于我国的各类企业作为独立的市场主体存在的时间并不长，应对市场风险，特别是应对信用风险的能力相对不足。比如，国内企业普遍缺乏信用服务方面的知识，也很少利用征信机构的信用调查报告来防范可能存在的信用风险。企业信用服务能力不足，不仅是造成企业间相互拖欠、合同违约、银行不良贷款比率高的重要原因之一，同时也是目前我国信用服务市场需求相对不足的根本原因。因此，政府可以通过政府网站、新闻媒体等各种途径加强对信用服务知识的宣传，推广一些企业在信用服务方面的成功经验，通过采取各种有效措施引导企业加强信用服务，以达到增强企业防范信用风险的能力和增加对信用服务市场需求的双重目标。

（2）积极培育信用市场。各级政府要在培育信用需求方面起带头作用，要结合行政审批制度改革，更多利用信用产品和相关服务开展管理工作，提高行政效率。要在登记注册、资质认定、年审年检、专项检查、日常监管、审批事项、公务员录用、人才和劳务市场，以及财政支持的项目等方面提倡使用信用调查报告，参考企业及个人的信用记录。对企业发行债券和上市公司的信用状况等，要创造条件实行信用评级或评估。要从政策上引导工业、农业、商贸服务企业和个人增加信用服务需求，发展信用交易，在签订经济合同、进行合资合作等商业活动中，更多地利用信用服务。

3. 对征信机构进行有效监管

征信机构功能的发挥与其自身的规范运行和政府的有效监管密切相关。从国际经验来看，政府对信用服务行业的监管方式与该国信用服务法律体系的状况密切相关。法律、法规完善，政府的直接管理职能就相对弱化，信用服务行业的发展也比较规范；法律、法规不健全，政府监管机构的直接管理职能就更为重要一些，信用服务行业的发展状况更容易受政府行为的影响。我国信用服务行业的发展只有十几年的历史，相关的法律、法规还很缺乏，因此，在加快立法进程的同时，必须加强政府对该行业的管理和监督。根据我国信用服务行业发展的实际情况，对信用服务行业的监管主要包括三方面内容。

（1）制定适当的准入条件。信用服务行业包括征信、评级、保理、商账追收等多个领域，由于不同领域的业务范围有很大的差别，因此对信用服务行业的不同领域应分别制定市场准入条件。制定市场准入条件的目的并不是为了阻止更多的企业从事这个行业，而是为了保证所有从事信用服务行业的企业都能够满足市场运营的一些基本条件，使得该行业能够在一个相对较高的起点起步，并能够有效保护消费者利益。基于此，制定市场准入条件的重点可定位在两方面：一是设定必要的技术条件，如明确规定信用信息管理和信息安全的技术要求、相关标准等；二是设定一些禁止进入的条款，如禁止违反某些法律规定和在该行业中出现过不当行为者从事该行业，禁止政府机构设立征信机构等。

（2）对征信机构的日常运营进行监管。对征信机构监管的重点是对其日常运营状况的监督，其主要内容包括：对征信机构的定期检查，确保其按照相关法律规定的程序运营；接受消费者和企业的投诉，对侵害消费者和企业利益的行为进行调查；对征信机构蓄意制造虚假信息或欺骗等不当行为进行处罚等。需要明确指出的是，政府部门对征信机构的日常监管应严格遵循监管规定，防止将日常监管变成任意干预，影响征信机构的正常运营。

（3）对征信机构退出的监管。在市场竞争中，征信机构可能出现破产、分立、合并、重组等各种情况。由于这些情况的发生可能会影响到征信机构数据库的处置并造成信用信息向第三方的转移，因此监管机构需要对此做出规定，以确保各种信用信息能够在法律允许的范围内得到妥善处置。我国信用管理的发展还处于初期阶段，在未来一段时期内，征信机构进入和退出征信行业将会相对频繁，因此宜及早对此做出明确规定。对征信机构退出行为进行监管的基本内容应包括：征信机构在做出破产、分立、合并和重组等决定时应向监管机构报告，并就征信数据库的处置方式做出详细说明；监管机构对其处置方式进行审核，保证其处置方式不会危害消费者利益。

（二）加强对消费者的保护

由于征信机构从事的所有业务几乎都涉及企业和消费者信用信息的采集与使用，因此很可能会侵害到企业的商业机密和消费者的个人隐私，损害企业和消费者利益，所以需要对此做出规定。根据各国经验，在信用服务行业的发展中，核心是要加强对消费者利益的保护。

1. 从法律上对信用信息采集的范围、方式，信息使用的范围等做出明确规定

从国际经验看，各国为保护消费者利益不受到侵害，一般都出台了相关法律对信用信息的采集和使用等做出规定。比如，美国出台了以《公平信用报告法》为代表的一系列法律；欧洲许多国家都出台了《数据保护法》。虽然由于各国国情和文化传统等方面的差异，各国对信用信息采集和使用范围的规定并不一致，但一般都明确规定哪些信息允许或禁止采集，同时特别强调要严格限定信用信息的使用范围。比如，很多国家都严格限定所采集的信息要与信用活动直接相关，其中主要是以往的信用付款记录等，而有关个人收入、资产、纳税等方面的信息严禁采集。在一些国家，正面信息的采集要得到消费者的书面同意，但由于这些信息并不是由征信机构直接向消费者采集，而是向银行等机构采集，因此银行同消费者开展业务时一般都列明拟将相关信息同第三方机构共享，让消费者签名选择是否同意。在信息的使用上，欧洲各国的《数据保护法》一般都规定使用征信机构的信息只能和信用交易活动相关，有的国家还对不同的信息使用者的使用范围做出规定。以德国为例，信用卡公司、银行和租赁公司可以从征信机构处获得全部（正面和负面）信息，贸易/邮购订货公司、电信公司、保险公司等只能从征信机构处获得负面信息，而收账公司只能从征信机构处获得住址方面的信息。

鉴于我国目前对信用信息的采集和使用等尚未有明确规定，政府应抓紧出台相关的法律、法规，明确信用信息采集和使用的范围以及采集的方式，以更好地保护消费者利益。在相关法律出台之前，各类征信机构在采集消费者信息时应采取审慎的原则，比如从非公共机构处采集消费者信息时要征得消费者的书面同意。

2. 加强对征信机构的日常监管

除了从信用信息的采集和使用方面对消费者进行保护外，监管机构对征信机构的日常监管对于保护消费者利益也十分重要。监管机构的官员应定期对征信机构进行监督检查，确保征信机构真正按照相关法律规定的内容和程序采集、管理和使用消费者的信用记录，从而有效保护消费者利益。此外，随着现代信息技术的快速发展和征信机构经营范围的日趋扩大，监管机构必须对有可能损害消费者利益的各种新情况进行监管，如需对消费者网上信息的安全，征信机构是否可以对消费者信用记录进行处理和营销等问题做出界定。

三、政府在社会信用体系建设中的作用

社会信用体系建设是一个庞大的社会系统工程，它既需要企业、单位、社会中介机构、个人的积极参与，也需要社会舆论的有效监督，还需要政府的制度约束和监管给予充分保证。政府在信用制度建设中具有不可替代的地位。

从各个国家信用体系形成和建立过程中的共性来看，政府的作用主要表现在两个方面，一是制定相关的法律、法规、制度、规则，以保证社会信用体系能够规范、健康地发展；二是对信用服务行业实施政府监督管理，以弥补市场机制作用本身的缺陷。无论是实行哪种信用服务模式的国家，政府的作用都包含这两个方面。在其他方面，政府则根据不同国家的国情和信用服务理念，承担不同的职能和作用。

从我国的国情来看，政府在社会信用体系建设中的作用更为突出。

（1）我国市场经济体制初步形成，还很不健全，市场配置资源的作用还有限，特别是信用制度发育不完善，规则不健全，在这种状况下，政府的支持和引导作用至关重要。

（2）我国具有明显的制度转轨特征，在传统的计划经济体制下，大部分的信息资源掌控在政府手中。随着改革开放的进行，政府的职能在逐步转变，但目前政府仍掌握着大量的信用信息资源，这些资源的公开性还很差，透明度不高。因此，在征信数据的公开方面还要由政府发挥作用。

（3）我国信用服务行业起步晚，发育比较缓慢，"散、小、低"特征（经营分散、规模小、组织化程度低）突出。但是经济的快速稳定增长，信用经济的快速发展，以及对外开放的不断扩大，对于社会信用体系建设提出了更高的要求。在这种情况下，靠行业的自发发展，在各方面，特别是在建立征信数据库等方面存在着很多现实的困难和问题，对此政府应发挥更多的作用。

（4）根据经济学的原理，市场机制在配置社会资源时必然存在一定的缺陷，需要政府

加强调控和监管。

（5）政府本身的信用建设也是社会信用体系建设的重要组成部分，包括政府职能转变，政府在执政中取信于民等问题。

政府在社会信用体系建设中将发挥不可替代的重要职能。政府部门的信用监管和公共服务，市场信用服务机构的商业化运作，行业组织的诚信活动和自律，三方面有机结合，共同构成了我国社会信用体系的运行机制。在我国社会信用体系建设的启动阶段，正确发挥政府职能具有关键的作用。当前，首要的是提高对在社会主义信用体系建设中发挥政府职能作用的重要意义和紧迫感的认识，准确把握政府在社会信用体系建设中的定位。

★ 案例

大连曝光不诚信房地产开发商

大连市建委通过"关注商品房售后服务专栏"建设网，将售后服务不讲诚信的三家房地产开发商予以曝光。

据大连市住房和城乡建设委员会通报，大连华美房地产公司开发建设的中山区秀月街共存巷 12 栋居民楼，1996 年竣工后，200 多户业主发现存在屋面漏雨、卫生间渗水、下水道不畅等质量问题，于是向小区物业报修。但开发商因故已于1999 年注销，没有资金来源进行维修，业主们只得无奈地自筹资金。

大连兴达房屋开发公司与外商合资兴建的香都花园住宅小区，154 户业主在购住后的第三年，发现存在屋面渗漏等质量问题，找到小区物管部门报修。接报后，物管部门称因原质量责任单位售后弃管，无资金解决业主报修反映的质量问题。2005 年至 2008 年 6 月，9 栋楼坡屋面因资金紧张，未能保障正常维护，致使坡屋面瓦开始出现脱落。尽管物业设法采取临时性措施，但隐患并未彻底排除，问题愈积愈重。由于当初的房地产公司已不存在，当时又没有交纳公共维修基金，业主对是否再交费产生分歧，使该小区 9 栋楼的正常维修费用成为解决问题的瓶颈。

位于沙河口区兴工街长江路 946 号的天富街 29 号楼，1995 年由大连泰富房地产公司与盘锦尊圣房地产公司开发兴建。2000 年，该楼开始出现屋面漏雨、墙壁渗水发霉，抹灰脱落，墙体裂缝等问题。当业主们找到大连泰富房地产公司时，该公司已人去楼空。无奈，2006 年 3 月，业主们试图通过法律途径解决问题，但因证据不足未被受理。102 户业主准备利用弃管开发商尚存的 50 万元质量保证金，并另行采取自筹资金的形式，解决房屋质量问题。

　　大连市住房和城乡建设委员会提醒广大购房者，应选择诚信度、社会公信力较高、口碑较好的房屋开发销售商，这样在入住后，如房屋在保修期内出现保修范围内的质量缺陷或相关问题，方可确保责任单位及时予以解决。

　　资料来源：江耘舟：《大连曝光不诚信房地产开发商》，载《中国建设报》，2008－01－02。

·本章小结·

　　1. 社会信用体系建设是一个庞大的社会系统工程，它既需要企业、单位、社会中介机构、个人的积极参与，也需要社会舆论的有效监督，还需要政府的制度约束和监管给予充分保证。

　　2. 社会信用体系有狭义和广义之分。狭义的社会信用体系主要是指与信用信息服务活动有关的体制框架和体系，主要由两方面构成：一是信用调查活动，即征信活动；二是信用评级活动。相应的，从事信用信息服务的机构也大体上分为两大类，即征信机构和评级机构。这两类机构的区别在于：评级机构提供的资信评级报告主要向社会公众公开，为公众决策提供参考；而征信机构提供的信用调查报告不向社会公开，仅供委托人决策参考。广义社会信用体系包含的内容则十分丰富，具体可以分为信用法律、法规体系，信用经营机构，信用服务与服务机构，信用监管体系，失信惩戒机制，以及信用文化教育体系等。

课后练习题

一、单项选择题

1.（　　）是衡量经济信用化程度的重要指标。

　　A. 社会信用总量　　　　　　　　B. 企业信用总量

　　C. 政府信用总量　　　　　　　　D. 其他

2. 中央银行通过道义劝告和窗口指导的方式对信用变动方向和重点实施指导的方式为（　　）。

　　A. 直接信用控制　　　　　　　　B. 间接信用控制

　　C. 直接干预　　　　　　　　　　D. 间接干预

3. （　　）即信用市场上的授信人和受信人，是社会信用活动中的主体。

    A. 信用经营机构　　　　　　　　　　B. 信用服务机构

    C. 资信公司　　　　　　　　　　　　D. 信用管理咨询公司

4. （　　）是一种以道德为支撑、以产权为基础、以法律为保障的社会机制。

    A. 社会信用体系　　　　　　　　　　B. 企业信用总量

    C. 政府信用总量　　　　　　　　　　D. 社会信用总量

二、多项选择题

1. 社会信用的宏观辅助机制中，完善的信用配套保障制度包括（　　）。

    A. 社会保障制度　　　　　　　　　　B. 住房制度

    C. 存款实名制度　　　　　　　　　　D. 抵押制度

    E. 信用保险制度

2. 信用交易中的风险转移机制主要包括（　　）。

    A. 信用担保机制　　　　　　　　　　B. 信用保险机制

    C. 保理机制　　　　　　　　　　　　D. 资信评级机制

    E. 其他

3. 一般性政策工具是对信用总量进行调节和控制的政策工具，主要有（　　）。

    A. 法定存款准备金政策　　　　　　　B. 再贴现政策

    C. 公开市场业务　　　　　　　　　　D. 直接信用控制

    E. 流动性限制

4. 属于直接信用控制的手段主要有（　　）。

    A. 利率最高限额　　　　　　　　　　B. 信用配额

    C. 流动性比率管理　　　　　　　　　D. 直接干预

    E. 道义劝告

5. 按不同的组成模块分类，社会信用体系的运行机制可分为（　　）。

    A. 征信系统　　　　　　　　　　　　B. 服务系统

    C. 法律系统　　　　　　　　　　　　D. 文化系统

    E. 教育系统

6. 按照信用主体来分，社会信用体系的运行机制包括（　　）子系统。

    A. 个人信用制度　　　　　　　　　　B. 企业信用制度

    C. 政府信用制度　　　　　　　　　　D. 抵押制度

    E. 担保制度

三、判断题

1. 社会信用体系有助于形成快捷高效的交易效率。（　　）

2. 社会信用总量越大，经济信用化程度越高；社会信用总量越小，经济信用化程度越低。（　　）

3. 刑事处罚是对失信者的一种处罚，它是失信惩戒机制的一种形式。（　　）

4. 信用伦理道德中的诚信思想及其意识，体现在诚实和守信两个层面。（　　）

5. 企业是信用的最大需求者和供应者。（　　）

6. 征信机构提供的资信评级报告主要向社会公众公开，为公众决策提供参考；而评级机构提供的信用调查报告不向社会公开，仅供委托人决策参考。（　　）

7. 失信惩戒机制只是由政府职能部门和行业协会，包括政府相关部门做出的行政性惩戒和监管机构做出的监管性惩戒实现。（　　）

第三章
社会信用体系的国别比较及借鉴

学习目标

1. 了解美国社会信用体系的特点；
2. 了解欧洲国家的社会信用体系；
3. 了解欧美信用服务模式的优缺点；
4. 了解发展中国家的社会信用体系；
5. 掌握外国社会信用体系对我国的启示。

基本概念

美国信用服务模式　欧洲信用服务模式

在我国，建设和完善社会信用体系任重而道远。因此，学习和借鉴外国社会信用体系建设的先进经验，对于我国社会信用体系建设具有非常重要的现实意义。

由于各个国家国情和立法传统等方面存在着差异，而形成了各具特色的不同运作体制的社会信用体系，概括起来主要有三种模式：一是以美国为代表的模式，二是以欧洲为代表的模式，三是日本模式。本章主要介绍前两种社会信用体系模式的比较，并对日本和一些发展中国家社会信用体系建设实践进行简要介绍。应以此为借鉴，发展我国信用社会体系。

第一节　美国的社会信用体系

美国是世界上信用服务行业最发达的国家之一，信用制度的发展有着160多年的历史，经过漫长的市场磨砺和演变，到20世纪80年代已趋于完善，形成了特色鲜明、运作规范、体系健全、功能齐备、服务高效、支撑有力的社会信用体系。这一体系由行业征信系统、信用服务机构、信用需求主体、信用监管体系，以及信用保障与支持体系共同构成（见图3-1）。

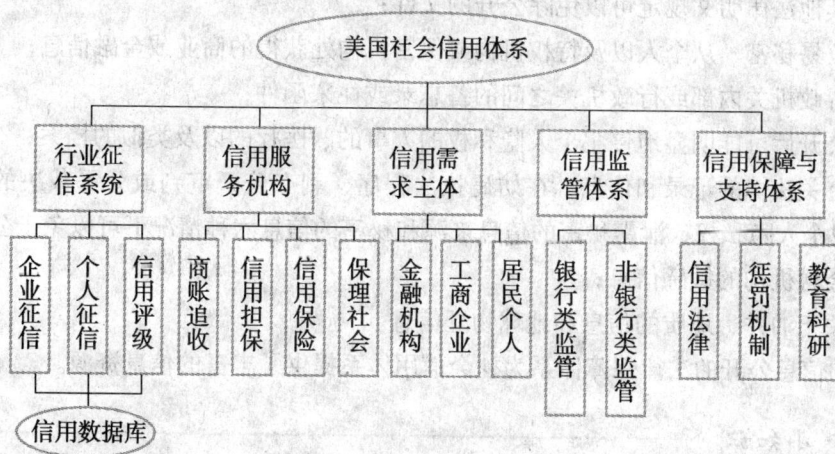

图3-1　美国社会信用体系架构

一、美国社会信用体系的特点

（一）信息公开的法制保障机制

美国有比较完备的涉及信用服务各方面的法律体系，将信用产品加工、生产、销售、实用的全过程均纳入法律范畴。从 20 世纪 60 年代起，美国通过颁布实施《信息自由法》、《联邦咨询委员会法》、《阳光下的联邦政府法》、《公平信用报告法》等数项法律，建立了信息公开制度，在保证与信用信息有关的信息公开透明的同时，重点在法律上界定好三个关系：第一，划清信息公开和保护国家机密的关系；第二，划清信息公开和保护企业商业秘密的关系；第三，划清信息公开和保护消费者个人隐私权的关系。这使征信机构在法律框架下，合法地获得大量信用信息。尤其是《信息自由法》、《联邦咨询委员会法》、《阳光下的联邦政府法》三部法律的颁布，改变了过去行政机关对政府文件的态度，是美国政治、法律领域一次重大变革。其核心思想是：原则上所有政府信息都要公开，不公开及保密是例外；政府信息具有公共产品的性质，所有人获得信息的权利是平等的；政府对拒绝提供的信息负有举证责任，必须提供拒绝的理由；政府机关拒绝提供信息时，申请人可以向法院请求司法援助。

在信息公开的同时，美国从维护国家经济安全需要出发，对信息保密也相当重视。法律规定免除公开的信息有九方面：

（1）国防和外交领域的信息；

（2）纯属行政机关内部人事规则和惯例的文件；

（3）其他法律明文规定可以免除公开的文件；

（4）贸易秘密、从个人以及特权机构或保密机构处获得的商业或金融信息；

（5）行政机关内部或行政机关之间的备忘录或往来函件；

（6）公开后可能明显地侵犯个人隐私权的人事的、医疗的以及类似的档案；

（7）有关法律的记录和信息，在妨碍执法程序、剥夺公开审判或公平裁决的权利、不正当地侵犯个人隐私权、泄露秘密的信息来源和秘密的信息六种情况下可以免于公开；

（8）金融机构的敏感信息；

（9）关于油井、地质的信息和地球物理信息。

健全的信息公开的法律保障体系为社会信用体系提供了丰富的信息资源。

🎓 **小知识**

　　隐私权是指自然人享有的私人生活安宁与私人信息秘密依法受到保护，不被他人非法侵扰、知悉、收集、利用和公开的一种人格权，而且权利主体对他人在何种程度上可以介入自己的私生活，对自己是否向他人公开隐私以及公开的范围和程度等具有决定权。

　　在我国现行法律中，只有《中华人民共和国侵权责任法》第二条民事权益范围中包括了隐私权。根据我国国情及外国有关资料，下列行为可归入侵犯隐私权范畴：

1. 未经公民许可，公开其姓名、肖像、住址和电话号码。

2. 非法侵入、搜查他人住宅，或以其他方式破坏他人居住安宁。

3. 非法跟踪他人，监视他人住所，安装窃听设备，私拍他人私生活镜头，窥探他人室内情况。

4. 非法刺探他人财产状况或未经本人允许公布其财产状况。

5. 私拆他人信件，偷看他人日记，刺探他人私人文件内容，以及将其公开。

6. 调查、刺探他人社会关系并非法公之于众。

7. 干扰他人夫妻性生活或对其进行调查、公布。

8. 将他人婚外性生活向社会公布。

9. 将公民的个人材料公之于众或扩大公开范围。

10. 收集公民不愿向社会公开的纯属个人的情况。

隐私权的主体应为自然人，不包括法人。隐私权是一种人格权，是存在于权利人自身人格上的权利，亦即以权利人自身的人格利益为标的之权利。隐私权的客体是隐私。

（二）对信用产品和评级结果的自觉而广泛的运用

美国政府注意为信用产品的应用创造市场需求。特别是金融监管机构和州政府越来越多地利用评级结果，作为确保银行、保险公司及养老基金所持有固定收入或证券组合维持在足够信用水平上的保障。美国政府利用多种手段引导更多的交易者参加信用评级和利用评级结果：一是在法律中对此加以明确，二是监管机构制定与信用等级相关的规定，三是储蓄协会做出规定。通过这些措施的有效实施，使绝大多数经济主体都能将聘请评级机构评级和运用评级结果作为一种自觉行为，从而为社会信用体系的健康发展创造了广阔的市场需求。

（三）完善消费者合法权益的保护机制

美国法律对消费者的保护体现在三方面。

1. 保护消费者的隐私权

《隐私权法》规定，禁止行政机关在取得个人书面同意之前，公开被记录人的信息。个人有权知道行政机关是否有关于自己的记录及记录的内容，并要求得到复制品。个人认为关于自己的记录不正确、不完全或不及时，可以请求做记录的行政机关进行修改。但法律还规定了在 12 种例外情况下，不必征求消费者的个人意见可以公开个人记录：机关内部使用；符合《信息自由法》规定的公开内容；使用个人记录的目的与制作信用产品的目的没有冲突的常规使用；人口普查；统计研究；国家档案；执法需要；紧急情况；向国会及委员会提供；总审计长及其授权代表在履行职务时的需要；执行法院的命令；向消费者信用服务机构公开。《隐私权法》既保证了行政机关提供给信用局的消费者信用信息的准确性，也保障了信用局的独特的信息来源。

2. 保护消费者获得公平信用报告的权利

相关法律规定，信用局必须采取合理的程序收集和公开消费者有关信息；超过三个月的消费者调查报告，在更新前不能反复公开；信用报告只能用于信贷、保险、雇用、获得许可证或其他用处、商业交易；根据消费者要求，信用局必须公开涉及消费者的信用报告的内容；如果公开的信息不准确，信用局有义务重新调查并做出必要修正；对于负面信息，在法律规定保存的年限以后，信用局必须在信用报告中删除。

3. 保护消费者不受骚扰的权利

消费者有选择不让信用局公布自己信息的权利。银行、保险公司等机构在委托信用局调查时，很多情况下不需要征得消费者的同意，它们往往利用这些信息扩大业务。全联公司调查显示，银行通过信用局信息扩展业务，每新发展 1 个客户需要 15 美元的成本，而靠客户主动来金融机构接受服务，每新增 1 个客户则要 125 美元的成本。美国有经济能力的人每年会收到 719 种推销业务的信件。因此，美国信用局接受消费者拒绝提供和自己贷款、保险等无关的信用信息的要求。

（四）征信服务的市场化运作模式

美国的社会信用体系，是一种完全以民营市场化运作方式为主体的信用模式。这种模式的突出表现是在完善的信用法律体系和政府监管体系的框架之下，形成了独立、客观、公正、中立的，按照现代企业制度方式建立，符合市场经济规律并依据市场化原则运作的征信系统，具有明显的特征：

（1）机构组成方面，美国的信用调查机构主要由私人和法人投资组成。美国没有公共信用调查机构，其信用报告几乎全部由民营调查机构提供。

（2）信息来源方面，民营征信机构的信息来源广泛。在美国，征信机构的消费者个人信用信息除了来自银行和相关金融机构外，还来自信用卡发行公司和商业零售机构等。其方式是由征信公司与信息提供者自愿签订协议，由后者向征信机构定期提供信息。征信机构收集的企业数据来源则主要是美国各公司定期提供的公司内部信用信息和一些政府公共信息。

但多数银行不向征信机构提供企业具有保密性的信贷数据。

（3）信息内容方面，信用信息内容全面。征信机构不仅征集消费者的负面信息，而且征集正面信息，特别是在对纳税人的基本信息数据、税收信息、企业地址、所有者名称、业务范围和损益表，以及破产记录、犯罪记录、被追账记录等方面，征信机构的数据更多、更全面。

（4）服务范围方面，美国消费者信用数据的获取和使用要受信用法律的约束，只有在法律规定的原则和范围内，才能使用相关的消费者信用信息，征信机构必须对信用信息的使用和查询情况予以记录和保存，以备监管部门检查。消费者在向征信机构提供信息的同时，还可以获取所需的信用数据，非数据提供者也可依法获取相关信息。美国的征信机构的服务对象有银行、信用机构、企业、个人、税收征管机构、法律实施机构、其他联邦机构，以及政府部门等。他们都是信用报告的需求方。征信机构提供的信用报告按照商品交易的原则出售给需求方（某些特殊信息可免费提供），这是美国征信行业得以不断发展的制度基础。美国相关法律规定，一般的消费者信用数据可保留 9 年，破产信息可保留 10 年。而企业征信机构一般提供 12 个月内的企业信用数据信息。

（5）业务范围方面，美国的征信机构在从事消费者征信和企业征信业务上有明确的界限。具体内容在以下相关内容中介绍。

（五）市场主体较强的信用意识

在美国，信用交易十分普遍，缺乏信用记录或信用记录历史很差的企业很难在业界生存和发展，而信用记录差的个人在信用消费、求职等诸多方面都会受到很大制约。因此，不论是企业还是普通消费者，都有很强的信用意识。美国的企业中普遍建立了信用服务制度，在较大的企业中都有专门的信用服务部门。为有效防范风险，企业一般不愿与没有信用记录的客户打交道。由于信用交易与个人的日常生活息息相关，美国的消费者都十分注重自身的信用状况，并会定期向信用信息局查询自己的信用报告，尽可能避免在信用局的报告中出现自己的负面信息。市场主体较强的信用意识在促进社会信用体系发展方面起到了重要的作用。

二、美国信用服务的相关法律体系

第二次世界大战后，随着美国经济的高速发展，信用交易也日益兴起，各种信用工具纷纷问世。但伴随着信用交易的增长和信用服务行业的发展，征信数据和服务方式方面出现了许多问题，诸如公平授信、准确报告消费者信用状况等，尤其是保护消费者隐私权问题成为最敏感的话题。信用交易的扩大必然改变原有市场规则及个人生活方式，而信用交易扩大的基础是对企业和消费者个人进行征信，并将大量处理过的企业和消费者个人数据公开加以传播，其中所触及的敏感的个人隐私问题就成了不可逾越的障碍，这种障碍只有立法才能解决。从法律上明确区分涉及个人隐私的数据和合法征信数据，既保护消费者的隐私权不受侵害，又使信用服务行业从业人员有法可循地开展工作。基于此，美国政府在 20 世纪 60 年代末到 80 年代近 20 年的时间里，相继出台了一系列与信用服务相关的法律，建立起了比较完备的涉及信用服务各方面的法律体系，将信用产品加工、生产、销售、使用的全过程纳入法律范畴。美国的信用服务立法主要针对其基本信用服务，相关法律共有 17 部，几乎每部法律都进行了若干次修改，其中《信用控制法》于 20 世纪 80 年代被终止。因此，目前美国的基本信用法律总共有 16 部。这 16 部信用服务法律是一个以《公平信用报告法》为核心的法律体系（具体内容见第四章）。

上述法律构成了目前美国国家信用体系正常运转的法律环境，而且几乎每一项法律都随着经济发展状况的变化进行了若干次修改。在美国生效的与信用服务相关的基本法律中，其管理目标和内容大致可分为三类：一是有关信息披露的法律。该类法律要求债权人在向借款人授信时，必须提供真实、准确的贷款条件，不得使用欺骗手段。商业机构只有在信用申请人授权的情况下，才能使用他的信用报告；消费者有权查询自己的信用记录，有对错误的信息提出质疑、要求更正和删除的权利。二是维护权益的规定。此类法律明确禁止授信人依据年龄、性别、种族、肤色、民族出身、宗教信仰、婚姻状态、居住地点等因素对贷款客户分类，或者仅仅因为客户属于其中一类或多类而拒绝贷款。消费者对一切信用条款都享有知情权等。三是对当事人失信及违反信用服务有关法规的情况设定惩罚措施。

三、美国的信用监管体系

美国对信用服务法案的主要监督和执行机构分两类：一类是银行系统的机构，包括财政部货币监管局、联邦储备系统和联邦储蓄保险公司；另一类是非银行系统的机构，包括联邦贸易委员会、司法部、国家信用联盟办公室和储蓄监督局。这些政府管理部门主要有六个功能：

(1) 根据法律规定对不讲信用的责任人进行适量惩处；

(2) 教育全民在对失信责任人的惩罚期内，不要对其进行任何形式的授信；

(3) 在法定期限内，政府工商注册部门不允许有严重违约记录的企业法人和主要责任人注册新企业；

(4) 允许信用服务公司在法定的期限内，长期保存并传播失信人的原始不良信用记录；

(5) 对有违规行为的信用服务公司进行监督和处罚；

(6) 制定执行法案的具体规则。

美国信用服务相关法律的执法机构，就联邦政府而言，并没有专门设立一个信用服务局来管理信用和信用服务行业的事务，信用服务功能是随着市场发展和有关法律的建立而指派或自然分配给各有关部门。

由于美国有比较完备的信用法律体系，征信数据的取得和使用等都有明确的法律规定，因此政府在对信用服务行业管理中所起的作用比较有限，只进行适度监管。对失信者的惩戒，除了政府上述做法外，则主要依靠各类信用服务公司生产的信用产品大量销售，从而对失信者产生强大的约束力和威慑力；靠整个社会对失信者的道德谴责，人们与之交易时只对其有限信任；靠对失信者负面信息的传播和一定期限内的行为限制，使失信者必须付出高昂的失信成本。

四、美国的社会征信系统

征信系统是社会管理体系的核心组成部分之一，其主要功能是依法获取、加工、管理和报告工商企业、资本、消费者等不同市场经济主体的信用信息，其中信用数据库是信用信息的"蓄水池"，在征信系统中具有中心地位，起着关键作用。征信系统按所服务的对象和内容分为企业征信系统和消费者个人征信系统。征信系统最主要的是提供征信数据和进行信用评级。信用数据库由企业信用数据库和消费者信用数据库组成。相应地，征信系统也包括经营数据库的征信公司和进行信用评级的信用评级公司。

（一）企业征信系统

在企业征信领域，邓白氏集团公司是历史最悠久和最有影响的公司，经过100多年的市场竞争，邓白氏集团公司最终独占鳌头，成了美国乃至世界上最大的全球性征信机构，也是目前美国唯一的这类评级公司。邓白氏集团公司进行信用评估业务主要有两种模式，一种是在企业之间进行交易时对企业所做的信用评级，另一种是企业向银行贷款时对企业所做的信用评级。按照信用风险程度的高低，邓白氏集团公司向需求者提供不同等级的信用报告，如较低等级的中低风险决策信用报告，较高等级的中高风险决策信用报告和高等级的高风险决策信用报告。邓白氏集团公司所做的企业资信调查报告的版式在全球影响最大，世界上其他信用服务公司的信用报告与之大同小异。邓白氏集团公司还创造了全球统一的9位数邓氏编码，用于识别不同的商业信息，每个邓氏编码对应的是邓白氏全球数据库中的一个企业的全部信息记录，按照4个级别7种排列组合方式，每组编码可以得出16 384种不同结果，使邓氏编码的应用价值大大提高。目前，全球共有6 500万家企业拥有了邓氏编码，邓氏编码成了这些企业的商业符号代表，与企业信用状况有关的信息将归并在这一编码下。邓氏编码由此得到了全球 50 多家贸易协会和组织机构的认可和推荐，包括联合国、国际标准组织、美国联邦政府、美国国家标准学会和欧盟等。

信用评级无疑是征信核心产品的核心。它分为资本、工商企业及消费者个人三大类。在信用评级行业里，目前美国主要有穆迪投资服务公司、标准普尔公司、惠誉，前两家由美国投资者控股，后一家由法国投资者控股，它们基本上主宰了美国的信用评级市场，这也是世界上三家最大的信用评级公司。它们主要对国家、银行、证券公司、基金、债券及上市公司的信用进行评级。

（二）消费者个人征信系统

1. 个人征信系统的信息供给

目前在美国，银行、商店等机构要决定是否向受信人授信，并不直接向受信人获取信息，而是从信用局获取。这样，信用局事实上充当了授信人或贷款机构的信息供给者。它们从全国各地的贷款机构处获得并提供消费者偿付债务的历史记录情况，通过这些历史记录，授信机构能客观评价消费者的信用品质，从而消除授信人与受信人之间的信息不对称现象，做出是否向消费者授信的正确决策。

信用局向授信人供给信息的主要形式是信用报告，它一般包括：

（1）鉴定信息。如姓名和地址等，主要用于确保档案的准确性。

（2）当前和以往的贷款清单。

（3）公共信息。如破产、税收留置权和诉讼事件等公共信息资料。此外，信用报告还包括当前贷款者对消费者信用的查询记录清单以及债权人对信用档案的修改情况。

2. 个人征信系统的约束机制

美国的个人征信机构是以营利为目的的商业性组织，其运作和操作完全是市场化的，并不受政府的干预和中央银行的管束。其征信行为的规范、信息质量的保证、客户需求的满足和信用报告争议的解决等主要依据的是有关征信法律的力量。例如，《公平信用报告法》规定用户有权知道信用报告的内容，有权对信息的准确性提出异议和更正、升级或删除。法案同时也对报告的负面信息的保存时间做出限制，确保用户隐私在所有时间都得到保护。《公平信用报告法》赋予消费者个人的特别权利主要有以下几项：

（1）如果文件中的信息对消费者不利则必须告知消费者本人。任何人从信用局获取信息对消费者产生不利行动，如拒绝贷款、保险或就业等必须告诉消费者本人，并告知消费者提供消费者报告的信用局的名称、地址和电话号码。

（2）消费者可以查询文件中的信息。应消费者的请求，信用局必须提供消费者信用报告中的相关信息和近来申请获取信息的每个人名单；若有人根据信用局提供的信息对消费者产生不利的行动，那么在 60 天内消费者可免费要求获取报告。

（3）消费者可以就不真实的信息质疑信用局，可以直接对信用局提出抗议。

（4）不真实的信息必须改正或删除。

五、美国的信用服务机构

信用服务机构既不提供信用也不提供信息，而是在信用活动中提供相关服务，其职能包括代理、商账追收、信用保险、保理、信用担保等。

商账追收是信用服务行业向授信人提供的主要服务项目，追收的手段主要是电话催收、依法交涉、法律诉讼等。信用保险是信用保险机构向授信一方提供的信用服务。借款人交纳一定的保费后，保险公司就可以补偿银行在从事消费信贷时的损失，信用保险即可保证银行资产安全，又对刺激消费具有积极作用。保理是保付代理商与供货商之间针对应收账款的一项综合安排。根据这一安排，供应商售出货物后，将应收账款的债权以无追索权方式断售保理商，即可获得保理商提供的货款催收、贸易融资、坏账担保、账务管理等多项服务。信用担保是为信贷活动中的受信人服务的，主要对象是中小企业，美国信用担保机构主要是中小企业局，用于信用担保的资金主要来源于政府，由联邦政府直接出资，国会预算拨入。

六、失信惩戒机制

在征信国家，失信惩戒机制可让遵纪守法的企业与消费者得到保护，让不讲信用的受到惩罚，付出高昂的失信成本。健全有效的失信惩戒机制直接标志着一个国家或地区信用服务体系和信用制度的完整性，同时也间接标志着其信用交易的成熟程度。

美国的失信惩戒机制是由民间运作并自愿执行的。信用经营机构、信息管理机构、信用服务机构将有不良信用记录的责任人和处罚意见，通过信用信息、资信评估报告的形式，公告社会，并载入相应的信用信息数据库，被列入黑名单的企业和个人很难与社会各界进行正常的信用交易。不良信用记录一般会保持 9～10 年，在这段时间内，有不良信用记录的企业和个人很难取得银行贷款、信贷销售服务、个人信用卡等。

第二节 欧洲国家的社会信用体系

一、欧洲国家社会信用体系的特点

(一) 将信用信息服务机构作为中央银行的一个部门建立

在法国，中央银行的信用局以每月为间隔向银行采集信息，用以向公司客户发放超过50万法郎的贷款。

在比利时，信用信息办公室根据一个记录有关分期付款协议、消费信贷、抵押协议、租赁和公司借款中的不履约信息的皇家条令而建立，并作为比利时中央银行的一个部门。

(二) 银行需要依法向信用局提供相关信用信息

在比利时、德国和法国等国家，商业银行向中央银行建立的信用风险办公室或信用信息局提供所要求的信息是一种强制行为。例如，在德国，银行和金融服务机构被要求向德国联邦银行的中央报告办公室报告负债总额达到或超过一定额度的借款者的详细资料。

(三) 中央银行承担主要的监管职能

在以比利时、德国和法国为代表的一些欧洲国家，由于信用信息局被作为中央银行的一部分，因而对信用信息局的监管通常主要由中央银行承担，有关信息的收集与使用等方面的管制制度也由中央银行提供并执行。

(四) 信用信息透明度高

各国都通过法律或法规的形式对征信数据的采集和使用做出明确规定。一般来说，采集和共享的信息包括银行内的借贷信息和政府机关的公开记录等。由于信用信息包括正负两方面数据，各国对共享信息的类型通常都有规定，一些国家限制正面信息共享，如在西班牙，信用信息局不能够共享正面数据。

(五) 更重视法律建设的实用性

德国、英国等一些欧盟国家非常注重信用服务的立法建设，同时也特别强调法律的实用性，其立法原则是在保护人权和开放数据之间取得平衡。在欧盟成员国生效的相关法律通常称为《欧盟数据保护纲领》，在强调开放各种数据的同时，特别指出不能滥用数据。

二、欧洲征信系统

（一）欧洲信用系统的总体特征

由于各国国情和历史发展状况的差异，欧洲各国之间在信用信息的共享范围以及类型方面存在着差异。由于英国的原因，欧洲征信产业的发展较早，但其发展速度与美国相比较慢。由于其国别间发展速度及程度存在较明显差异，总体而言，其主要特征有：

1. 企业征信与个人征信制度结合较为紧密

由于欧洲征信模式主要以政府驱动型为主，私营征信机构虽然有发展，但主要是以原有的公共征信机构为依托，而公共征信机构的信用信息往往都是以中央银行的金融信用信息为主，因此，欧洲的公共信用信息登记系统在一开始就是将企业征信与个人征信结合起来的，在此基础上的欧洲私营征信机构也参照了该模式的发展。

2. 欧洲各国的征信机构设置与运转的方式存在差别

各国由于经济发展程度不同，各自的征信机构设置与运转的方式存在差别。总体而言，欧洲征信系统主要是由私营征信机构和公共征信机构组成。前者由市场化的征信机构组成，按照自愿原则，信用机构完成信息的交流和传递，主要是美国征信公司在欧洲业务的扩展，一般从事个人征信业务。后者是在中央银行管理下，主要采集银行信贷信息，一般由银行义务向征信机构报告借款人情况，征信机构对数据进行处理后，再将信息反馈给相关银行，目的是为中央银行的监管和商业银行开展信贷业务服务。但在各国家发挥作用的因素和程度不同。比如，在一些国家，信息共享几乎完全依赖于公共征信机构；而在另一些国家，信息的强制交换与征信机构开展的自发交换同时存在；还有一些国家不存在公共征信机构，仅依靠私营征信机构提供大量的信用信息。

3. 随着并购浪潮的开始，欧洲部分征信机构已开始重新洗牌

美国 20 世纪 90 年代开始的征信机构合并的浪潮蔓延到了欧洲。如前所述，由于欧洲征信系统在整体上是政府驱动型，因此，许多私营征信机构往往更容易被收购。20 世纪 90 年代早期，前面所述的美国最大的三家征信机构就在欧洲进行广泛的收购，甚至将欧洲的一些全国性征信局收归帐下，因此欧洲的征信系统在当前越来越具备美国征信系统的特点。

（二）欧洲公共信用登记系统概览

1. 奥地利

奥地利公共信用登记系统建立于 1986 年，由中央银行运营，已覆盖了属于约 1 600 家贷款人的 55 000 个借款人。奥地利所有的信用机构、金融公司、保险公司超过 500 万奥地利先令的

贷款都要向中央银行报告。该系统只处理正面信息，并与其他欧洲公共信用登记系统一样，汇总数据并反馈给成员信用机构。但与其他公共信用登记系统不同的是，每家信用机构并不被局限在它们自己的借款人或贷款申请人的数据范围内，它们可以使用整个数据库。

2. 比利时

比利时有两个公共信用登记系统：企业公共信用登记系统和个人公共信用登记系统。前者包括正面信息和负面信息，而后者仅包含负面信息。企业公共信用登记系统从 1969 年开始运作，授权比利时国家银行进行信用记录的业务管理。在比利时设立的所有信用机构都有报告的责任和义务，而且按照皇家法令可以将机构范围扩大到其他金融机构和特定种类的保险公司。对于提供给非常主要的企业的贷款采用一个简化的报告程序，但提供的这些贷款也必须报告。个人公共信用登记系统建立于 1985 年，它记录拖欠、违约、消费者信用、租赁，以及抵押贷款情况。该系统有四个特点：只报告负面信息；"记忆"有限；要求消费者信用贷款人提供初步鉴定；允许消费者检查和更正错误信息。负面信息必须报告分期付款的数量、编号和到期日，注销日和到期金额，已偿款项的还款日期和金额。此外，贷款人还必须向系统报告所有的偿还项。在提供消费者信用之前，贷款人有义务向系统咨询，但抵押贷款可以自由选择是否咨询。提出咨询申请后，公共信用登记系统会提供一份包括该借款人身份、以其名义登记在案的贷款协议在内的所有信息。

3. 法国

与比利时相似，法国有两个不同的公共信用登记系统：一个是对企业的（正面、负面信息都有），另一个是对个人的（只包括负面信息）。从 1984 年起，企业公共信用登记系统开始运行，面向全法国的所有金融机构，但不报告关于公司集团的数据。与其他欧洲国家大不相同的是，法国企业公共信用登记系统要把从信用机构收到的信息与从合法的公告栏、法院、金融新闻界获得的有关企业及其管理者的信息进行汇总。法兰西银行还拥有个人公共信用登记系统，它是一个全国性的个人不良贷款行为档案库。所有的金融机构都必须每月报告分期购买贷款、租赁、私人贷款、贷款额度和透支方面的不良行为。

4. 意大利

意大利公共信用登记系统建立于 1962 年，始运行于 1964 年。从某种角度上讲，该系统是欧洲同类系统中信息最完整、最精确的。目前这个系统拥有近 900 万条记录，每年发布 1 200 万份报告。商业银行、意大利银行监管下的其他金融机构以及在意大利经营的外国银行分支机构加入公共信用登记系统都是强制性的。意大利公共信用登记系统提供的反馈信息具有以下特点：

（1）系统每月向各家信用机构提供每个被报告客户在整个金融系统的总头寸信息，划分成正常贷款和不良贷款两类。不管贷款何时提供，所有尚未偿还贷款都包括在报告内。通常情况下，系统还报告借款担保人的个人负债、贷款类型的汇总统计数据、地理分布以及借款人所处行业等情况。这种信息流动可以使银行实时监控客户负债信息，并比较其他相关银行和经济状况评价自身头寸。

（2）将潜在借款人数据包括在内。各家银行只要交费都可以获得它过去未提供过贷款的贷款申请人信息。考虑到保密性，银行索要的信息只能用于许可目的，即只供发放贷款和信用风险评估之用。提供的信息也仅是此前 12 个月的贷款提供情况。

5. 葡萄牙

葡萄牙公共信用登记系统建立于 1999 年，由中央银行运营。已经覆盖 240 万个借款人。葡萄牙所有的信用机构、金融公司、租赁公司和信用卡公司超过 1 000 葡萄牙埃斯库多的违约贷款和拖欠每月都要向中央银行报告，这些贷款的担保信息也包括在内。银行间贷款不用报告，因而葡萄牙公共信用登记系统包括主要的负面信息。

6. 西班牙

西班牙公共信用登记系统建立于 1963 年，与意大利公共信用登记系统相似，由西班牙银行经营。按照目前规定，所有的信用机构、存款保险基金、储蓄银行、合作银行、专业信用机构和互助担保公司必须向西班牙银行报告直接和间接信用风险。直接风险包括来自于报告机构提供的贷款对其展期的风险，来自于报告机构持有的有固定收入的有价证券的风险。间接风险来自于直接贷款担保机构和特定被担保人接受的担保物的风险。

第三节　欧美信用服务模式比较

一、美国信用服务模式的优缺点

该模式是商业征信公司形成的社会信用体系。美国的征信机构如企业与个人征信公司、追账公司等都是从营利目的出发，对市场交易主体的信用状况进行调查登记，将资料输入电脑数据库，连续跟踪其信用变化情况。征信公司都是市场化运作的公司，完全处于竞争状态，优胜劣汰，其核心竞争力在于能够收集到全面的信用信息和确保企业、个人信用预测的准确度。政府通过立法对征信机构进行管理，不直接参与经营。这是一种纯市场的模式，也是世界各国信用制度的主流。这种模式的优点是征信机构可以根据市场的需要来建设数据库和提供服务，竞争机制促进了这种服务范围的扩大和质量的不断提高。其缺点在于：第一，起步阶段信用服务从业机构总体投资规模小，专业水平参差不齐，信用服务行业发展缓慢。第二，如果政府在本国征信机构发展不成熟，不能对其进行有效的保护，本国征信机构很难与外国大型征信机构竞争。

二、欧洲信用服务模式的优缺点

该模式是由政府与中央银行携手深度介入，以中央银行建立的中央信贷登记系统为主体，建立国家信用服务体系，如德国、法国等。中央信贷登记系统作为服务于公共利益和政府政策目标的非营利组织，由政府出资，直接隶属于中央银行。中央信贷登记系统的信息内容包括企业信贷信息和个人信贷信息。该系统建立全国数据库的网络系统，征信加工的产品主要供银行内部使用，主要服务于商业银行防范贷款风险和中央银行进行金融监管及货币政策决策。同时，由于缺乏利益刺激，在提供客户所需的各种报告产品时，难以真正满足市场对个人征信的种种需求。这种模式的优点在于：在公共数据比较分散的条件下，可以由政府协调社会各方面，强制性让局部主体将各种数据贡献出来，以便在较短的时间内建立起覆盖全国范围的征信数据库。这种模式的缺点是：第一，由于政府不是市场经济中的商业主体，其建立数据库的目的不在于生产征信产品参与市场竞争，而是出于其他非营利目的，因此，征信数据库的商业化和信用产品市场的竞争机制难以形成，其在向客户提供所需的各种报告产品时难以真正满足市场的各种需求。同时，由政府去建立这样一个耗资巨大，同时维护费用也巨大的工程会显得力不从心。第二，根据信用服务理论，征信机构必须具有"中立"和"高效"的特征，信用企业必须迅速、客观地报告事实，而政府很难具有中立和高效的特征。

第四节　发展中国家的社会信用体系

一些发展中国家随着本国市场经济发展程度的不断提高，也开始重视本国社会信用体系建设。由于发展中国家着手建立社会信用体系的时候，发达国家已经建立起比较完善的社会信用体系，因此，不少发展中国家借鉴发达国家的经验。但由于所处发展阶段和各国国情的差异，发展中国家在建立本国的社会信用体系的过程中，同发达国家的经历并不一致。从一些发展中国家的实践看，它们的社会信用体系也具有自身的特点。

一、市场经济发展和金融体制改革促进了信用行业的发展

随着市场经济的发展，一些发展中国家的信用行业开始起步并发展。特别是一些发展中国家金融制度的改革加速了信用市场的发展。印度和泰国等国家信用中介机构的出现则是资本市场发展的迫切要求。在尼泊尔，重建信用信息局已经成为尼泊尔金融部门改革的重要内容。在墨西哥，1994—1995 年金融危机后，为增强金融系统运行的有效性，墨西哥政府向议会提交了《公平信用保障法》的草案，此外，参议院通过了新的《公司破产法》，这两部法案表明墨西哥银行系统的管制和法律框架的改革向前推进一大步。

二、中央银行在社会信用体系中发挥重要作用

多数发展中国家在社会信用体系建设方面，都是由中央银行推动的，比如印度中央银行工作组提出了《信用信息局法案》的草案，准备提交议会审议。马来西亚中央银行规定公司债券的发行必须经过信用评级机构的评级，以提高债券透明度，增强投资者信心。

在发展中国家，不仅信用立法是由中央银行推动的，信用信息局等信用服务机构也是由中央银行发起设立的。例如，泰国第一家信用评级机构泰国评级和信息服务公司就是由泰国银行发起设立的，孟加拉国的信用信息局则是作为中央银行的一个部门形成的，菲律宾信用信息局是由菲律宾中央银行、证券交易委员会和菲律宾金融学院在 1982 年联合建立的。

三、信用中介机构的建立具有各自的特点

发展中国家的信用中介机构，主要包括信用信息局和信用评级公司两类。其中，资信评级公司的建立主要是为了增强资本市场特别是债券市场的透明度，促进其健康发展。信用信息局的建立更多是为了提高金融系统的效率，防范金融风险。

在发展中国家，信用中介机构一般由银行发起设立，主要股东包括商业银行、保险公司、证券公司等。信用中介机构的业务主要包括信用评级业务、征信业务、咨询业务等。其中对企业和个人的征信服务通常是分开的，既由不同的机构运营。也有一些国家或地区在发展过程中，信用中介机构同时提供企业征信服务和个人征信服务。

四、与社会信用体系有关的法律体系仍不完善

由于受发展阶段所限，发展中国家法律体系仍不完善，与社会信用体系相关的法律、法规更是缺乏。从各国的实践看，建立和完善社会信用体系的难点并不在于信用中介机构的建立，也不在于政府如何对信用行业进行有效管制，而在于相关法律、法规的完善程度。由于法律没有对信用中介机构的权利与义务做出明确规定，这些机构在信息采集等方面缺乏法律、法规的保障，不仅信息采集的全面性和连续性受到制约，而且信息使用的范围很可能引起法律争端。

在斯里兰卡，信用信息局是根据《斯里兰卡信用信息局法案》建立的，该机构的发起股份51%由货币委员会持有，40%由商业银行持有，其余的9%由其他的放款机构持有。在尼泊尔，由于没有法律条款约束银行不提供信用信息的行为，这使得信用信息局的工作效率低下，这也是信用中介机构在尼泊尔有10多年的历史，却始终处于初级阶段的原因。

五、开始重视对信用行业的依法监管

虽然发展中国家信用法律建设还十分薄弱，但是也有一些发展中国家开始重视对信用行业的依法管理。在信用行业监管方面，金融监管机构或中央银行常常发挥重要作用。例如，斯里兰卡的信用信息局是根据议会通过的法案由中央银行发起设立的，中央银行的副行长担任信用信息局的主席，并派中央银行的高级官员参与信用信息局的董事会。由于这些国家信用行业的发展还处于初级阶段，信用信息局的核心资料主要来自于银行等金融机构，因此对信用行业的管理通常由中央银行承担（特别是在信用服务的基本法律、法规尚未建立的国家）。

第五节　外国社会信用体系对我国的启示

虽然发达国家和发展中国家建立社会信用体系的过程有很大不同，但是其内涵和目标是基本一致的。从各国的经验看，对我国建立社会信用体系具有启示意义的内容主要涉及以下几个方面：

一、以健全的法律体系作为社会信用体系建设的保障

参照发达国家的经验，建设社会信用体系必须立法先行。因为收集、处理和提供区域企业和个人的信用信息，涉及商业秘密和个人隐私；而完备的社会信用法律体系是社会信用行业健康规范发展的基础和必然要求。

二、把完善的信用数据库作为必备的基础条件

一般来说，社会信用体系采集和共享的信息包括银行的信贷信息和政府有关机构的公开记录等，由于信用信息包括正面数据和负面数据两部分，各国对共享信息的类型通常都有规定。目前我国在征信数据的开放与使用、失信惩罚等方面尚无明确法律规定，因此，各部门应密切配合，加快立法步伐，使各部门相对封闭和分散的信用信息透明化。同时，由于对企业和个人的评价主要建立在信用历史记录基础上，没有一个完备的信用数据库，企业和个人的信用等级评定和信用报告的制作就无法开展，信用信息就无法进行深加工，因此，功能完善的社会信用数据库是建立社会信用体系必备的基础条件。

三、必须把强化监督作为社会信用体系良好运营的保证

由于收集、整理信用数据及处理结果在某种程度上比较难，因此不论哪一国政府都要进行管理。从国际经验看，政府对信用行业的管理方式与该国信用法律体系的状况密切相关。法律、法规越完善，政府的直接管理职能就相对越弱，信用行业的发展也相对越规范；法律、法规越不健全，政府或中央银行的直接管理职能就越强，信用行为的发展状况越容易受到政府行为的影响。因此，在加快立法进程的同时，还需要政府部门加强对该行业的监督和管理，让信用信息需求者合法平等地取得和使用信用信息。

四、以诚实守信的理念作为社会信用体系运行的支撑

社会信用体系的建立固然需要法律体系和必要的制度安排，但是信用在很大程度上依赖于市场主体之间的信任和诚信理念来维系。在市场经济环境下，市场主体的行为准则首先是讲信用，无论是法人主体或公民个人，都应树立诚实守信的公众形象，树立"讲信用为

荣，不讲信用为耻"的社会意识。这样才能形成"信用度高是一种财富"的理念和共识。

五、将健全信用中介机构纳入社会信用体系建设

完善的信用制度必须有健全的信用中介机构作为组织保障。在市场经济高度发达的国家，往往有许多专门从事征信、数据库、信用评级、信用服务等业务的信用中介机构，每一家信用中介机构都以一种业务为服务核心，同时，提供多种增值信息服务。目前我国虽然发展了一批信用中介机构，但因市场规模小、经营分散、缺乏统一的行业标准，尚未形成成熟的信用中介市场。因此，目前应按照严格的信用市场准入原则，逐步建立和发展一批提供各种信用服务的中介机构，让这些机构在激烈的市场竞争中，按照优胜劣汰、适者生存的原则，逐渐形成几家具有一定规模、信用度高、资金实力雄厚的权威性专业中介机构，为经济发展提供全方位、多功能的信用服务。

★ 案例

美国个人信用报告

在美国，经过长期改进并借助计算机应用功能的信用服务相当规范。为了将一点点收集来的零散信息集中处理并加以量化，信用评级公司采用了评分的方法。美国信用制度的评分标准不止一种，有的评分标准将积分定在330~830分，有的定在300~900分。评分越高，贷款的代价越低；评分越低，贷款的代价越高。在近年来的个人信用报告中，美国信用评级公司常常会应邀卖给当事人一份三合一信用评分，就是将益百利、艾可飞和美国环联公司三大信用公司的各自评分集中在一份个人信用报告中。一般来讲，由于信息来源大同小异，这三个公司的评分往往没有什么大的差异，对评分的解释也没有多大区别。

一份个人信用报告不仅打出个人的信用评分，还标示等级并给出比例。比如，近来流行的三合一信用报告评分标准定在330~830分，分成5个等级，分别是：很差、差、一般、好、出色。一个获得761分的申请人就会被归到"出色"的最高级别。同时，信用报告还给出73.79%的比例，顺便告诉申请人，美国消费者中73.79%的人信用评分不如他，换句话说，他属于26.21%信用出色的人的行列。

信用评分的原理是借用统计数据和分析技术的结合，将消费者以往相互关联又

繁杂凌乱的各种涉及信用表现的资料量化，经过加权平均得出简单且具体的分数，使银行和信贷公司一目了然，便于决策。同时信用评分系统的出现又在空间中统一了标准，使得以往手工操作的审核人员有了一个工作指南，贷款取舍的决策过程更为规范。

信用评级公司对个人信用积分的计算方式几十年来一直保密，只是在后来要求公开的呼声不断高涨后才一度向公众披露，几年前费科公司曾经公布它当时的信用记录的积分方式：（1）是否按时付账的记录占总积分的35%；（2）负债金额的多少占总积分的30%；（3）信用记录期限的长短占15%；（4）申请信用的次数多寡占10%；（5）各种综合信用的评估占10%。

资料来源：车耳：《美国个人信用报告及管理体系》，载《中国经济时报》，2006 - 03 - 02。

·本章小结·

1. 完善的社会信用体系对防止商业欺诈、防范金融风险、保障经济主体合法权益、维护市场经济秩序、提高经济效益等方面发挥着极其重要的作用。因此，各国都普遍重视社会信用制度的建设，西方成熟市场经济国家一般都建立了与其高度发达的市场经济发展水平相适应的比较完善的社会信用体系，一些新兴的发展中国家也正在积极着手建立本国的社会信用体系。

2. 美国的社会信用体系建设取得了令世界瞩目的成就，形成了与日本、欧洲的一些发达国家不同的社会信用体系的建设模式，成为二种比较典型的发达国家的社会信用体系建设模式之一。

3. 无论是经验还是教训对于我国正在开展的社会信用体系建设都具有重要的启示意义。我国必须在借鉴外国社会信用体系建设的成功经验以及吸取其历史教训的基础上，结合目前社会信用的现状，建构具有自身特色的社会信用体系。

课后练习题

一、单项选择题

1. 下列选项中，不属于美国对信用服务法案的监督和执行机构中银行系统机构的是

(　　)。

  A. 财政部货币监管局   B. 联邦储备系统

  C. 联邦储蓄保险公司   D. 联邦贸易委员会

 2. 美国《信息自由法》、《联邦咨询委员会法》、《阳光下的联邦政府法》三部法律的颁布，改变了过去行政机关对政府文件的态度，是美国政治法律领域一次重大变革。其核心思想不包括(　　)。

  A. 原则上所有政府信息都要公开，不公开及保密是例外

  B. 政府信息具有公共产品的性质，所有人获得信息的权利是平等的

  C. 政府对拒绝提供的信息不负有举证责任，也不必提供拒绝的理由

  D. 政府机关拒绝提供信息时，申请人可以向法院请求司法援助

 3. 美国征信机构提供的信用报告按照(　　)的原则提供给需求方，这是美国征信行业得以不断发展的制度基础。

  A. 公平   B. 公正

  C. 商品交易   D. 无偿

 4. 美国相关法律规定，一般的消费者信用数据可保留(　　)年。

  A. 8   B. 9

  C. 10   D. 12

 5. 美国的《公平信用报告法》赋予消费者个人的特别权利不包括(　　)。

  A. 消费者可以查询文件中的信息

  B. 可以根据消费者的意愿改正或删除其个人信息

  C. 如果文件中的信息对消费者不利则必须告知消费者本人

  D. 消费者可以就不真实的信息质疑信用局，可以直接对信用局提出抗议

 6. 欧洲信用服务模式的优点是(　　)。

  A. 政府建设与维护的费用巨大

  B. 政府很难具有中立和高效的特征

  C. 缺乏利益刺激，信用产品难以真正满足市场对个人征信的种种需求

  D. 政府可以协调各方，在较短的时间内建立起覆盖全国范围的征信数据库

 7. 只包含负面信用信息的公共信用登记系统的是(　　)。

  A. 法国企业公共信用登记系统   B. 法国个人公共信用登记系统

  C. 葡萄牙公共信用登记系统   D. 德国公共信用信息登记系统

二、多项选择题

1. 美国在保证信用信息披露公开透明的同时，重点在法律上界定好三个关系：（　　　）。

    A. 信息公开和保护国家机密的关系

    B. 信息公开和保护企业商业秘密的关系

    C. 信息公开和保护消费者个人隐私权的关系

    D. 信息公开和促进经济发展的关系

    E. 其他

2. 下列选项中，属于美国法律规定免除公开的信息有（　　　）。

    A. 国防和外交领域的信息

    B. 公开后不会侵犯个人隐私权的人事的、医疗的以及类似的档案

    C. 贸易秘密、从个人以及特权机构或保密机构获得的商业或金融信息

    D. 金融机构的敏感信息

    E. 商业机密

3. 在美国，法律规定不必征求消费者个人意见而可以公开其个人记录的情况有（　　　）。

    A. 人口普查，统计研究

    B. 国家档案，执法需要

    C. 执行法院的命令，向消费者信用服务机构公开

    D. 总审计长及其授权代表在履行职务时的需要

    E. 用来履行法律义务的数据

4. 世界上著名的三大信用评级公司分别是（　　　）。

    A. 穆迪　　　　　　　　　　　B. 标准普尔

    C. 中诚信　　　　　　　　　　D. 惠誉

    E. 大公国际

5. 纯市场模式的信用制度的缺点有（　　　）。

    A. 起步阶段信用服务从业机构总体投资规模小，专业水平参差不齐，信用服务行业发展缓慢

    B. 如果政府在本国征信机构发展不成熟，不能对其进行有效的保护，本国征信机构很难与外国大型征信机构竞争

    C. 可以根据市场的需要来建设数据库和提供服务

    D. 竞争机制促进了信用服务范围的扩大和质量的不断提高

    E. 缺乏公正性

三、判断题

1. 在美国，无论什么情况下都禁止行政机关在取得个人书面同意之前，公开被记录人的信息。（ ）

2. 在美国，个人有权知道行政机关是否有关于自己的记录及记录的内容，并要求得到复制品。（ ）

3. 美国的法律规定信用局对于个人的负面信息不能在信用报告者中删除。（ ）

4. 美国的信用服务机构主要由私人和法人投资组成，也存在公共信用服务机构。（ ）

5. 美国的失信惩戒机制是由民间运作并自愿执行的。（ ）

6. 在比利时、德国和法国等国家，商业银行向中央银行建立的信用风险办公室或信用信息局提供所要求的信息是一种自愿行为。（ ）

7. 欧洲信用服务模式主要是以政府驱动为主，私营征信机构主要是以原有的公共征信机构为依托。（ ）

8. 多数发展中国家在社会信用体系建设方面，都市是由中央银行推动的，并且它在其中发挥重要作用。（ ）

第四章
信用法律、法规体系

学习目标

1. 理解信用法律、法规体系建设的重要意义；
2. 掌握完善信用法律、法规体系的原则；
3. 掌握信用法律、法规体系建设的主要内容；
4. 了解其他国家的信用法律、法规体系。

基本概念

信用法律、法规体系   信用体系的法律环境   市场经济秩序
征信国家   信用机会平等

信用法律、法规体系建设是信用经济发展的需要，是社会信用体系建设的重要组成部分。信用立法的主要目的是建立社会信用制度基础，以法律的形式确立信用、维护信用，为社会信用体系建设及信用活动提供完整、公开和相对稳定的标准，指导和保障社会信用活动与行为健康、有序地发展。

第一节　信用法律、法规体系建设的重要意义

信用法律、法规体系是社会信用体系的基础，是信用经济健康发展的保障，也是征信国家的主要标志。

一、信用法律、法规体系是社会信用体系的基础

依照国际测算标准，年人均 GDP 达到2 000美元后，国家将进入信用经济时代。经过30年的改革开放，我国年人均 GDP 已经超过了3 000美元，在未来年代中国将全面进入信用经济时代。适应信用经济发展的要求，需要营造良好的法律环境，建立完善的信用法律、法规体系。

（一）信用法律、法规体系

信用法律、法规体系是指由国家权力机关和管理机构建立的用以规范信用交易、信用活动、信用服务的成套的法律、条例、规章和制度。

社会信用体系是一个多层次的有机体系，由信用法律、法规体系，信用担保体系，信用服务体系，信用教育体系，信用监管体系和失信惩戒体系构成，信用法律、法规体系是这一有机体系的基础。在强调社会信用体系建设的同时，必须同样重视构建它的法律环境，制定一套完整、系统的规范信用活动的专门法律，明确信用主体行为的法律责任，为信用服务的开展和社会信用体系的建立提供法律保障。

相关的信用法律、法规对不同信用活动进行界定和约束；对各经济主体的信用服务活动进行界定和约束；对有关的信用和信用服务行业进行界定和约束；也对整个国家信用服务及其机构进行界定和约束。建成体系的信用法律、法规不仅可以对微观层面所需要的信用信息的获取予以规范，而且支持宏观层面的信用服务。信用法律、法规体系在维护社会信用体系健康运行方面发挥着重要作用。

我国各级政府部门为建立和完善社会信用体系，积极探索，进行了大量有益的尝试，围

绕社会信用体系建设规则、信用信息采集与披露、信用档案记录、信用担保、信用评级、信用监管与诚信教育等方面制定了多层次、多角度，适应于不同范围的法规和政策，为我国信用法律、法规体系的建立奠定了基础。但是，这些法律、法规就体系而言还不完整，与信用经济发展的要求相比，信用立法还相对滞后，影响我国社会信用体系的建设。

（二）社会信用体系的法律环境概述

社会信用体系的法律环境是指一国社会信用体系正常发挥功能所依赖的各种法律、法规、条例等法制环境。

一国进入信用经济时代，大量的信用交易、信用服务、征信管理等信用经济活动需要法律支持，即一国社会信用体系的正常运转和信用经济的健康发展必须要有专门的信用法律、法规为其提供法律保障，需要建设相关的法律环境。比如，征信行业的发展需要有关征信管理的法律和法规作为约束，以协调征信行业对数据开放的需要，保护公民享有个人隐私权；金融业的发展必须建立有关金融活动的法律、法规，严格规范各项金融业务，避免金融风险；其他各类信用活动都需要法律、法规予以规范，以保证信用交易行为的有序进行。

（三）我国社会信用体系的法律环境

为维护市场经济的正常运行秩序，我国已经制定了一些相应的法律、法规，如《中华人民共和国民法通则》、《中华人民共和国合同法》、《中华人民共和国担保法》、《中华人民共和国保险法》、《中华人民共和国信托法》、《中华人民共和国商业银行法》、《中国人民银行贷款通则》、《中华人民共和国公司法》、《中华人民共和国证券法》、《中华人民共和国破产法》、《中华人民共和国物权法》等，这些基本法律都以诚实信用为基础，确定了诚信经营的基本原则，引导市场主体诚信交易、守法经营、公平竞争，为信用交易和信用经济的正常进行营造了一个必要的法律环境。

我国尚未出台全国性的专门信用立法。只有一些国家政府部门和部分地方政府，制定了一些部门规章和地方政府规章。国家政府部门制定的规章主要包括：

（1）国家税务总局2003年7月10日颁布的《纳税信用等级评定管理试行办法》（国税发〔2003〕92号）。该办法共27条，主要是规范纳税信用等级评定。

（2）国家食品药品监督管理局2004年9月13日颁布的《药品安全信用分类管理暂行规定》（国食药监市〔2004〕454号）。该规定规范了药品安全领域的信用服务。

（3）中国人民银行2005年8月18日颁布的《个人信用信息基础数据库管理暂行办法》（中国人民银行令〔2005〕第3号）。

（4）国务院法制办公室2009年10月12日全文公布的《征信管理条例（征求意见稿）》，公开征求意见。条例共63条，该条例具体明确了征信工作原则、征信数据的采集和应用原则、征信机构的行业准入、征信机构的操作规则等事项，为征信业务活动提供直接法律依据，使征集信用信息的机构在信用信息的采集和披露等环节有法可依。

地方政府制定的规定如下：

（1）2002年1月1日起实施的《深圳市个人信用征信及信用评级管理办法》，2004年2月1日起施行的《上海市个人信用征信管理试行办法》。

（2）2002年8月30日北京市人民政府令（第106号）《北京市行政机关归集和公布企业信用信息管理办法》。

（3）2004年11月17日江苏省人民政府办公厅（苏政办发〔2004〕114号）《关于印发江苏省公共信用信息归集和使用暂行办法的通知》。

（4）2005年3月9日天津市人民政府令（第87号）《天津市行政机关归集和使用企业信用信息管理办法》。

（5）2005年9月1日起实施的浙江省人民政府令（第194号）《浙江省企业信用信息征集和发布企业管理办法》。

其他政府部门和地方政府制定并实施的关于信用的立法性规定，这里不一一列举。

二、信用法律、法规体系是信用经济健康发展的保障

我国已经迈进了信用经济时代，信用活动的增多和信用交易的增长，需要建立和完善信用法律、法规体系，规范各种信用服务活动，约束经济主体的信用交易行为，维护市场运行的正常秩序，保障信用经济的健康发展。

（一）信用法律、法规是信用服务的基础

信用经济的健康发展，需要信用行业对信用活动和信用交易进行规范管理。信用服务离不开法律、法规的规范，比如授信、征信、资信评估、商账追收等信用活动都需要相关法律、法规予以规范。通过法律、法规来规范授信，合理平等授信；通过法律、法规明确征信机构的经营方式，规范征信行为；通过法律、法规保护经济主体的合法权益；通过法律、法规明确商账追收的范围、方式方法；等等。法律、法规为信用服务行业的信用服务提供了法律保证和规范，故法律、法规是信用服务职能有效运行的基础。

企业作为信用服务的主体，企业自身的信用服务是企业经营活动中的重要环节，为了避免信用交易中可能出现的风险，企业信用交易的每一步骤都需要法律、法规的约束和规范。比如，企业信用服务人员要按征信管理条例相关规定收集信用客户的信息；按合同法对客户授信和签订信用合同；对客户相关信息资料的保存要遵守档案法；信用客户的破产清算，恶

性逾期商账的追收等有关企业信用问题都要依法进行管理，依法进行企业信用服务可以有效防范企业信用交易中可能出现的风险，避免企业蒙受不应有的经济损失，增加企业效益。

（二）信用法律、法规对市场主体利益的保护

完善的信用法律、法规可以最大限度地保护市场主体经济利益的实现。按有关信用法律、法规条款规定进行信用交易，市场经济主体可以避免许多风险，促成信用交易的成功，实现交易双方的经济利益。

信用法律、法规不完善，市场经济主体的信用交易得不到有效保护，信用交易成功率下降，影响生产、交换、分配和消费，市场经济主体的利益受到损害；信用交易活动没有法律、法规的规范，不同行业的信用交易很容易出现信用缺失行为，造成经济主体的利益损失。比如，商业信用缺失，合同履约率下降，合同违法行为增多，合同欺诈案件上升；金融信用缺失，金融恶意逃废债务现象增加，导致银行还贷率不高；产品信用缺失，假冒伪劣商品盛行，致使守法经营企业步履维艰，消费者权益也得不到有效的保证。治理信用缺失，必须建立完善的法律、法规体系。

（三）信用法律、法规对市场经济秩序的维护

信用法律、法规体系建设除了保障信用交易双方的合法权益外，另一个重要的作用是形成有效的失信惩戒机制，维护正常的市场经济秩序。

市场经济秩序是指一定规范下的市场运行的状况。规范是由一定法律、法规及社会伦理道德构成的，是用以约束和规范人们行为的准则或标准。市场经济秩序表现为两方面的规范性：一是由国家市场经济法律、法规、规章构成的规定约束；二是由市场经济伦理道德等形成的规范约束。信用法律、法规表现为对市场信用交易行为的强制性硬化约束，也是市场经济秩序的法律环境。

现实经济生活中不断出现的信用缺失行为，破坏了市场的有序性和公正性，导致市场竞争失衡、市场运行规则混乱，使市场经济主体面临不可预测的风险。市场经济秩序混乱影响到市场经济的正常发展，建设良好的社会信用体系法律环境，创造更加良好、公平的竞争规则，已是当务之急。

信用缺失也给对外开放带来一系列的问题。比如，国际经济交往中的合同违约、侵权盗版、商业欺诈、冒用商标和企业名称、互相拆台、自相残杀等。这些问题损害到国家信誉和形象，严重影响了我国对外开放的正常发展。建立完善的信用法律、法规体系，对维护国际准则，推动对外开放的健康发展发挥了重要作用。

在民法慈母般的眼神下，每一个公民就是整个国家。——孟德斯鸠

民法，是规定并调整平等主体的公民间、法人间及公民与法人间的财产关系和人身关系的法律规范的总称。是国家法律体系中的重要部门法之一，与人们的生活密切相关。

根据《中华人民共和国民法通则》第二条，从民法的对象和任务角度来看，民法是调整平等民事主体的自然人、法人及其他非法人组织之间人身关系和财产关系的法律规范的总称，是法律体系中的一个独立的法律部门。

根据《中华人民共和国合同法》第二条第一款对于合同所进行的概念界定，对民法的定义更为妥当的表述应为：我国民法是调整平等主体的自然人、法人和其他组织之间的财产关系和人身关系的法律规范的总和。

民法既包括形式上的民法（民法典），也包括单行的民事法律和其他法律、法规中的民事法律规范。

从其内涵上说，民法是有国家强制力（区别于道德等）的社会生活规范；民法是调整社会生活中财产关系和人身关系（其他关系不调整）的法律规范；民法是调整平等民事主体之间的社会关系的法律规范。

从性质上看民法是调整社会主义市场经济关系的基本法；民法为文明法；民法为行为规范兼裁判规范；在民商分立的国家，民法为商法以外的全部私法；在民商合一的国家，民法为私法的全部。

就其内容来说，是规定权利主体有无权利、义务的法律，因此是实体法，而不是程序法；就其适用范围来说，是施行于一国范围内的法律，因此是国内法，而不是国际法；就其效力来说，是全国范围内主体间一般通用的法律，因此是普通法，而不是特别法。

三、健全的信用法律、法规体系是征信国家的标志

一个国家是否建立起完善的信用法律、法规体系，是判断该国是否是征信国家的重要标志。根据我国信用经济发展的现状，尽快建立起完善的信用法律、法规体系，早日迈进"征信国家"门槛，是社会信用体系建设的一项基础性工作。

（一）信用发展与征信国家

一个有完善社会信用体系的国家通常被称为征信国家。由于信用法律、法规体系是社会信用体系的基础，是进入"征信国家"门槛的一项硬性指标，故只有信用法律、法规健全的国家才能称为征信国家。

伴随市场经济的发展，信用活动、信用交易增加，信用工具普及。适应信用经济和信用服务的需要，各类征信服务出现。"征信"是征集信用信息的简称，是为信用活动提供的信用信息服务，表现为专业化的机构依法采集、调查、保存、整理、提供企业和个人的信用信息，并对其资信状况进行评价，以满足信用活动主体对信用信息的需要，解决借贷市场信息不对称的问题。各类信用服务的出现，需要信用服务相关的法律、法规予以约束，以维系市场运行规则，保障征信业的健康有序发展。

我国已经进入了信用经济社会，但是目前还没有建立起完善的信用法律、法规体系，因此还不能称为征信国家。只有信用法律、法规健全的国家，才是征信国家，才具备与其他征信国家平等交易个人征信数据和征信产品的条件。比如，《欧盟数据保护纲领》就表明了这一原则，欧洲诸国的法律大多规定个人征信数据只对具备同等征信水平的国家开放。

（二）信用服务与征信国家

国务院法制办公室 2009 年 10 月 12 日全文公布了《征信管理条例（征求意见稿）》，该条例的出台直接影响了我国征信业的发展和信用法律、法规体系的建立，使我国朝着征信国家迈进一大步。

条例第一条明确指出，为维护社会主义市场经济秩序，保护征信活动相关当事人的合法权益，规范征信机构的行为，促进征信业发展，制定该条例。该条例为征信业务活动提供直接依据，使征信机构在信用服务上有法可依。

征信国家对于经济主体的信用服务，是靠法律规范下的严格的信用体系和完整的信用记录进行的。通过法律支撑的信用体系对经济主体加强监督、制约和管理，鼓励守信用行为，惩罚不守信用行为。比如，披露经济主体的失信记录，则失信者难以得到贷款，难以扩大生意，难以找到工作，难以取得保险等。

征信国家依法规范信用交易秩序，依法进行信用服务。信用经济发达国家一般都是成熟的征信国家，也是信用法律、法规健全的国家。

（三）创新性地建立信用法律、法规体系

创新性地建立信用法律、法规体系，是从理论上秉承和延续《中华人民共和国宪法》和《中华人民共和国民法通则》的精神，体现对国际准则的遵守，从实践上结合我国信用经济发展的实际要求，构筑信用立法新思路，确定新的法律系统和分类。

创新性地建立信用法律、法规体系是社会信用体系建设的基础性工作。将这项基础性工作列入全国人民代表大会的立法规划中，确定建立信用法律、法规体系的立法秩序；借鉴有代表性的征信国家可比的法律文本和案例，研究现行法律与将建立的新法律的相容性；明确政府的执法单位和法律条款的权威解释单位；根据实际情况逐项起草法律文本。

理论与实践相结合的信用立法将有助于各类信用信息的有序流转，推动信用服务行业的健康发展，明确政府部门承担的法律职责，加强对个人隐私、商业秘密和国家秘密的保护，规范控制信用工具的投放，确保金融系统安全，保障失信惩戒机制的正常运转。也有助于建立良好的经济伦理和市场文化，对建立社会信任和形成社会资本也有着重大意义。

第二节　完善信用法律、法规体系的原则

完善信用法律、法规体系的原则是抽象的并贯穿于信用法律、法规体系建立全过程的指导性规则，既能反映信用活动、信用服务专业领域的特点，又蕴涵宪法的精髓，还体现出信用法律、法规体系所追求的目标。

一、秉承和延续宪法精神和民法精神的原则

《中华人民共和国宪法》是国家的根本大法，一切法律、行政法规和地方性法规都不得同《中华人民共和国宪法》相抵触。《中华人民共和国民法通则》是私法，是调整社会主义市场经济关系的基本法；《中华人民共和国民法通则》是一切法律部门的基础性法律或称为"私法中的宪法"。因此，建立或修改信用法律、法规必须秉承和延续《中华人民共和国宪法》和《中华人民共和国民法通则》精神。

（一）秉承和延续宪法精神

完善信用法律、法规体系的原则首先是秉承和延续《中华人民共和国宪法》精神。《中华人民共和国宪法》精神也是《中华人民共和国宪法》的基本原则，是指在制定和实施《中华人民共和国宪法》过程中必须遵循的最基本的准则，是贯穿立宪和行宪的基本精神。《中华人民共和国宪法》的基本原则有：人民主权原则、基本人权原则、法治原则和权力制约原则。

这四项基本原则构成了《中华人民共和国宪法》内在精神的统一体，成为现代民主宪政体制的基本支柱。

《中华人民共和国宪法》具有最高法律效力，《中华人民共和国宪法》第五条规定：一切法律、行政法规和地方性法规都不得同《中华人民共和国宪法》相抵触。由于《中华人民共和国宪法》所规定的是国家生活中最根本、最重要的原则和制度，因此，《中华人民共和国宪法》是"最高法"，又被称为"母法"，而普通法律则被称为"子法"。《中华人民共和国宪法》是立法机关进行日常立法活动的法律基础，但是《中华人民共和国宪法》也只能规定立法原则，而不能代替普通立法，有关信用的法律、法规属于普通立法。

显然，建立和完善信用法律、法规体系，无论是规范信用市场交易秩序的法规，还是有关企业、国家对信用服务的条例规定，都必须坚持《中华人民共和国宪法》的人民主权、基本人权、法治和权力制约的原则。

比如，《中华人民共和国宪法》第 13 条规定公民的合法的私有财产不受侵犯。第 38 条高度重视公民基本权利，规定中华人民共和国公民的人格尊严不受侵犯。禁止用任何方法对公民进行侮辱、诽谤和诬告陷害。第 11 条规定在法律规定范围内的个体经济、私营经济等非公有制经济，是社会主义市场经济的重要组成部分。国家保护个体经济、私营经济等非公有制经济的合法的权利和利益。国家鼓励、支持和引导非公有制经济的发展，并对非公有制经济依法实行监督和管理。第 15 条规定国家实行社会主义市场经济。国家加强经济立法，完善宏观调控。国家依法禁止任何组织或者个人扰乱社会经济秩序。

《中华人民共和国宪法》中这些对公民权利、企业权利、国家权力的明确规定，需要通过其他具体的法律来落实、保障和实现。完善信用法律、法规体系必须依据这些原则，即必须秉承和延续《中华人民共和国宪法》的精神。

（二）秉承和延续民法精神

完善信用法律、法规体系还必须秉承和延续民法精神。民法精神是指民法中所内含的平等互助、诚实信用、公序良俗的立法原则。民法是调整平等主体之间的社会关系的法律规范，即它是调整平等民事主体的自然人、法人及其他非法人组织之间人身关系和财产关系的法律规范的总称。

民法中的平等互助精神强调主体之间的人格平等和机会平等。民法的平等原则决定了民事主体的利益具有平等性，每个人在行使自己的权利时，应当充分尊重他人的合法权益，不能损人利己。在权益发生冲突时，应当互谅互让，兼顾各方利益，妥善加以解决。民法的这种平等互助精神应该体现在有关信用的法律和法规中，用以规范和约束信用活动中信用交易主体之间的关系。

民法中的诚实信用原则是要求人们在社会交往中做到坦诚相待、恪守诺言、讲求信用。市场经济的一切活动都建立在参与者的信用基础之上，诚信是维护市场经济秩序的基本伦理准则。在民法中，诚实信用原则属于强行规定，是《民法通则》中一项基本原则。《中华人民共和国民法通则》将诚实信用上升为民法的基本原则，使诚实信用这一市场经济活动的道德准则法律化，成为人人必守的法律原则。这一原则也正是有关信用立法的原则。

公序良俗即公共秩序和善良风俗，指国家和社会的存在及发展所必要的一般秩序和良好道德。《中华人民共和国民法通则》将公序良俗这一道德领域的规范上升到民法基本原则的高度，赋予其强制性规则的效力。按照公序良俗这一原则，在社会生活中每个人都可以依据自己的意愿谋求自身利益，但这种自由应以不违背法律及社会普遍认可的秩序与社会道德风俗为限度。民法强调公序良俗原则，也是规范信用经济活动秩序，调节信用交易当事人关系的原则。因此，完善信用法律、法规体系应该秉承和延续民法中的公序良俗原则，同时也要秉承和延续平等互助和诚实信用原则。

二、维护市场有序运行和公平竞争的原则

信用经济是市场经济发展的必然结果，信用交易是以市场经济运行规则为基础的经济活动，维护信用经济的健康发展，完善信用法律、法规体系，必须体现维护市场经济运行的公平竞争的原则。这一原则也秉承和延续了《中华人民共和国宪法》中关于发展社会主义市场经济的精神。

（一）信用信息的客观、真实、公开、公正

市场经济机制对资源最佳配置的基本前提是信息完全，同样，实现信用交易对资源的最佳配置，推进信用经济健康发展的基本条件是信用信息完全，即信用信息的客观、真实、公开、公正，这是信用市场公平竞争的基础，也是信用交易主体做出授信和受信决定的基本条件。

维护信用经济运行的公平竞争，相关信用立法首先应该规范政府部门、征信部门，以及所有信息提供商所提供信息的客观性和真实性，规定信用使用主体对提供虚假信用信息的部门的申述权利，规定对提供虚假信用信息的惩罚措施。

其次，在与个人隐私权和国家保密法不发生冲突的前提下，信用立法应该遵循将企业和个人征信数据向市场主体平等公开的原则，规定任何授信机构或从事赊销的商业企业向信用需求者提供公开、公正、详尽的信用条款、贷款成本等信用信息，以利于信用交易主体公平的理性选择。

再次，我国已经加入世界贸易组织，为促进信用经济的不断发展，信用立法应该体现企业和个人征信数据开放的国际对等原则，体现市场经济发展和国计民生要求，最大限度地向

公众开放由政府收集和掌握的征信数据。

（二）信用机会平等、信用投放可控、信用服务可控

信用机会平等或称无歧视原则，是指信用交易主体在取得和运行信用支付工具时，都平等地享有取得授信的权利。任何授信机构不得因信用交易主体例的企业性质、规模；家庭、个人的民族、性别、宗教信仰等原因拒绝信用交易主体的信用申请。

信用投放可控原则是指相关信用立法应该规定政府对信用扩张和收缩、信用投放方式的调控权力、方式和方法。信用是一把双刃剑，在信用不断促进经济发展的同时，信用的扩张和收缩也会给经济带来负面影响，甚至出现信用危机。因此，信用立法必须体现出政府部门对信用产品，信用交易量，信用交易方式、方法等方面的依法调控权力，规范控制信用工具的投放，确保金融系统安全，保障失信惩戒机制的正常运转，以促进信用市场和信用交易的有序竞争和健康发展。

信用服务可控原则是指信用立法要体现政府对信用服务行业发展和部门运营的法律、法规控制。信用服务部门或分支行业（如征信机构、评级机构等）的产生是信用经济发展的必然产物，要保障信用经济的健康和平稳发展，就应该建立这些信用服务部门的市场准入、退出、经营的可控规则，避免因信用服务混乱造成的信用交易的无序竞争。

（三）金融机构建立与运营的平等规范

金融机构是参与信用活动的主要部门，通过立法规定金融机构建立和运营的平等规范，对信用交易市场的平等竞争至关重要。金融机构建立和运营的平等规范原则是指所有金融机构成立和运营的条件、权利和义务是平等的，金融机构在信用活动中的运行规则是等一的。信用立法应该体现金融机构成立和运营的平等规范，鼓励信用交易主体公平、合理地正当竞争，惩罚或制止不正当的恶性竞争行为。

立法规定金融机构建立与运营的平等规范，是信用市场公平竞争的重要保障。符合相关法律规定的金融机构才具有开办信贷业务和信用工具发放业务的权利，不论金融机构是民营还是国有，经营规模是大还是小，具有平等的法人地位，在信用活动中具有平等的权利和义务，应该严格遵守信用法律、法规，不得违反信用活动的等一规则，从事不正当的竞争行为。比如，金融机构不得擅自提高或降低贷款利率，或变相提高或降低贷款利率，不得以低于成本的价格大规模和长期地促销信用支付工具等。

三、保护信用经济主体权益的原则

通过信用立法保护公民和法人的权益、消费者权益、债权人利益的原则，即保护信用经济主体权益原则是维护信用交易公平竞争原则的延伸。

（一）保护公民和法人的权益

信用立法应该充分体现保护公民个人的隐私权和企业商业秘密这一原则。信用经济发展和信用服务的开展，不可避免涉及公民的隐私权和企业商业秘密，征信数据的使用，要求数据公开化、透明化。因此，立法保护公民的隐私权和企业商业秘密对建立社会信用体系尤为重要。应该通过相关立法，既能保护公民隐私权和企业商业秘密，又能使征信机构的信息采集、调查、数据处理、数据存储和数据的传播有法可依。

信用交易涉及公民和法人的交易自由权和财产权。通过信用立法，加强对公民和法人交易自由权以及财产权的保护，是建立我国社会信用体系的最基础性建设。这些法律、法规包括对所有权、债权、期权、契约等所做出的界定和规范，也包括对各种权利转让和流通制度的规定。法律对权利和行使权利的收益的保护，是对公民和法人交易行为的有效激励。法律对权利行使范围、条件和处罚的明确界定，确定违约责任追究，是对公民和法人行使权利的活动的有效制约。

（二）保护消费者权益

信用立法体现保护消费者权益的原则，应该确定消费者在信用交易中的地位，明确在任何信用交易性质的市场交易中，消费者的权益必须得到保护。这是因为消费者是市场交易的主体，在信用经济中对商品的消费和供给起着重要的推动和引导作用。为了充分发挥消费者在市场中的积极作用，发挥消费潜力，拉动内需市场，必须充分体现保护消费者权益的原则。

保护消费者权益也是市场公平竞争原则的延伸。在信用交易中，包括征信产品在内的各类产品的销售过程中，消费者是信息不对称的弱势方，而公司或企业是掌握产品信息的强势方，信用交易市场存在欺骗或欺负消费者的可能性，为维护市场交易公平，要立法保护消费者在信用交易中不受欺诈、误导、蒙蔽，明确消费者有充分了解商品、信贷、自己的信用记录等各项权利；规定企业，包括发放信用工具的企业，应该主动公开有关信息，消除企业和金融机构与消费者个人的信息不对称现象，监督各类企业的经营行为。

法律规定，在信用交易中，一旦消费者权益被侵害，相应的部门或机构应接受消费者投诉，并规定授信人和信用中介机构如何接受和处理消费者投诉。保护消费者权益的立法原则也体现出保护人权的原则。

（三）保护债权人利益

信用立法要充分体现保护债权人利益的原则。在所有涉及债权人利益的债务重组中，坚持债权人主导的原则，以利于保护债权人的利益。通过严密规范和严格的法律、法规体系的建立，使债权人的合法权益切实受到法律的保护，使违法违约侵犯他人权益者依法受到制裁，使遵守法律者得到发展。同时，针对债务人的违约行为制定更加严厉的赔偿和惩罚规则，加大执法力度，维护法律的权威，减少和杜绝"有法不依，执法不严"的现象，使法律真正成为维护信用关系，保护债权人利益和追究债务人违约侵权责任的有力武器。

第三节 信用法律、法规体系建设的主要内容

信用法律、法规体系建设的主要内容应该包括：确定信用立法的范围；做好信用基本法的规划和准备工作；制定新的信用法律、法规；研究现行信用法律、法规与新的信用法律、法规的相容性，修改相关信用的法律、法规；明确信用立法中应注意的问题，根据实际情况逐项起草信用法律、法规文本。下面我们仅对其中部分内容展开讨论。

一、信用立法的范围

要建立并完善信用法律、法规体系，国家权力机关和管理机构应该确定与信用、信用交易、信用活动、信用服务相关的立法范围。

（一）有关征信制度与信用评级制度的立法

征信是最基本的信用服务活动，关系信用交易的秩序、公平、效率等。维护信用活动的正常进行，应该围绕征信的三个基本环节即信用数据的采集、披露和查询进行立法。

建立有关信用数据采集的法律，明确信用数据采集的主体、原则、范围、途径和方式。明确信用数据信息的保存、更新以及违反采集原则应该承担的法律责任。比如，制定征信机构或信用服务公司成立的条件，何种信用数据可以公开取得，何种信用数据必须保密等法律条文，据此规范征信机构成立的资质和开发征信产品的种类。

建立信用数据披露的法律，确定信用数据披露的主体、传播的范围。比如，制定消费者个人信用报告只可以在国内使用，掌握某些公司财务报表等信用数据的机构必须向社会限期开放等法律条文，据此规范征信机构信用数据的交易和传播行为。

建立信用数据查询的法律，明确信用信息的查询和使用原则、对象、程序和范围等。比如，建立查询个人或企业信用数据必须具备的条件和应办理的手续等法律条文，据此保护消费者和企业的权益，规范信用数据的查询和使用。

信用评级是社会信用体系建设的重要环节，建立有关企业和个人信用评级制度的法律，

确定企业和个人信用评级的主体、原则和种类，确定信用评级行业准入标准、评级机构的权利和义务，建立守信奖励规定和失信惩罚规定。比如，制定信用评级机构或公司的市场准入规则、独立性地位、执业人员资格等法律规定，据此规范信用评级行业的规模、资质等。制定评级机构调查、审核、测定受评对象的权利和义务的法规，据此维护资信评估业务活动的"公正、客观、科学"原则。

（二）有关信用服务等基础工作的立法

征信数据开放、征信数据库和网络管理是社会信用体系建设的基础性工作，应该围绕信用服务活动的这两方面进行立法。

首先是制定征信数据开放的法规，据此界定数据开放的范围、方式等，为商业化的信用服务中介开展企业和个人信用信息的采集、整理、披露和信用信息资源的整合等提供法律依据。信用数据的开放和商业化是社会信用体系建设的前提条件，也是社会信用体系建设的基础性工作。社会信用体系建设的基础性工作需要法律规范，因为没有法律规范，企业和个人就不会或不愿意提供有关信用信息，造成信用服务部门采集信息的困难。没有信息源或信息不畅通，就会阻碍信用交易和各种信用活动。由于信用数据开放制度建设上的不健全，目前我国拥有企业和个人信用信息的部门，如税务、工商、海关、公安、银行、人事等部门还没有对社会开放信用数据，影响了社会信用体系建设。

其次是征信数据库和网络管理的立法，据此加强征信数据库与网络的维护和管理，保证其平稳运行，维护其正常功能。在高度信息化的现代社会，数据库和网络是记录、存储、传输和披露企业和个人信用信息的主要物质载体，对征信数据库和网络的管理进行立法，显然是信用法律、法规体系的基础性建设。

（三）有关信用监管制度的立法

信用市场的运行存在盲目性、自发性，滞后性等缺陷，克服这些缺陷，需要政府依法对信用市场进行直接或间接宏观调控和微观管理，需要建立政府对社会信用交易和信用活动的监管制度。通过立法明确信用监管的主体、原则、对象，监管部门的权力和程序，维护信用经济的健康发展，促进信用市场的平稳运行。制定有关法规，严格规范涉及信用记录、使用及评级活动的机构和组织行为。

二、建立与完善信用法律、法规体系

适应信用经济发展的要求，应该构建国家的《信用基本法》，确定法律制度、行政规定与规则、国际公约与国际惯例、社会习惯与习俗等一般法律原则。在信用立法方面，主要有两大类工作要做，一是新的信用立法；二是对现有的信用法律、法规的修改和完善，逐步建立起以《信用基本法》为基本法，多部法律、法规相配套的信用法律、法规体系。

（一）构建《信用基本法》

《信用基本法》是信用法律、法规体系中的基本法，用于规范信用交易和信用活动的其他法规应该秉承《信用基本法》精神，即不同的信用法律、法规要按信用基本法精神立法。《信用基本法》是秉承和延续宪法、民法精神，用以规范信用经济活动的一般制度和原则。

《信用基本法》主要包括以下内容：

（1）确立社会信用体系建设的一般原则和管理体制；明确国家信用主管机构和信用中介机构的法律地位；确定相关信用国际公约和国际惯例，以此维护健全的社会信用体系。

（2）根据社会惯例、习俗等，建立保障信用市场公平竞争的一般管理原则和制度。比如，建立社会信用信息公开制度、信用信息采集制度、信用信息档案制度、信用信息查询制度、资信评估制度、信用担保制度等，据此确定信用服务活动中的一般制度和原则。

（3）建立信用监管制度、信用活动中的争议解决制度和法律责任制度等，据此确定信用经济活动中的违规处理原则和争议责任判罚制度。

一个信用经济不断发展的国家，应该由立法机构根据实际情况，积累信用法律、法规建设的经验，建立《信用基本法》，根据这部信用基本法的原则不断完善信用法律、法规体系。

（二）制定新的信用法律、法规

根据我国信用经济发展的要求，从社会信用体系的法律制度建设来看，应该制定下面几部新的法律、法规。

1. 制定《征信管理条例》

制定专门的《征信管理条例》，规范各种征信机构的征信活动，为信用服务业提供法律依据。专门的《征信管理条例》包含以下内容：征信立法原则；征信机构设立条件、营业范围；信用数据征集范围、征集程序，信用数据使用范围、使用目的和获取信用数据的程序；被征信个人、企业在信息收集、信息保存、信息使用过程中的同意权、查询权、更正请求权和损害赔偿请求权；信息提供者、征信机构和信息使用者的违法责任；信用监管部门的机构设置、监管权限和监管方式等。

国务院法制办公室于 2009 年 10 月 13 日全文公布了《征信管理条例（征求意见稿）》，征求社会各界意见。该部法规确定了征信机构、征信业务、信用评级、信息主体权益保护、征信业监督管理、法律责任等法律规定。该部法规的出台将为征信业务活动提供直接依据，促进征信服务业的发展。

2. 制定《征信数据采集和保护法》

从规范信用服务行为角度出发，制定专门的《征信数据采集和保护法》，确定信用数据采集的方式、方法、手段等条例；严格界定数据的准确性和利用目的；确定工商企业和公民必须提供真实数据的规则；设立不真实数据提供者以及生产厂家和商家蒙骗消费者和政府的惩治条款；严格界定数据的保密范围、开放范围，即在强制性公开大部分征信数据源的同时，确定必须保密的部分以及确定征信数据的经营方式，使征信机构的成立、信用数据的采集和披露等环节有法可依。

3. 制定《个人信用制度法》

个人是信用活动中的基本经济单位，促进信用经济健康发展，应该加快个人信用立法的建设。制定《个人信用制度法》，并建立《个人财产申报制度》、《个人财产破产制度》等相关配套法规，用法律的形式对个人信用记录与移交，个人信用档案管理，个人信用级别的评定、披露和使用，个人账户体系，个人信用主体的权利、义务及行为规范明确做出规定。

4. 制定《公平债务催收法》

制定《公平债务催收法》，明确允许各级工商部门开放商账追收类信用服务公司的注册，确定商账追收的程序与行为的法律或信用手段，明确对消费者个人及企业法人追账的法律程序和手段等。

5. 制定《公平信用报告法》

在征信业发展的基础上，适时出台《公平信用报告法》，建立规范涉及信用信息记录、信息使用、评估行为，以及实施主体行为的法规，规定信用活动主体对信用报告的权利。

随着信用经济的不断发展，还可以逐步颁布规范信用交易、信用活动的相关法律、法规，如《信用信息公开法》、《商业秘密法》、《隐私权法》、《消费信用保护法》、《商用信用报告法》和《个人破产法》等。

（三）修改相关的信用法律、法规

对相关的信用法律、法规进行修改，是完善信用法律、法规体系的一项重要工作。《中华人民共和国民法通则》、《中华人民共和国刑事诉讼法》和《中华人民共和国行政法》是国家基础法律体系的三个支柱，而三类法律的相互协调也为信用制度的建立提供了一个深层次的法律基础。根据社会信用体系建设的需要，应该进一步完善《中华人民共和国民法通则》、《中华人民共和国刑事诉讼法》和《中华人民共和国行政法》。

1. 完善《中华人民共和国民法通则》

适应社会信用体系的建设，有必要对《中华人民共和国民法通则》进行修改和完善，比如对《中华人民共和国民法通则》中公民的信用权以及债权人的权利保护做出明确、具体的规定，明确公民隐私权不受侵犯的权利。遵循世界潮流和社会需求，在《中华人民共和国民法通则》中将"诚实信用原则"确立为民事活动的基本准则，并用具体的规则来保证"诚实信用原则"的实现。

2. 完善《中华人民共和国刑事诉讼法》

为维护信用经济的平稳运行，应该对现有的《中华人民共和国刑事诉讼法》进行补充和修改，充实《中华人民共和国刑事诉讼法》规范中有关信用犯罪的规定。比如，对欺诈和非法侵占等恶意背信行为，在《中华人民共和国刑事诉讼法》中应补充有关惩治规定，依法惩治此类犯罪，包括法人犯罪和政府工作人员犯罪。通过新的《中华人民共和国刑事诉讼法》条例使利用信用欺诈，获取不法利益者付出沉重代价。

3. 完善《中华人民共和国行政法》

对《中华人民共和国行政法》进行修改和完善，确立政府在社会信用体系建设过程中所扮演的角色，避免政府过度干预和对信用数据的垄断。通过规范国家对社会信用体系的管理，推动政府依法行政。

除了完善《中华人民共和国民法通则》、《中华人民共和国刑事诉讼法》和《中华人民共和国行政法》之外，健全信用法律、法规体系，还要不断分析信用经济的发展变化，深入研究现行法律与新法律的相容性，对相关信用的其他法律、法规进一步修改和完善，以保障信用体系的建立和发展。

修改相关的信用法律、法规包括两种形式：一是删除与社会信用体系建设相违背的条款，二是对现有的条款做出新的解释，使现有的条款能涵盖更多的内容。比如，修改和完善《中华人民共和国反不正当竞争法》和《中华人民共和国反垄断法》，使两部规范市场竞争行为的法律相互补充，建立惩罚恶性不正当竞争或垄断的条款，充分体现市场诚信竞争原则；修改和完善《中华人民共和国破产法》，扩大法律适用范围，完善破产制度，改变现有法律适用范围狭窄、债务公平清偿不易操作等缺陷；完善《中华人民共和国会计法》，修改《中华人民共和国会计法》中可操作性差的环节，建立对会计从业人员、部门和机构严格的监管条款，确定对出具虚假信息报告或信用报告的惩罚条款，有效遏制企业做假账、逃避税务监管、逃避银行债务等违法行为。

健全信用法律、法规体系，需要修改和完善的还有其他一些相关法律、法规，如《中华人民共和国合同法》、《中华人民共和国公司法》、《中华人民共和国商业银行法》、《中华人民共和国会计法》、《中华人民共和国统计法》、《中华人民共和国档案法》和《中华人民共和国保密法》等法律。这些相关法律、法规的完善，使不同行业、不同管理部门的执法人员在处理不同的信用经济纠纷时，做到有法可依，用法律的手段来解决市场中信用缺失行为，促进社会信用体系的健康发展。

三、信用立法中应注意的几个问题

加快信用立法，应该界定和处理好三个关系。一是界定和处理好消费者个人隐私与公开信用信息的界限；二是界定和处理好商业秘密与公开信用信息的界限；三是界定和处理好政府行政公开与保护国家经济安全的界限。

（一）个人隐私与公开信用信息

对个人信用立法应将涉及个人隐私的数据与合法征信数据相区分，应该注意个人隐私与公开信用信息的关系，使相关信用法律既保护个人的隐私权不受侵犯，又能够让中介机构的经营活动有法可依。

界定好个人隐私与公开信用信息的界限是个人信用立法的难点和重点。没有这个方面的立法，就无法进行个人信用调查评价工作，个人信用评价体系就建立不起来，消费信贷、信用销售就无法扩大规模。

对参与信用交易的个人进行征信，将处理过的个人数据公开，并充分披露，是个人信用交易扩大的基础。但是，对个人进行征信，会涉及敏感的个人隐私，个人隐私得不到保护，会影响信用产品的市场需求。如果对个人信息的征集没有法律规范，或个人信用信息被无限制地广泛传播，会使人们心有顾忌，信息被征对象既不敢主动提供信用信息，也不愿意主动使用信用产品，从而限制了信用产品的市场需求，影响信用行业的发展，最终影响社会信用体系的建设进程。

社会信用体系从征集数据到提供信用服务，要求数据公开化、透明化，不可避免地涉及消费者个人的隐私权。个人信用立法要坚持兼顾个人信用信息公开与保护个人隐私原则。为了使征信业健康有序发展，个人信用立法应该明确个人隐私的范围和个人信用信息的采集标准，确定对个人合法征信数据充分披露的管理权限，包括必须开放的数据源及其监督机构的责任，以及对于向公众提供不真实数据行为的惩罚。在强制性公开大部分征信数据源的同时，确定必须保密的部分，以及确定征信数据的经营方式。

《中华人民共和国民法通则》是保护个人隐私最重要的法律，在《中华人民共和国民法通则》中应该明确规定隐私权的独立法律地位，充分体现保护消费者个人的隐私权这一原则，为隐私权提供一套完整的法律保护措施。

（二）商业秘密与公开信用信息

对企业信用立法应将涉及商业秘密的数据与合法征信数据相区分，应该注意商业秘密与公开信用信息的关系问题，使相关信用立法既能保护合法经营企业的有关商业秘密不被泄露，又能够让中介机构的征信活动有法可依。

对参与信用交易的企业进行征信，将处理过的企业数据公开，是企业信用交易扩大的基础。但是，对企业来说，有关信息涉及企业的商业秘密，企业的商业秘密事关企业平稳经营和企业自身发展，因此，有关企业的信用立法应该确立商业秘密的范围和企业信用信息征集标准，确定对企业合法征信数据充分披露的管理权限，包括必须开放的数据源及其监督机构的责任，以及对于向公众提供不真实数据行为的惩罚。在强制性公开大部分征信数据源的同时，确定必须保密的部分，以及确定征信数据的经营方式。

企业信用立法应该充分体现企业权益，包括商业秘密受保护原则。如果企业的商业秘密得不到法律保护，会影响信用产品的市场需求。如果对企业征信触及企业的商业秘密，或将有关商业秘密的企业数据公开并加以传播，势必影响企业正常经营，给企业带来损失，使企业不会主动提供信用信息，也不愿意主动进行信用产品交易，从而限制了信用交易和信用经济的发展，最终影响社会信用体系的建设进程。

（三）政府行政公开与国家经济安全

关于信用信息的立法，应该界定好政府行政公开与保护国家经济安全的界限。从国家公民的主体地位看，政府信息具有公共产品的性质，所有公民都可以平等地获得信息；从国家的经济安全角度考虑，国家秘密不能公开。因此，信用立法原则上规定所有的政府行政信息都要公开，但同时也应明确国家秘密的范围，通过法律规定并划清政府行政公开与保护国家经济安全的界限。这不仅是建立社会信用体系的要求，也是建立符合世界贸易组织规则的政府管理休制的要求。

征信国家的宪法一般都赋予公民查询公共资料的权利，并定义政府文件和档案是公共性的资料。同时，法律又规定某些信息必须予以保密。按照信息共享，公平竞争，有利于公共服务和监管，维护国家经济安全的要求，应该制定有关法律，保障公民获取信息来发展市场经济的权利。法律还应规定，政府对拒绝提供的信息负有举证责任，必须提供拒绝的理由；政府机关拒绝提供信息时，申请人可以向法院请求司法援助。

解决政府的信息公开与保密制度的冲突，政府应该依法设立信用信息监管部门，依法协调各部门掌握的征信数据的公开，调节政府所掌握的信用信息公开和保密制度之间的松紧度，最大限度地保障国家的根本利益不受侵害，既维护国家的经济安全又促进信用信息的合理使用和信用经济的发展。

第四节　其他国家的信用法律、法规体系

西方市场经济发达国家都建立了比较完善的信用法律、法规体系。美国与信用、信用交易和信用服务相关的法律、法规已有 16 部，涉及信息采集、加工、传播、使用等各个主要环节。欧盟发达国家不仅制定了与信用有关的国内法律，而且共同制定了在欧盟所有成员国内都有效的信用法律、法规。相对于欧美发达国家，亚洲发展中国家的信用法律、法规体系建设较为落后。

一、美国的信用法律、法规体系

美国的信用法律、法规是随着信用经济的发展而逐步颁布和完善的，健全的信用法律、法规体系对美国信用经济的健康发展发挥着重要作用。

美国的信用法律、法规大致可以分为两类，一类信用法律、法规旨在规范金融机构向市场的信用投放和信用工具的发放行为，维护金融市场的公平竞争。这类法律、法规的主要执法机构和权威性解释机构是联邦储备委员会。另一类信用法律、法规旨在规范征信机构的行为，以保护消费者的各项权益。这类法律、法规的主要起草单位是美国的信用报告委员会和全国信用服务协会，主要执法和解释单位是美国的联邦交易委员会。还有一些信息使用、个人隐私权、企业破产和个人破产方面的法律，这些法律虽然不与信用服务直接相关，但对信用服务行业及其管理服务行为有一定的影响和规范作用。

形成于 20 世纪 60 年代到 80 年代的美国现代信用法律、法规体系，其主要目标包括以下几项：一是稳定美国经济；二是规范信用服务业；三是保护消费者隐私权。另外，通过建立信用法律、法规解决一些特殊的社会问题。

美国现行的 16 部信用法律、法规中，有 10 部法律、法规是规范金融领域的，其他是从数据的采集和传播方式等方面保护消费者的隐私权。

（一）直接的信用法律、法规

直接的信用法律、法规有：

（1）《公平信用报告法》；

（2）《平等信用机会法》；

（3）《公平债务催收作业法》；

（4）《公平信用结账法》；

（5）《诚实租借法》；

（6）《信用卡发行法》；

（7）《公平信用和贷记卡公开法》；

（8）《电子资金转账法》；

（9）《储蓄机构解除管制和货币控制法》；

（10）《甘恩—圣哲曼储蓄机构法》；

（11）《银行平等竞争法》；

（12）《房屋抵押公开法》；

（13）《房屋贷款人保护法》；

（14）《金融机构改革—恢复—执行法》；

（15）《社区再投资法》；

（16）《信用修复机构法》。

（二）直接保护个人隐私的法律、法规

直接保护个人隐私的法律、法规有：

（1）《隐私法案》（1975年）；

（2）《犯罪控制法》（1973年）；

（3）《家庭教育权和隐私法》（1974年）；

（4）《财务隐私权利法》（1978年）；

（5）《隐私保护法》（1980年）；

（6）《电子通信隐私法》（1986年）；

（7）《录像隐私保护法》（1988年）；

（8）《驾驶员隐私保护法》、《电信法》（1996年）。

（三）规范政府信息公开的法律、法规

规范政府信息公开的法律、法规有：

（1）《信息自由法》（1966年）；

（2）《联邦咨询委员会法》（1972年）；

（3）《阳光下的联邦政府法》（1976年）。

在全球征信国家中，美国信用法律、法规体系比较完善，对我国信用法律、法规体系的建设具有一定的参考价值。

二、欧盟国家的法律、法规体系

欧盟国家的信用法律、法规是在 20 世纪 70 年代以后逐步完善的。欧盟国家大部分是征信国家，有比较完善的信用法律、法规体系，尤其是在征信系统方面有较完善的体系，值得借鉴。

(一) 欧盟信用法律、法规体系概况

欧盟国家中德国、英国和奥地利是信用法律、法规较为健全的国家。德国早在 1934 年就建立了个人公共信用登记系统，并出台一些相关的操作规则。前联邦德国 1970 年颁布并实施了《分期付款法》，四年后对该法进行了一次修改；1977 年又颁布了《商业通用规则》，以禁止生产厂家和销售商操纵消费品零售价格，其中有些条款用来指导消费信贷业务。英国 1970 年议会通过了《消费者信贷法》，这部法律的主要条款类似于美国的《诚实租借法》，这是一部消费者保护类的法律。奥地利在 1978 年制定了《隐私法》，确保借款人和贷款人匿名，给予每个借款人获得自己的数据信息的权利。

在欧洲，与个人征信数据传播有关的法律是"数据保护"类的法律，立法目的是既要保护消费者的个人隐私权，又要促进个人信用信息的合理使用，在保护人权和公开数据之间取得平衡。1970 年，前联邦德国黑森州通过了世界上第一部《个人数据保护法》，1977 年又颁布了《联邦信息保护法》，1990 年做过一次修改，该法用来规范征信机构的操作。之后瑞典、法国、丹麦、挪威、卢森堡等国也制定了类似的法律。1980 年后，英国、冰岛、荷兰、芬兰、爱尔兰、葡萄牙、西班牙、比利时、意大利也先后制定了相关的法律。

英国于 1984 年颁布并实施了《信息保护法》，1998 年做过一次修改，该法同时适用于公共性质的征信机构和私有的征信机构。欧洲议会于 1995 年通过了欧盟《个人数据保护纲领》。在欧盟国家中，奥地利、卢森堡、丹麦的数据保护法所指的数据包括自然人个人的征信数据，也包括法人、合伙人的数据。

(二) 欧盟《个人数据保护纲领》

欧盟是一个地区性的政治和经济联盟，欧盟成员国有效的信用服务法律是 1995 年 10 月由欧洲议会通过的欧盟《个人数据保护纲领》，这是欧盟在信用服务领域第一个公共法律。该法对个人数据质量的原则、合法处理数据的标准、数据主体查看数据的权利、数据的保密与安全等方面做出了更为细致的法律规定。

该法的立法目的是维护欧洲市场上的公平交易，促进欧洲经济一体化。该法规定，为促进个人征信数据在同等数据开放水平的征信国家内传播，完全放开欧盟国家间的个人征信数

据交换和商业化经营，但限制向征信水平低的国家或地区传播征信数据。该法的第一款要求，在保护自然人的人权和自由的同时，不限制个人数据在欧盟成员国间的传播，但限制数据向欧盟以外地区传播。

《个人数据保护纲领》的有关内容主要包括：

（1）对消费者个人信用数据的质量提出要求，特别是准确率。

（2）限制允许处理的数据范围。

（3）禁止处理类似种族和血统等敏感信息。

（4）通知被处理案中的主角，被调查的消费者本人。

（5）限制被处理数据的传播。

（6）任何人都可以调取自己的个人信用报告。

（7）设定不同的数据保密级别。

（8）消费者个人信用调查企业有义务向监督部门报告。

（9）明确个人和公共的责任。

（10）限制向欧盟以外的国家传播消费者个人信用调查数据。

（三）德国的信用法律、法规体系

德国是信用经济发达的国家，也是信用法律、法规体系较为完善的国家。德国的信用法律、法规体系将各种与信用相关的社会力量结合起来，制约和惩罚失信行为，促进社会信用体系的完善和发展，从而有效维护了社会的正常经济秩序，保障了信用经济的健康发展。

德国没有信用基本法，有关信用的法律、法规包含在《商法》、《民法》、《信贷法》和《数据保护法》等法律中。有关信用信息公开的法律《商法典》中规定，成立公司必须在地方法院以公开可信的形式，即通过公证进行商业登记注册，以载入登记簿，商业登记簿可以公开查阅。《特定企业与企业集团账目公布法》对超过一定规模的企业账目的公布做出明确规定，凡符合三个条件中两条的企业有义务在做出年终决算报表后的第三天首次公开账目。这三个条件包括：一是年终决算报表中资产总额超过6 500万欧元，二是年营业额超过1.3亿欧元，三是员工总数超过5 000人。《破产条例》对企业和消费者破产的条件、过程做出了明确的规定，破产企业必须到当地法院申请破产，破产申请经审核批准后即进入破产程序，法院将破产企业或消费者列入破产目录，予以公布。联邦各州建有自己的破产目录中心。《民事诉讼条例》对债务人名单的建立、公布和销毁做出了明确的规定，无偿还债务能力者可以到地方法院做代替宣誓的保证，地方法院将此记录在债务人名单内，并在全国范围公布，有关个人的负面记录将保留三年。

德国有关保护个人隐私的法律主要有《联邦数据保护法》、《信息和电信服务法》及

1998 年 10 月生效的《欧洲数据保护指南》。这些法律对个人数据的获取、储存、使用、传播等方面有严格的规定。法律规定，征信机构必须公正、合理地收集消费者和企业的信用资料；消费者有权了解征信机构收集、保存的本人信用资料；数据处理单位的工作人员有保密的义务，只有在法律允许或经用户同意的情况下，有关公司才能提供用户的信用数据；禁止在消费者信用报告中公开消费者收入、银行存款、生活方式、消费习惯、超过法定记录期限的公共记录中的负面信息等。

有关规范催账程序的法律是 2000 年 5 月 1 日生效的德国《反不道德支付法》。该法规定，客户在收到账单 30 天后或在账单规定的付款截止日后 30 天仍未付款，债权人可以加收超过银行贷款利率 5% 的滞纳金；如客户在收到连续 3 次催账警告后仍置之不理，债权人可以向地方法院申请强制执行。

有关信用监督的《信贷法》规定，德国联邦银行和联邦金融服务监管局负责对银行与金融机构的监督和管理，联邦银行是唯一具有对金融机构行使统计权利的机构，各类金融机构必须每月向联邦银行报送包括信贷业务数据在内的各类统计报表，联邦银行通过信贷登记中心的信息共享控制银行业内的信用风险。《联邦数据保护法》规定，联邦内政部负责国家秘密及保护工作的指导、监督和管理，联邦政府及各州政府必须设立个人数据保护监管局，负责对掌握个人数据的政府机构和信用服务机构进行监督和指导。

三、亚洲国家的法律、法规建设

亚洲国家在信用法律、法规建设方面比欧美征信国家相对落后，但是都注重信用制度建设，强调信用数据的公开。日本、我国台湾和亚洲其他国家都建立了相应的信用法律、法规。

（一）日本的信用法律、法规体系

早在 1918 年，日本议会出台的《证券交易法》中就有对有价证券进行分期付款销售的规定。第二次世界大战后，日本市场分期付款式信用销售迅速发展，信用交易形式多样化，日本国会在 1961 年制定了《分期付款销售法》。为保护消费者的利益，1968 年国会对该法进行修改，于 1973 年实施修改后的新法。之后，为适应信用交易形式的变化，又对该法进行了一些修改和补充，增加了保护消费者的内容，借鉴美国《诚实借贷法》，建立了消费者可在四日内反悔的信用销售的"冷却期"制度。

《分期付款销售法》的立法目的是规范卖主行为，保护买主利益，保障信用交易的公正。该法对分期付款信用销售业务给出明确定义，对分期付款信用销售合同做出规范要求，包括对赊销商对质量担保的责任，赊销合同解除的利益平衡，对赊销商损失赔偿的限制，消费者四日反悔"冷却期"等做出法律规定。该法还规定征信机构采集、提供或利用个人信用信息，只能用于调查消费者的支付能力和评估违约率。

1988年，日本出台了《个人信息保护法》。该法规定，民间机构保存的个人信息要接受指定政府部门进行的行政指导，由公共部门保存的个人信息在一定范围内受到法律保护。1996年，日本行政改革委员会提出了《信息公开法草案》，使用排除法，并对不能公开的个人信用信息做出规定。

日本信用法律、法规对消费者信用信息的保护主要体现在：一是对个人信用信息归档和内容确认的监管；二是对个人信用信息使用和传播的限制；三是对个人信用数据的严格管理；四是对客户请求、数据更正或删除的管理。这些相关信用法规规范征信机构的业务操作；规范对信用信息的存储和传播；限制个人信用信息采集和传播的范围；明确信用信息调查的当事人有知情权；明确当事人对自己信用档案的内容有知情权；防止泄露和侵害个人隐私；明确政府的监管责任。

（二）亚洲其他国家的信用法律、法规

亚洲国家基本上是发展中国家，受经济发展阶段的限制，信用法律、法规体系不完善，但都十分重视信用制度的建设。

比如，印度是较早开始筹备建立信用制度的国家，最初由中央银行来推动信用制度建设，筹备成立信用信息局，通过建立有效机制来减少信用风险。信用信息局（Credit Information Bureau，CIB）的信用信息不仅来源于银行系统内部，还来源于法院、税务等其他部门。它从银行、金融机构和非银行金融机构处收集信息，并逐步通过收集法院判决、工业和金融重建委员会的内部参考资料、公司登记处的登记协议、股票交易和市场信息等来扩大数据库。收集的信用信息有来自用户的，也有来自公众的，收集消费者个人消费信贷和企业贷款有关的不利和有利信息以及贸易和金融方面的信息。为确保数据的安全，信用信息局坚持使用银行系统内技术升级委员会所提供的安全标准；对于数据的更新，要求数据库至少每个月更新一次，并要求信用报告机构也这样做。

亚洲其他国家也依法建立起信用中介机构。例如，泰国在银行的推动下，1998年由泰国银行家协会成立了信用局委员会，泰国银行起草了《信用局法案》，之后泰国还出台了《数据保护法案》。斯里兰卡根据《斯里兰卡信用信息局法案》建立了信用信息局，法案规定，除中央银行外的所有放款机构，有法定义务向信用信息局提供信息局希望收集的任何信用信息，未按照信用信息局的要求提供信息将受到处罚。菲律宾在信用制度方面的建设主要是成立了由中央银行组建的信用信息局和国家银行家协会成立的信用局。马来西亚1958年出台《中央银行法》，该法第 30 款授权中央银行建立征信局，1989 年颁布《银行和金融机构法》规定金融机构收集、监测和公开客户的信贷信息并上报中央银行，将对不合作的金融机构进行处罚。

从发展中国家信用制度建设的实践看，如果相关信用法律、法规缺乏，则信用中介机构的权利和义务、信用信息采集的全民性和连续性、信用信息的适应范围等会受到限制，政府对信用行业的有效管理也会受到影响。目前，信用中介机构在发展中国家的影响和作用比较有限，不同国家信用中介机构建立的时间早晚不同，但基本面临相同的问题，各国都在加强信用法律、法规体系的建设。

★ 案例

400 万大单带来一场噩梦

据商务部的统计，我国企业每年因信用缺失导致的直接和间接经济损失高达 6 000 亿元。在征信成本太高，而失信又几乎没什么成本的情况下，违约、造假、欺诈的故事几乎每天都在上演。巨额的信用成本如同扼住企业喉咙的那只手，在残酷地剥夺着中国企业尤其是中小企业本就狭小的生存空间。

中贸友施信用管理（北京）有限公司总经理李奎元对一个他经手过的案子感慨颇多。

商账追收的委托方是一家生产麦芽糖的企业，这家企业此前和河北省邯郸市的一家生产啤酒的县级工厂合作，为其供应生产啤酒所需要的麦芽糖。"生产麦芽糖的企业在和啤酒厂合作之前，去当地考察过它的厂房，而且在合作的最初阶段，啤酒厂每期都按时付款，第一期 20 万元、第二期 30 万元、第三期 50 万元，期期不落。所以，当啤酒厂第四次提出要其供应 400 万元的货时，这家企业立即同意了。"李奎元说。

不过，这家企业等来的不是 400 万元大单所带来的滚滚利润，而是一场到现在都没醒来的噩梦。李奎元说，在这批 400 万元的货供应之后，这家之前"信用良好"的啤酒厂忽然没了动静，每次打电话过去催收账款，得到的回答都是"目前资金紧张，没有钱还"。再后来，索性就音信全无。

不久之后，两个消息几乎同时传来：一是这家啤酒厂因资金问题倒闭了；二是这家啤酒厂的所有者的哥哥在当地注册成立了一家新的公司，做的还是啤酒生意。

直到此时，这家生产麦芽糖的企业如梦方醒，它掉进了骗子精心挖的坑，前面的 20 万元、30 万元乃至 50 万元都是"诱饵"。

"这个案子太典型了。在中国，很多乡镇企业都存在类似的信用问题。在买方市场的前提下，供货方都急着把自己手里的货给卖出去。如果收货方在 10 万元、20 万元乃至 30 万元的单上都表现得特别好，然后忽然要求了一项 300 万元的单并提出先拿货，你可能就答应了。而对方一旦收到这批货，你就再也别想要回这笔钱。因为对方要不就是出事了，要不就是人间蒸发了。"李奎元说。

企业与企业之间的信用，即商业信用，它主要是指企业与企业之间的非现金交易，也就是人们常说的赊销。而李奎元的公司所从事的商账追收并非简单的讨债，它是一种综合性的信用风险管理，其通过合法的追收流程和技巧，进行商账追收服务，降低企业风险和坏账率，防范和规避企业由于使用赊销方式带来的信用风险。

李奎元介绍说，企业失信最直接的体现就是欠款逾期不还。当然，逾期不还款的动机中，有的并非恶意，比如因为自身资金周转不到位，确实没钱还；而有的则是恶意的，比如故意欺诈。但企业信用体系是一个链条，如果链条中有一个环节是恶意的，整个链条都会受到影响。"上述那个麦芽糖企业的案例，就是故意欺诈，我们叫'挖坑'，现实中这种案子还不是少数。"

科法斯企业信用管理调查结果显示，有 67.4% 的受访企业曾于 2010 年遭遇国内买家拖欠付款，这一比例与 2009 年的 72% 相比下跌了 4.6%，但由于交易规模的扩大，被拖欠付款的绝对数额并未下降。

据有关机构的调查，2009 年，我国逾期未还账款平均超过 60 天的企业占 33%，较 2008 年同期增长了 50 个百分点。企业的坏账率高达 1%~2%，且呈逐年增长势头。而相比之下，成熟市场经济国家企业坏账率通常为 0.25%~0.5%。另外，我国商业诚信环境之差还体现在合同履约率低。据调查，目前我国每年签订的约 40 亿份合同中，履约率只有 50%。

商务部国际贸易经济合作研究院信用管理部主任韩家平说，企业在国内进行交易的话，货款回收通常需要 90 天左右。而在国外，平均回收期大概为 30 天。这样一来，国内一年只能周转 4 次，不仅限制了交易的规模，加大了资金投入的成本，也加大了融资的难度。

资料来源：张莫、孙韶华：《中国企业信用缺失代价惊人，每年损失达 6000 亿元》，中国新闻网，http://www.china.com/cj/2011/05-04/3013966.shtml，2011-05-04。

·本章小结·

1. 信用是文明国家的标志，良好的社会信用环境是社会健康发展的基础，加快建立社会信用体系是构建和谐社会的迫切需要，也是社会主义市场经济和谐发展的重要条件。当今社会，信用缺失已经成为一种比较普遍的社会现象，个人诚信危机、企业诚信危机、政府诚信危机越来越严重，这就要求我们必须尽快建立健全信用法律、法规体系以适应社会和谐发展的要求。

2. 无论是建立新的信用法律、法规，还是修改相关的信用法律、法规，完善信用法律、法规体系，必须秉承和延续宪法和民法的精神；遵照市场公平竞争的原则；坚持保护市场经济主体权益的立法原则。

✏️ 课后练习题

一、单项选择题

1. 信用法律、法规体系是（ ）的基础。

    A. 社会信用体系   B. 信用经济健康发展

    C. 征信国家   D. 信用经济

2. 我国已经迈进了（ ）时代，信用活动扩大。

    A. 实物经济   B. 虚拟经济

    C. 信用经济   D. 金融经济

3. （ ）是强调主体之间的人格平等和机会平等。

    A. 平等互助   B. 诚实信用

    C. 公序良俗   D. 团结互助

4. （ ）原则是指信用交易主体在取得和运行信用支付工具时，都平等地享有取得授信的权利。

    A. 信用投放   B. 信用机会平等

    C. 信用服务可控   D. 信用交易

5. 最基本的信用服务活动是（ ）。

    A. 征信   B. 信用评级

    C. 信用监管   D. 信用立法

二、多项选择题

1. 社会信用体系是一个有机体系，由信用法律、法规体系，信用担保体系和（   ）等构成。

    A. 信用服务体系　　　　　　　　B. 信用教育体系

    C. 信用监管体系　　　　　　　　D. 失信惩戒体系

    E. 信用公平体系

2. 信用法律、法规体系是（   ）。

    A. 社会信用体系的基础　　　　　B. 信用经济健康发展的保障

    C. 征信国家的标志　　　　　　　D. 信用经济

    E. 信用公平体系

3. 市场经济秩序表现为两方面的规范性，包括（   ）。

    A. 国家市场经济法律、法规、规章构成的规定约束

    B. 国家制度形成的规定约束

    C. 市场经济伦理道德等形成的规范约束

    D. 信用法律、法规形成的规定约束

    E. 信用公平约束机制

4. 信用缺失给对外开放带来的一系列问题包括（   ）。

    A. 合同违约　　　　　　　　　　B. 侵权盗版

    C. 商业欺诈　　　　　　　　　　D. 冒用商标

    E. 假冒伪劣

5. 民法精神是指民法中所内含的（   ）。

    A. 平等互助　　　　　　　　　　B. 诚实信用

    C. 公序良俗　　　　　　　　　　D. 团结互助

    E. 信用公平

6. 美国旨在规范征信机构的行为，以保护消费者的各项权益的信用法律、法规的主要起草单位是（   ）。

    A. 信用报告委员会　　　　　　　B. 联邦交易委员会

    C. 全国信用服务协会　　　　　　D. 联邦储备委员会

    E. 中央银行

7. 美国现代信用法律、法规体系，其主要目标是（   ）。

    A. 稳定美国经济　　　　　　　　B. 规范信用服务业

C. 保护消费者隐私权　　　　　　　D. 解决特殊社会问题

E. 解决信用公平问题

三、判断题

1. 国务院法制办公室 2009 年 10 月全文公布了《征信管理条例》。（　　　）

2. 《中华人民共和国宪法》是国家的根本大法。《中华人民共和国民法通则》是私法，可称为"私法中的宪法"。（　　　）

3. 市场经济机制对资源最佳配置的基本前提是信息完全。（　　　）

4. 信用服务可控原则是指相关信用立法应该规定政府对信用扩张和收缩、信用投放方式的调控权力、方式和方法。（　　　）

5. 德国有关保护个人隐私的法律主要有《联邦数据保护法》、《信息和电信服务法》及 1998 年 10 月生效的《欧洲数据保护指南》。（　　　）

6. 日本的《分期付款销售法》的立法目的是规范卖主行为，保护买主利益，保障信用交易的公正。（　　　）

7. 欧盟的《个人数据保护纲领》的立法目的是维护欧洲市场上的公平交易，促进欧洲经济一体化。（　　　）

第五章
征 信 体 系

🎯 **学习目标**

1. 掌握征信的含义和特征；
2. 掌握征信体系的含义和主要内容；
3. 了解国外征信体系的主要内容；
4. 掌握我国征信体系的建设原则和目标。

🔍 **基本概念**

征信　　征信数据库　　信用评级　　信用报告　　征信体系　　征信机构

征信体系是社会信用体系的基础，是现代金融体系稳健运行的基石。建设社会信用体系初级阶段的核心任务是促进征信体系的发展，征信体系的全面和健康发展，是形成失信惩戒机制的基本条件。

第一节　征信业务的概述

一、征信的定义与相关概念

（一）征信的定义

征信的概念分广义和狭义两种，广义的征信是指依法收集、整理、保存、加工自然人、法人及其他组织的信用信息，并对外提供信用报告、信用评分、信用评级、信用信息咨询等服务，帮助客户判断、控制信用风险，进行信用服务的业务活动。狭义的征信是指贷款人（债权人）对借款人（债务人）能否还款的调查，是信用交易过程的一个环节。

单个贷款人主体征信可追溯到千年之前。它是由某一授信人在进行授信活动时，独自对受信人的资信状况和履约能力进行的一种调查。其明显的特征是随机性强，主观性强，没有固定的数据库，征信活动的客观性、真实性较差，征信结果的传播范围狭窄。

第三者征信，或叫征信所征信，是从贷款人联合共同调查借款人信用状况而独立出来的征信业务。征信所征信从出现到目前的成熟完善，不过百余年的历史。由于近现代市场经济的发展，经济交易的地域、规模不断扩大和信用结算方式的普及，经济活动中信息不对称的问题日益严重，为了互相提供方便，必须由中立的第三方，即独立的征信所提供大家共同认可，可随时查询的各种信用信息，于是就出现了专业化的征信所征信。征信所征信，究其内涵，是通过采集、整理和分析自然人、法人或其他组织的信用信息资料，并以此为基础对外提供信用信息咨询、调查和信用评估等服务，帮助客户判断和控制信用风险，进行信用服务的活动。征信所征信是目前国际上流行的做法，本书中主要探讨的也是征信所征信。

（二）与征信有关的主要概念

1. 诚信

诚信从字面上解释就是诚实守信的意思，是指言（如承诺）与行（实践）的统一。简而言之，就是不自欺，也不欺人。它的内涵比信用要宽泛得多，既包含社会交往中的道德伦理，如诚笃不欺、有约必践；也包含授信人与受信人之间的经济交易关系，如诚实经商、信守合同。

在我国，诚信原则作为做人和做事的根本准则，几乎被诸子百家源起的各门各派共同推崇，也形成了诸子百家学说的伦理基础。长期以来，统治阶级也用诚信作为维护社会等级和秩序的规范，要求官员将其作为勤政爱民的基本准则。

2. 征信体系

征信体系是采集、加工、分析和对外提供信用信息服务的系列安排，是社会信用体系建设的一部分。包括制度、信息采集、机构和市场、征信产品和服务、监管等方面。

3. 被征信人、信用信息提供人、信用信息使用人

被征信人是指其信用信息被征信机构采集、整理、加工和使用的自然人、法人、其他组织。

信用信息提供人是指向征信机构提供他人信用信息的自然人、法人、其他组织。

信用信息使用人是指征信机构为其提供信用信息咨询、调查和信用评级等服务的自然人、法人、其他组织。

4. 征信产品

征信产品可以分为基础产品和增值产品。基础产品是信用报告。增值产品是基于信用报告的信息，经过加工或进行纵向、横向等各种分析而生产的产品，经历了一系列的加工过程，包含了大量的智力资本，如个人信用评分、企业信用评级等。

5. 征信机构

征信机构是指依法设立，从事征信业务的法人。征信机构是独立于信用交易双方的第三方机构，专门从事收集、整理、加工和分析企业或个人信用信息资料工作，包括信用历史、履约情况等，并出具信用报告，提供其他相关增值服务，帮助客户判断和控制信用风险等。

6. 征信数据

征信数据又称信用信息，是指能够反映个人、法人或其他组织信用状况的信息，包括：

（1）基本信息，即个人、法人或其他组织的身份识别、职业和居住地址等信息。

（2）信用交易信息，即个人、法人或其他组织在贷款、使用贷记卡或准贷记卡、赊销、担保、合同履行等社会经济活动中形成的与信用有关的交易记录。

（3）其他信息，即与个人、法人或其他组织的信用状况密切相关的行政处罚信息、法院强制执行信息、企业环境保护信息等社会公共信息。

7. 征信数据库

征信数据库，又称为数据仓库，指按照一定的数据模型，在计算机系统中组织、存储和使用的、互相联系的、信用信息的数据集合。它所收集和保存的信用信息是出于具体、明确、合法的目的，是准确、连续、动态、及时更新的，以可处理形式存储。出于信用信息使用的目的，征信数据库必须规定一种以上的搜索原则。就征信数据库的内容而言，它有三种不同的设计模式：

（1）信用信息登记系统。它是信用信息报告的方式之一，但通过这种方式报告的信息是有限的。它实行会员制，信息主要来源于商业银行和非银行金融机构，也主要向这些机构提供服务和授信决策的技术支持，而不面向大量的工商企业开放其信用信息。欧洲许多国家的中央银行都建立有这样的系统。根据所采集的信息的性质，它又可以分为企业贷款信息登记系统和个人信用信息登记系统。目前，我国中央银行建立了企业贷款信息登记系统。

（2）负面信息报告系统。出于保护企业商业秘密或个人隐私权的考虑，征信数据库中往往仅收集负面信息，而不允许征信机构利用正面信息来评价企业或个人的信用价值。澳大利亚等国家在个人征信数据库的建立方面采取的就是这种方式。

（3）全面信息报告系统。数据库向所有机构或个人开放。

8. 信用调查和信用评分

信用调查是征信机构接受客户委托，依法通过信息查询、访谈和实地考查等方式，了解和评价调查对象信用状况，并提供调查报告，为决策人授信，处理逾期账款和经济纠纷，选择贸易伙伴，签约等决策提供参考的活动。

信用评分是运用统计方法，基于过去的经验，对消费者或中小企业未来信用风险的一个综合评估。

9. 信用评级

信用评级也称为资信评级或资信评估，是信用评级机构根据独立、客观、公正的原则，对债务人在未来一段时间如约偿还债务的能力和偿还意愿的综合评价。这种评价以简单、直观的专用符号标示不同信用等级，从而揭示债务的信用风险。在进行信用评级时，信用评级机构采用的评级方法很多，如 Z 计分模型、期望违约率模型、信用转移矩阵模型等。

信用评级主要包括两类业务：一是对固定收益证券（如企业债券、上市公司可转债、货币市场与债券市场基金、资产证券化）评级，这是传统的评级，也是主要的评级业务，其主要作用是减少资本市场上的信息不对称，保护投资者的利益。二是对企业（包括各类工商企业，银行、保险公司、证券公司等金融机构以及担保机构等）整体债务偿还能力和风险的评级，也可称为企业信用质量评级、机构评级或个体评级。近年来，信用评级也被用于银行信贷决策、担保决策、资产风险评价与定价及企业信用形象树立等领域。

信用评级直接为投资者的决策提供参考，并以此间接地为评级对象服务。其基本作用是揭示信用风险，将被评企业或其所发行证券的信用状况以简单的符号公之于众，使投资者快速、方便地得到客观、简明的信用信息。按照风险与收益对等原则，投资者参考信用评级，据此估算出违约概率和风险的大小，再结合其他市场因素，就可以对债券等债务工具的价格进行合理的定价，做出投资与否的决定。

10. 信用报告

信用报告是指征信机构以合法的方式从不同渠道收集信用信息，进行整理和加工后提供给经过授权的使用人的书面报告。信用报告包含了反映某个企业或个人信用历史、信用能力和信用价值等信用状况的各类信息，包括信息主体的基本定位信息、信用交易信息、公共记录、信用查询记录和争议记录等，企业信用报告往往还包含财务信息。

信用报告包括消费者信用报告和企业信用报告。

关于消费者信用状况的调查报告称为消费者信用报告。它具体指征信机构以任何书面、口头或其他通信手段传递的任何信息，该信息与一个消费者的信用价值、信用历史、信用能力、品行、一般信誉、个性或生活方式有关。

关于企业信用状况的调查报告称为企业信用报告。与消费者信用报告不同的是，企业信用报告不是将"征信调查工作底稿"所载信息进行简单的罗列，而是将通过现场核实并经过统计处理的信息，经过一套符号或检索系统的逻辑排列后，以国际流行的企业信用报告形式或者通过风险指数分析表述其信用状况。

（三）信用与征信的区别

信用的形式主要有四种：国家信用、企业信用、个人信用和其他信用（如投资信用、金融租赁或补偿贸易）；相对应的信用产品有：国债、商业赊销、商业票据、信用卡、商品特别是住房和耐用消费品信贷等。虽然信用产品和征信产品最终的服务对象都是个人、企业或其他机构，但是它们的表现形式不同。信用产品和服务由信用发放机构提供，征信服务和产品由征信机构提供。

二、征信的特征

（一）独立性

征信机构是第三方中介机构，独立于信用交易关系之外，它在采集、整理和分析自然人、法人或其他组织的信用信息资料，并以此为基础对外提供信用信息咨询、调查和信用评级等服务时都处于独立的地位。这种独立性能确保征信活动结果的公平、公正和公开。

（二）信息性

征信活动以信用信息为原料，它源于信用信息，也止于信用信息，不参与具体的经济活动，只参与价值的分配过程。

（三）公正性、客观性

征信活动涉及国家安全、企业商业秘密和个人隐私，信用信息的加工、整理、保存或出售，都必须基于客观中立的立场，依据真实的材料，按照一定的评估程序和方法，提供规范的征信产品和服务。

（四）时效性

由于征信对象的信用状况处于不断变化之中，征信结果反映的只是一定时期内的情况，只在一定时期内有效，因此征信数据必须时时更新，以确保征信结果的时效性。

三、征信在经济运行中的作用

（一）征信使授信人的风险降到最低

征信最基本的功能是了解、调查、验证他人的信用，使赊销、信贷活动中的授信人能够比较充分地了解信用申请人的真实资信状况和如期还款能力。通过信用信息的传输来降低信用信息不对称的困境，起到约束市场交易各方的行为，使授信人的风险降到最低。

（二）征信活动使信用信息都在征信机构掌握之中成为一种可能

由于征信机构掌握的信用信息覆盖面广，信用结果的传播速度也快，失信惩戒机制的作用能得到最大限度的发挥，使受信人（债务人）认识到守信的重要，失信获得的利益仅是一次性的，而经济惩罚则是长期的、广泛的。

（三）征信可以起到一种无形的导向作用

征信的存在使信用变成一种潜在的经济资源，信用报告可以成为政府、企业或个人进入信用社会的一种资格证明，成为从事契约活动的通行证，从而对受信人的行为起到制约和规范的作用，提高全社会的信用观念。

正是因为征信具有上述作用，征信行业才逐渐发展成为市场经济中不可或缺的一环。

第二节　征信体系概述

一、征信体系的含义

一般来讲，征信体系被定义为征信法律、法规体系，征信机构，征信市场，征信业务，征信行业标准，征信行业监管和征信科研等方面的总和。征信法律、法规体系是指直接或间接与征信行为和征信机构有关的法律、法规，一般由一组法律、法规构成。征信机构是指各种投资主体参与建立的专业和非专业征信机构，其业务主要包括信用信息收集、信用评级等。征信行业标准主要指在信息交换、信息识别和产品格式等方面的标准，一般由行业主管部门或行业协会制定，具有强制执行或建议执行的特点。征信行业监管是由政府部门或政府授权部门对征信机构的运营以及征信市场的秩序进行监督和管理。征信科研是国家教育科研体系中的组成部分，主要研究开发征信产品，负责征信教育等职能。

现代社会的一个重要特点是综合性不断强化。在一个经济体内部，任何行业的存在和发展都不再是孤立的现象，只有在法律、教育、政府监管、产品研发和市场开拓等一系列辅助工具的密切配合和支持下，才能得以健康成长。如果不是这样，一个行业就无法融入社会经济发展的主流，从而被边缘化，最终难逃被挤出经济体的命运。与其他行业相比，征信行业的发展对法律、教育、科研、宣传的依赖性更为突出，这是由征信行业的特定属性决定的。要发展我国征信行业并以此促进国民经济的健康成长，就必须从建立、健全征信体系的整体战略着手，不仅重视征信机构的建设和发展，同样也要高度重视征信法律、法规制定，征信市场培育，征信教育和宣传等方面的问题。

二、征信体系的主要内容

（一）征信法律、法规体系

征信法律、法规体系是由若干部与征信相关的法律、法规组成的整体。在发达国家，征信法律、法规体系一般由十几部甚至几十部法律组成。以美国为例，与征信有关的法律大约有 16 部之多，且都以不同的方式规范征信活动。主要的法律包括：《公平信用报告法》、《平等信用机会法》、《公平债务催收作业法》、《公平信用结账法》、《信用卡发行法》等。在这些法律中，有些是征信的关联法律，像《信用卡发行法》、《公平债务催收作业法》等属于这类法律；还有一类属于征信主体法律，如《公平信用报告法》。

在征信活动中，规范征信活动的基本法规是《公平信用报告法》，这部法律对征信活动的主要方面都有涉及，包括：

（1）立法目的。表明立法的宗旨，同时也表明所立法规的倾向性。

（2）信息征集的目的和动机。具体明确信息征集的目的和动机，保证任何信息的征集行为都处在合理的动机之下。

（3）信息的采集。对信息征集范围进行明确界定，并明确敏感信息的征集条件和方法。

（4）信息的保存。对所征集信息的存储进行规定，包括存储方式、安全性措施以及有关信息的保存时间等。

（5）信息披露和使用。对信息的披露方式、使用范围和使用方式进行规定。

（6）有争议信息的纠正。对有争议的信息或错误信息的纠正程序、费用负担、纠正完成时间长度进行规定。

（7）特殊情况下个人信息的使用。对各种特殊情况下个人信息的使用进行规定，比如涉及国家安全等若干方面。

在我国，由于征信行业发展还处于起步阶段，因此征信立法基本上属于空白。尽管在我国现有的法律、法规中，有一些涉及征信业务，如《中华人民共和国商业银行法》、《中华人民共和国公司法》、《中华人民共和国合同法》、《中华人民共和国票据法》、《储蓄管理条例》、《中华人民共和国贷款通则》等都属于征信的附属法规，但仍然缺少征信的主体法规。

（二）征信机构

征信机构是征信活动的组织载体，是征信市场的参与主体。因此，征信机构是一个国家征信体系的重要组成部分，是征信体系整体发展水平最重要的标志。没有运作高效、能够提供高质量征信产品的征信机构，即使其他方面发展很完善，也很难说征信体系具有健康、良好的整体发展状况。

随着征信行业在世界各国的发展，征信机构为适应市场的需要而不断演化。时至今日，征信机构种类繁多，征信产品也从初期为客户提供的黑名单发展成为由低端到高端的系列产品组合。根据投资主体和征信机构经营目的的不同，目前世界各国征信机构可以划分为公共征信机构和商业征信机构两类。从征信机构业务侧重点划分，征信机构又可以分为以收集、整理和销售征信信息为主体业务的征信机构和以信用评级为主要业务的征信机构。前者一般拥有庞大的征信数据库，在征信市场上主要出售低端征信产品；后一类机构借助前者的征信数据进行信用评级，一般没有大型的征信数据库，在征信市场上主要出售高端征信产品。当然，征信机构还有许多其他的分类方法，但是从征信业监管的角度出发，对征信机构作上述划分比较便利。

（三）征信行业监管

由于征信行业涉及多方面当事人，是一个全新的、专门的服务行业，直接关系国家的信用制度建设，有必要设立或指定一个部门实施征信行业的监督管理。从国外情况看，各国大都有征信监督管理机构。从各国征信行业监管实际情况看，征信行业监管的主要范围和内容包括四个方面：其一，征信机构的市场准入。市场准入是几乎所有行业监管的基本内容。对于特种行业的监管，无一例外实施市场准入管理。对直接关系个人、企业经济利益，关系商业银行经营风险和金融系统安全全局问题的征信机构，各国一般都采用比较严格的准入管理。其二，对征信机构经营合规性的监管。主要包括征信数据采集、披露程序和手段的合规性。对采用违反法律规定的程序和手段采集和使用数据的行为有权进行处罚。其三，对征信信息安全性的监管。在世界各国，一般都把征信信息作为国家经济信息安全的管理范围，对征信数据库的安全性以及征信数据的跨国流动进行严格的检查和监督。其四，对由于征信信息真实性问题引起的纠纷进行行政裁决。对于涉及的有关违法行为，征信监管部门接受司法部门的咨询，为征信法律纠纷的司法裁定提供帮助。

（四）征信行业标准化建设

近年来，我国征信行业在各地政府和有关部门的推动下不断发展，但是征信行业标准化建设相对滞后。为了保证现阶段和今后我国征信行业的规范建设与发展，亟须开展征信行业标准化建设工作，这对于保证征信行业建设少走弯路，提高建设效率，确保系统安全可靠，尽量规避系统建设风险，都具有重要意义。

征信行业标准化建设的目的是，建立并不断完善全国征信行业标准体系，为征信体系建设提供支持与服务；制定一批征信技术关键标准，为系统实现互联互通、信息共享及信息安全奠定基础；建立征信体系标准贯彻实施机制，为征信体系工程建设提供有效服务。综合看来，征信行业标准化建设具有三方面的作用：其一，通过制定（修订）和采用标准，实现与国际标准的接轨，开拓行业业务种类和范围，提升征信行业的综合竞争力；其二，通过贯彻和实施标准，保证全国征信行业的运作保持高度统一和协调，为征信行业的科学管理奠定基础；其三，用标准化建设指导行业建设，避免重复建设和资源浪费，促进行业的高效率发展，从而达到降低行业建设与运营成本、提高社会经济效率的目的。

为了做到既提高信息共享效率，又避免限制征信机构的自由选择空间，对行业标准的制定应采取少而精的原则，仅对影响信息共享的关键环节制定标准。主要包括三项内容：其一，信息标志标准，包括企业身份标志代码选择和个人身份标志代码选择。企业主要以全国组织机构代码为身份标志代码，个人主要以身份证号码为标志代码。通过对信息主体的规范化描述，保证不同系统间信息主体的唯一性，用于信息的整合和信息共享。其二，信息分类及编码标准，包括有关企业与个人所有信息的分类与编码标准。在征信行业内部，最大限度地避免出现信息命名、定义、分类和编码的混乱现象，提高信息共享效率。其三，网络通信标准，包括网络通信中的链路层和网络层应采用的标准。

（五）征信教育与市场培育

完整的征信体系不能缺少征信教育和市场培育。征信教育在征信体系中发挥着培养征信专业人才、开发征信新产品的作用。可以这样讲，一个国家如果缺少设置完善、质量过硬的征信教育，就不可能有发达的征信市场，更不存在总体发达的征信体系。

市场培育是推动征信市场的基本动力源泉。从世界各国征信发展的经验看，征信市场的发展总是伴随着经济主体信用意识的不断增强。一个有秩序、快速发展的征信市场需要多方面的培育，其中包括政府的相关政策扶持，同时还要增加宣传教育的力度，提高公众的信用意识，拓宽征信市场。

第三节　国外征信体系

一、国外征信法律、法规体系

世界各国的经验表明，征信立法对信用征信业的发展具有十分深远的影响。在协调个人权利保护与征信行业发展的矛盾方面，立法的不同倾向必然导致国家之间征信行业长期发展结果的巨大差别。欧洲国家信用征信起步时间与美国大致相同，但是由于欧洲国家更为重视个人隐私的保护，对征信机构的限制较多，征信机构的运作成本较高，诸多原因最终导致欧洲国家在征信方面落后于美国。近年来，欧洲国家已经开始意识到立法倾向对征信行业发展的影响及其后果，对一些法规着手进行修订。

（一）主要经济发达国家征信立法的基本情况

尽管西方工业国家开展征信活动已经有一个多世纪的历史了，但世界各国对信用信息征集活动的立法普遍较晚，完整的立法大多开始于 20 世纪 90 年代。意大利 1996 年颁布《数据保护法》，瑞典 1998 年通过《个人数据保护法》，英国 1998 年颁布《数据保护法》，西班牙 1999 年制定《个人数据保护法》。美国的征信立法与欧洲一些国家相比虽然较早，但作为信用报告活动的核心法规《公平信用报告法》到 1970 年才正式颁布。

从世界各国的情况看，多数国家的征信立法主要针对个人数据的保护，涉及企业征信的内容很少。美国《公平信用报告法》中的一些条款也涉及企业，但主体是关于个人权利保护的。在欧洲，目前还没有针对企业征信的立法文件。这一现象可能与欧美国家的法律体系有关，一些关于企业商业秘密的保护条款已经存在于相关的法律中；另一个原因可能是与企业相比，个人处于更为弱小的地位，需要提供更多的法律保护。

从征信法规的使用范围看，大部分国家没有为信用征集活动或机构单独立法。除美国以外，几乎所有其他经济发达国家都以个人数据保护为主要立法对象，信用征信只作为个人数据保护法的规范对象之一。从英国《数据保护法》到瑞典的《个人数据保护法》，再到加拿大的《个人信息保护和电子文档法》，其法规的使用范围不仅包括个人信用信息征集活动，还包括医疗、市场营销等一系列可能涉及个人信息登记的活动。国际法方面，联合国、经济合作与发展组织和欧洲委员会先后制定的有关公约，同样也是以广泛意义上的个人数据保护为立法对象。由于征信体系的建立和运行必然涉及一部分属于个人隐私范畴的内容，在现代社会日益重视个人隐私保护的背景下，需要通过立法的方式调节隐私保护与征信活动之间的矛盾。从根本上讲，各国征信立法的基本目的就是调节这一矛盾，但各国的倾向性有很大差别。

在世界范围内，各国的征信体系基本由两类机构组成：一类是公共征信机构，另一类是私人征信机构。尽管公共征信机构与私人征信机构在许多方面存在差别，但各国在立法上并没有对两类机构予以区别，而是采用统一标准进行规范。

（二）各国征信法律、法规的基本内容

每个国家涉及征信的法律、法规内容和结构都不一样。美国没有全面的个人数据保护法，对个人隐私权的保护和个人数据收集与使用的法律基础是在多年的法庭判决中逐步发展完善的，已经收录在关于政府和私人机构数据库的法律中。美国的相关法规《公平信用报告法》，是规范征信活动的核心法律，尽管《公平信用报告法》的使用对象不仅仅是个人，也包括企业和机构法人，但是该法的重点是对个人数据的保护；加拿大的相关法规是《个人信息保护和电子文档法》；英国的相关法律是《数据保护法》；瑞典的相关法律是《个人数据保护法》。后三个法律都采用了综合法形式，美国的《公平信用报告法》属于单独法范畴。

二、国外征信机构及行业管理

（一）各国征信机构的组织模式

1. 征信机构的组织模式

征信机构在全球范围内有两种组织模式：一种由政府投资组建，作为政府部门，以行政机构形式存在；另一种由企业或个人投资组建，以企业形式存在。前者一般被称为公共征信机构，后者被称为私人征信机构。非政府部门开设的，即使是非营利性的征信机构，也被称为私人征信机构，这些机构是征信市场上信用信息产品的主要生产者和提供者。

公共征信机构主要是指由政府部门出资建设，以金融监管为主要目的的征信机构。大多数国家的公共征信机构都是由中央银行或金融管理部门建立的。按欧洲中央银行委员会的定义，公共征信机构旨在给商业银行、中央银行和其他银行监督机构提供有关整个银行系统的公司和个人债务状况。

公共征信机构一般带有公益性质，具有三个方面的特点：一是在数据收集和使用方面，主要参与者是银行和其他类型的金融机构。这些机构向公共征信机构定期报送有关企业、个

人的金融交易数据。数据范围不仅包括负面信息，同时也包括正面信息。数据报送机构享受的权利是免费使用公共征信机构的数据。二是在机构运作方式上，一般由中央银行或金融监管部门操作或主管。三是在服务的目的上，该类征信机构为商业金融机构提供信息共享平台，同时也为中央银行的监管提供必要的信息。世界银行的调查显示，世界主要经济发达国家大部分都建有公共征信机构。

私人征信机构的出现早于公共征信机构，私人征信机构早期是区域性、行业性的，或是作为生产或商业企业的附属机构存在。随着信用经济的扩展和科学技术的进步，私人征信机构在兼并整合的过程中，逐步产生了一批跨行业、覆盖全国，甚至跨国界的专业信用调查机构。

私人征信机构主要是商业性的征信机构，主要特点有：其一，以营利为基本目的，在数据收集、使用等许多环节的运作方式上与公共征信机构不同。其二，数据收集范围与公共征信机构相比更为广泛。

世界上第一家公共征信机构起源于欧洲。1934年，德国成立第一家公共征信机构。在以后的20多年间，公共征信机构发展缓慢，只有法国、智利、土耳其等几个国家建立了公共征信机构。20世纪60~80年代，公共征信机构的发展逐渐加快，有22个国家建立了公共征信机构。2000年以后，无论是私人征信机构，还是公共征信机构，都进入了一个快速发展时期。在世界银行调查的30个有公共征信机构的国家中，有14个国家的公共征信机构是在1990—2000年期间建立的。与此同时，征信业最发达的美国处于行业合并与大征信公司对外扩张和并存的时期。20世纪80年代中期以后，美国独立的征信机构从2 000多家减少到2000年的400家。而这400家机构中只有三四家具有大型征信数据库，其他的大多数主要作为这少数几家征信机构的上游或下游中介服务机构存在。

2. 两种征信机构组织模式的比较

由于公共征信机构和私人征信机构在建立目的上存在根本区别，二者在信用信息的收集、整理、发布和机构的安排上也有诸多不同。在信用信息的收集方面，私人征信机构收集信息的渠道、范围等比公共征信机构要广泛得多。公共征信机构通常是对金融机构强制性地收集企业或个人的信用信息，而私人征信机构以合同方式收集信用信息。由于公共征信机构主要为金融监管服务，因此仅收集规定限额以上的企业（贷款大户）的信用信息和与防范金融风险有关的个人信用信息。在信用信息的发布方面，通常公共征信机构整理的数据只提供给为公共征信机构提供数据的金融机构和银行监督机构，而且通常提供汇总数据和当期数据，不提供历史数据。

公共征信机构和私人征信机构不是简单的取代关系，而是互补关系，它们相互补充，成为一个国家征信体系的重要组成部分（见表5-1）。

表 5 - 1　两种征信机构组织模式的比较

不同特点	公共征信机构	私人征信机构
制度类型	政府建立	各种经营性组织及个人建立
信息来源	被监管机构	各种来源
采集信息的方式	强制上报	合同、协议采集
采集信息的内容	正面、负面信息	某些情况下收集正面信息
采集信息的范围	只采集大额贷款人信息	根据需求，依法全面采集
提供信息的范围	对非成员保密	依法对外提供
对计算机技术的依赖程度	严重依赖	一般
工作人员	很少	相对较多
服务费	不收或少收	收

3. 两种征信机构组织模式的选择

公共征信机构和私人征信机构两种组织模式各有利弊，不同的国家、不同的地区，由于法律安排、文化背景、社会信用基础不同，其利弊表现亦不同。征信机构采用哪种组织模式更为有利不能一概而论，要根据具体情况权衡利弊。分析世界各国征信业的发展历史可以发现，征信机构组织模式的选择一般有三种情况。

（1）只有私人征信机构。如征信业最早出现的美、英等国。这些国家选择私人征信机构模式，原因有二：其一，历史的原因。征信机构出现之前，个人信用信息主要通过由亲属、婚姻、宗教或其他私人关系联系起来的商人组成的网络流传；另外一条途径是商人组织内部，比如圆桌会议、联合会，以及互相保护协会等。在此基础上，逐步演变为以营利为目的的专门信用报告机构，这些机构大多是由商人组织集资筹建起来的，是商人自发性组织，主要为商人扩大经贸范围，提高交易安全性服务，一开始就与政府没有直接的联系，只是后来为了规范征信市场，政府才从法律安排、监督管理等方面介入。其二，社会环境的原因。征信业最初于19世纪20至50年代出现在美国，这个时期是美国现代民主思想开始形成的阶段，其政治特点是"自由"、"公平"和"机会"。在这样的环境里，稳定封闭的组织不太可能得到发展，这就使得早期信用报告机构极力追求开放、充满活力并且透明的运作机制，这种运作机制更适合私人机构组织模式。这两种原因使这些国家的征信机构以私有形式生存并发展起来。加上这些国家在较长时间的征信实践中获得了较好的社会信用基础和法律环境，因此，这种组织模式的征信机构可以比较好地满足社会需求。

（2）公共征信机构与私人征信机构并存。选择两种组织模式并存的国家，一般都是由于一种组织模式的征信机构受到法律、社会信用基础等外在条件的制约，难以发挥完整的征信作用，为了弥补效能缺失，以另一种组织模式的征信机构来补充。二者之间互为补充，拾遗补缺，形成一个国家完整的征信体系。

（3）只有公共征信机构。这种安排有两类情况：一类是法律安排没有私人征信机构的活动空间，或者活动空间太少，私人征信机构难以大规模发展，征信活动只能通过公共征信机构来完成。当然，不排除某些国家公共征信机构运行机制比较完善，能够较好地满足社会需求，不需要私人征信机构加以补充的可能性。另一类是没有征信活动基础，社会信用意识较差，信用信息供给匮乏，市场需求不足，只能依赖政府用强制手段来推行。

从目前看，虽然各国征信机构组织模式的选择不完全相同，但随着一国法律安排、社会信用基础这些外在环境的变化，也会出现新的变化。总之，征信机构组织模式的选择不是一成不变的，关键要看在一个特定的环境里某种模式是否具备生存条件和更能发挥有效作用。

（二）各国征信机构的分类及主要业务

1. 征信机构的主要分类

从目前世界各国征信机构发展情况看，征信机构的分类大体有以下几种：

（1）按业务模式可分为企业征信机构和个人征信机构两类。企业征信机构主要是收集企业信用信息、生产企业信用产品的机构；个人征信机构主要是收集个人信用信息、生产个人信用产品的机构。有些国家这两种业务职能由一个机构完成，也有的国家是由两个或两个以上机构分别完成，或者在一个国家内既有单独从事个人征信的机构，也有从事个人和企业两种征信业务的机构，一般都不加以限制，由征信机构根据实际情况自主决定。依据业务模式，美国的征信机构主要有三种：其一，资本市场信用评估机构，其评估对象为股票、债券和大型基建项目；其二，商业市场评估机构，也称为企业征信服务公司，其评估对象为各类大中小企业；其三，个人消费市场评估机构，其评估对象为消费者个人。

（2）按服务对象可分为信贷征信机构、商业征信机构、雇用征信机构，以及其他征信机构。信贷征信机构的主要服务对象是金融机构，为信贷决策提供支持；商业征信机构的主要服务对象是批发商或零售商，为赊销决策提供支持；雇用征信机构的主要服务对象是雇主，为雇主用人决策提供支持。另外，还有其他一些征信活动，诸如市场调查，债权处理，动产、不动产鉴定等。各类不同服务对象的征信业务，有的是由一个机构来完成，有的是在拥有数据库的征信机构上下游的独立企业内完成。

（3）按征信范围可分为区域征信机构、国内征信机构、跨国征信机构等。区域征信机构一般规模较小，只在某一特定区域内提供征信服务，这种模式一般在征信业刚起步的国家存在较多，征信业发展到一定阶段后，大都走向兼并或专业细分，真正意义上的区域征信机构随之逐步消失。国内征信机构是目前世界范围内最多的机构形式之一，尤其是近年来开设征信机构的国家普遍采取这种形式。跨国征信机构这几年正在迅速崛起，此类征信机构之所以能够在近年得以快速发展，主要有内在和外在两方面原因：内在原因是西方国家一些老牌征信机构为了拓展自己的业务，采用多种形式（如设立子公司，合作，参股，提供技术支持，设立办事处等）向其他国家渗透；外在原因主要是由于世界经济一体化进程的加快，各国经济互相渗透、互相融合，跨国经济实体越来越多，跨国征信业务的需求也越来越多，为了适应这种发展趋势，跨国征信这种机构形式也必然越来越多。但由于每个国家的政治体制、法律体系、文化背景不同，跨国征信的发展也受到一定的制约。

总之，征信机构的分类是多元化的，因为征信机构的存在形式各不相同，业务范围有大有小，信用产品有多有少，这里的分类并不是唯一的，主要是为正确区分征信机构的功能提供参考。

2. 征信机构的主要业务

征信机构的主要业务包括征信数据的采集、信用产品的生产、信用产品的提供及信用评估（企业资信调查及评估，消费者信用调查及评估，资产信用调查及评估）等。

（1）征信数据的采集。综合各国征信机构的做法，征信数据的采集不外乎以下几大类：

个人征信数据的采集内容主要有：其一，基本信息，包括姓名、身份证号码、职业、住址等；其二，银行信用信息，包括贷款记录、还款记录、信用卡使用额度记录等；其三，关联信用信息，包括担保、质押、抵押记录等；其四，商业信用信息，包括赊销信用额度记录、还款记录、合同履约记录等；其五，公众信用信息，包括涉案记录、公用事业缴费记录、缴税记录、社会保险记录等；其六，个人自愿披露的信息，包括披露的内容、时间、公证记录等。

企业征信数据的采集内容主要有：其一，基本信息，包括机构名称、机构代码、机构性质、注册地址、经营地址、注册资本、历史沿革记录等；其二，资质信息，包括注册商标记录、产品准产证记录、知识产权记录、质量认证记录等；其三，所有者和经营者信息，包括法人代表记录、主要股东记录、主要管理者记录等；其四，银行信用信息，包括贷款记录、还款记录等；其五，关联信用信息，包括担保、质押、抵押记录等；其六，商业信用信息，包括赊销信用额度、商账还款记录、合同履约记录等；其七，财务信息，包括资产负债记录、利润分配记录、现金流量记录、财务警示记录、财务审计记录等；其八，公众信用信息，包括涉案记录、处罚记录、不良社会信用记录、缴税记录等；其九，媒体披露信息，包括披露来源、披露时间、披露内容描述等；其十，自愿披露信息，包括披露时间、披露内容、发布人、披露内容公证记录等。

（2）信用产品的生产和提供。征信机构一般以信用报告的形式提供征信数据。公共征信机构数据最常见的接收者是提供数据的金融机构以及中央银行和银行监管机构。使用私人征信机构数据的客户范围较广，包括其他私人企业和其他私人信贷系统提供者，甚至有相当大的一批私人征信机构向公共征信机构提供数据。公共征信机构向金融机构提供数据，最常见的方式是提供借款人所有贷款的汇总。这样，针对每个人或每个公司只需列出一项数据，而不是列出每一项未付贷款的详细记录。而私人征信机构在大多数情况下，可能提供借款人每一项贷款的详细信息。世界各国征信机构提供的信用报告并没有统一的格式和标准，各机构提供的信息也不完全一致，并且根据市场需求也都在不断演进。

（3）信用评估。所谓信用评估，是指在对被评对象的企业（个人）素质、外部环境、财务状况、发展前景，以及可能出现的各种风险等进行分析的基础上，对被评对象偿债能力和可信度进行独立、客观、公正的评估，并以专用符号表示评估结果。

三、国外对征信行业的管理

由于征信数据及其处理结果在某种程度上非常敏感，因此各国政府对此都要进行管理。但由于不同国家的政体不同和法律安排的差异，管理模式不完全一样，监管框架也有很大区别。无论采取何种管理模式，一个成熟的征信国家一般都具备完善的征信法律体系，明确的政府管理职能和失信惩戒机制，以及功能明确、能够正常发挥作用的自律组织。

（一）完善的征信法律体系

美国有比较完备的涉及信用服务各方面的法律体系，将信用产品加工、生产、销售、使用的全过程纳入法律范畴。这些法律主要有：《公平信用报告法》、《平等信用机会法》等16部法律。法制建设主要围绕两个方面来保证征信机构的良性运行。

1. 信息公开的法制建设

信息公开又称行政公开，其主要含义是，政府有义务公开政府在行使行政管理权过程中形成的各种信息，或者说公民个人或团体有权知悉并取得行政机关的文件、档案资料和其他信息。美国建立了信息公开的法律制度，最重要的法律是1966年的《信息自由法》、1972年的《联邦咨询委员会法》和1976年的《阳光下的联邦政府法》。上述三部法律改变了过去行政机关对政府文件的态度，是美国政治、法律领域的一次革命性变革。

2. 保护消费者权益的法制建设

美国拉动经济增长的主要动力是消费需求，在三大需求中消费对 GDP 的贡献率一直在 80% 以上，在消费需求中居民消费需求又占 80% 以上。居民消费采取的主要方式是消费信贷和分期付款，即使支付现金，一般也采用信用卡的形式。消费者的消费行为和自己的信用资格的关联度越来越大，如果消费者的信用等级不高，就会直接影响借贷和购物的便利。如果信用局提供的信用产品出了问题，运用的信息来源有错误，就会对消费者造成损害。在信用交易呈几何级数扩张的情况下，对消费者合法权益的保护就格外重要。美国涉及消费者权益保护的法律主要有：《消费信用保护法》、《统一消费信用法典》、《公平信用报告法》、《隐私保护法》和《平等信用机会法》等。

（二）明确的政府管理职能和失信惩戒机制

征信国家征信体系的重要功能，是明确政府管理部门的职能和建立失信惩戒机制。

美国政府对信用服务法案的主要监督和执法机构分为两类：一类是银行系统的机构，包括财政部货币监理办公室、联邦储备系统和联邦储蓄保险公司；另一类是非银行系统的机构，包括联邦贸易委员会、国家信用联盟办公室和储蓄监督局。这些政府管理部门对信用服务主要有六项功能：其一，根据法律对不讲信用的责任人进行适量惩处；其二，教育全民在对失信责任人的惩罚期内，不要对其进行任何形式的授信；其三，在法定期限内，政府工商注册部门不允许有严重违约记录的企业法人和主要责任人注册新企业；其四，允许信用服务公司在法定的期限内，长期保存并传播失信人的原始不良信用记录；其五，对有违规行为的信用服务公司进行监督和处罚；其六，制定执行法案的具体规则。对失信者的惩戒，除了政府的上述做法外，还主要依靠大量销售各类信用服务公司生产的信用产品，对失信者产生强大的约束力和威慑力；依靠整个社会对失信者进行道德谴责，使人们与之交易时持有限信任；依靠对失信者信用产品负面信息的传播和一定期限内的行为限制，使失信者必须付出昂贵的失信成本。其产生的结果，一是不能让不讲信用的人自在、方便地生活在社会上，二是不能让不讲信用的人有机会将生意扩大。

（三）自律组织

作为一种自律组织，日本银行业协会建立了非营利性的银行会员制征信机构，一般是由银行等金融机构自愿出资联合成立的独立于借贷双方的信用局。该征信机构在收集信息时要付费，在提供信息服务时也要收费，以保持征信机构的发展，但不以营利为目的，靠法律和行规维持运作，只有会员才能获得征信机构提供的信息，同时各会员单位有义务向信用局提供其掌握的准确而全面的信用信息，通过信息互换实现征信服务。

四、国外征信标准化

（一）国外征信标准化的产生

世界上第一家被称为信贷报告机构的组织成立于 1830 年，但直到第二次世界大战后信贷报告业才得到迅速发展。第二次世界大战以后，信用消费开始成为美国经济的一个重要组成部分，几乎每一个城市都有信用报告体系。当然，由于并没有进行大规模的数据采集和数据处理，征信标准化也就未被提及。自 20 世纪 80 年代以来，随着全球经济一体化程度的提高和通信技术的发展，一些大型的征信公司开始出现。为了完善其全球服务网络，它们纷纷建立庞大的全球企业数据库。为了保证信息共享和系统的互联互通，制定了一些国际上公认的信息技术和通信类标准，同时企业也制定了适合企业内部的企业标准。随着征信业务的不断发展，先进网络、信息技术的发展和应用，征信标准化变得越来越重要。征信标准化的范围在拓展，进程在加快，征信标准化的成果也在不断地涌现。征信标准化工作通过制定和应用标准，实现了同一企业内部或者企业间、行业内信息传输格式的接轨，对开拓征信业务种类和范围，保持征信行业运作的统一，及提高行业效率都起到了很好的作用。同时，由于征信数据涉及个人隐私等方面内容，各国根据法律制定出数据采集、处理、发布等业务操作规范，并采用相应的安全标准，可以保证征信数据与征信产品的质量，提高数据安全性。

（二）国外征信标准化现状

当前，征信发达国家基本上广泛遵循国际上的主流信息技术标准、信息分类标准、企业标志标准、个人标志标准、代码标准、信息交换格式标准，以及信用评估业务标准等，没有或很少专门为征信制定相应的国家标准或行业标准。国际标准及事实上的工业标准为征信发达国家的征信体系建设奠定了良好的基础。

国际标准化组织、国际电工委员会和国际电信联盟都是专门从事标准化活动的全球性组织，它们从各自的角度开展信息技术标准化工作。同时，各大计算机与通信企业集团以其先进的技术产品为基础，通过技术协会或技术论坛等形式，在相互利益协调的基础上，推出了许多事实上的工业标准或行业标准，这些标准为各国征信体系的建设提供了重要的技术基础。

五、国际知名征信机构

世界著名的征信机构几乎都发源于欧美。自 19 世纪中期开始，欧美主要国家的征信机构纷纷成立。1830 年世界第一家征信机构诞生于英国伦敦。美国、法国、德国、日本的第一家征信机构分别创立于 1837 年、1857 年、1860 年和 1893 年。现代信用服务起源于 20 世纪 50 年代，从那时起，征信机构的业务开始超出传统的征信范围。20 世纪 80 年代以后，随着全球经济一体化程度的提高和通信技术的高速发展，已经建立起庞大的全球企业数据库的大型征信机构开始完善其全球服务网络。进入 90 年代后，西方大型征信机构开始了其服务功能上的转变，数据能力在快速组合功能方面基本完善，同时其技术标准和信息共享技术也逐步成熟，并取得了在其本国信息服务业市场竞争中的压倒性优势。

1. 美国信用局协会

美国信用局协会是一个国际贸易协会，它提供消费者信用、抵押报告、雇用和租赁情况及追收欠款服务。其总部设在华盛顿区，提供立法帮助以及对成员的疏通和消费者报告代理，建立了消费者报告业的标准。

2. 邓白氏公司

邓白氏公司是美国历史最悠久的企业信用评级公司之一，成立于 1841 年，总部设在新泽西州的小城默里。在其 160 多年的发展历程中，邓白氏公司通过技术创新，不断开拓信用评级市场。1841 年，邓白氏公司创始人刘易斯·大班在纽约成立了第一家征信事务所；1849 年邓白氏公司出版了全球第一本商业信用评级参考书；1900 年出版了全球第一本证券手册；1963 年发明了邓氏编码；1975 年建立了美国商业信息中心；1990 年起提供完整的商业信息服务；2000 年起致力于电子商务的发展。为了在市场竞争中占有优势地位，邓白氏公司网罗了一大批一流的管理和专业人才。

经过 160 多年的发展，邓白氏公司成为一个全球性的征信机构，同时也是在纽约证券交易所上市的公司。20 世纪 90 年代，邓白氏集团拥有 15 个子公司，其中包括全球最权威的信用评级公司穆迪公司、美国最著名的黄页广告公司丹尼雷公司和美国最大的市场调查公司尼尔森公司，在全球拥有 375 个分公司或办事处，员工 80 000 多人，年产值达 50 多亿美元。

1994 年，邓白氏公司进入中国，在上海设立邓白氏国际信息（上海）公司，1996 年在北京设立分公司。几年来，邓白氏中国公司按照与国际商业标准和惯例接轨的要求，重点在市场开拓、信用服务、应收账款管理和商务培训等方面为中国企业提供信用咨询服务，采集了 50 多万家中国企业的数百万条信息，并通过引入邓白氏中国信用风险指数和邓白氏中国风险指数行业标准等，为国内上千家外商投资企业、上市公司、进出口公司和私营企业提供商业信用调查报告。公司在华业务发展稳定。

3. 益百利公司

第二次世界大战结束后，北美形成了世界最大的消费市场，依靠大型计算机数据库和先进通信手段的现代信用局在美国蓬勃发展。除欧洲的 EUROGATE 系统以外，其他巨型信用局的基地都在美国。在消费者个人信用调查行业的发展历史上，美国的益百利公司和 Chilton 公司都做出了不可磨灭的贡献。曾经长时间为世界消费者信用调查行业第一大规模的益百利公司，对行业发展更是做出了巨大贡献。在其消费者信用服务分部被兼并以前，益百利公司设在南加利福尼亚州的数据中心支持着这个庞大的消费者个人信用信息服务中心。该公司的征信数据库保存有近两亿份个人信用记录，可以按照行业规定的版式向其用户提供公民个人姓名、地址、年龄、婚姻、职业、公共记录、信用史等信息，并根据《公平信用报告法》的规定，向合格的订购者提供消费者个人信用调查报告。当时，益百利公司的用户被称为特约公司。为了不违反有关法律，在益百利公司的记录中，消费者的不良信用记录要被保存六年零六个月，而企业破产信息会被保留九年零九个月；消费者的良好信用记录将被永远保留。除标准的消费者个人信用调查报告以外，益百利公司还提供贷款评级和银行储蓄户评级等服务。

4. 全联公司

总部设在芝加哥的全联公司也是美国三大征信机构之一。全联公司 1988 年才开始提供美国全国性消费者信用调查报告，可以说它在短短几年内就跻身于美国三大征信机构之列。全联公司数据库中的 2.2 亿个消费者的姓名和档案资料，覆盖了北美的美国、加拿大、维尔京群岛和波多黎各。全联公司充分运用现代企业经营理念，兼并了一些地区性征信机构，并迅速在各个重要城市开设服务处。仅用两年时间，至 1990 年，全联公司已经直接拥有 45 家地区性征信机构和 220 家代办处。另外，全联公司还发展了一些海外分支机构，在 23 个国家拥有分公司，其中包括中国的香港地区。目前亚太区总部准备在上海建立代表处，在中国开展个人信用服务，并完善其全球网络。

第四节　我国征信体系的建立和完善

一、建立征信体系的总体设想和原则

信用是一种公共资源，信用体系是一国国民经济的重要组成部分。征信体系是一个信用体系的支持系统，是保证信用体系良好运行的基础。正是基于这样的原因，世界上所有的国家，无论是经济发达国家，还是发展中国家，都对征信体系的建设和发展给予了极大的重视。

（一）征信体系的建设原则和目标

在规划征信体系建设总体方案时，应把建设全国企业和个人征信体系的目标定位为：通过建设企业和个人的征信数据库，减少金融等交易中的信息不对称，降低交易成本，逐步形成全社会以诚信为本、操守为重的良好风尚，切实防范信贷风险，维护经济金融安全运行，促进社会主义市场经济持续、快速、健康发展。全国企业和个人征信体系的建设原则应当包括以下几个方面：

1. 从我国实际出发，同时借鉴外国经验

征信业在国外有100多年的发展历史，已经形成了完整的征信体系，积累了很多经验。但是鉴于各国国情的差异，每个国家的征信体系都应有自己的特点，因此，在建设我国征信体系的过程中，既要借鉴外国经验，又要立足我国的实际情况。

2. 从银行征信起步，逐步扩展与完善

银行征信是现代经济中信用活动的核心和基础。银行征信主要是以银行信用信息为主要信息来源，以商业银行为主要服务对象，以降低信贷等金融风险为基本目的的征信活动。从银行征信起步，既可以借鉴外国征信体系中以银行征信为核心的经验，又符合我国银行信贷风险是当前影响经济安全主要矛盾的实际情况。

3. 分步实施，先易后难，试点与规划并行，注重实用

征信体系由许多系统如信贷征信系统、商业征信系统和其他社会征信系统等构成，由许多环节如信息采集、整理、评估和使用等组成。建设我国征信体系是一项复杂的系统工程，要做好这项工作，必须有计划、按步骤，稳步推进，注重实效。

4. 统一规划，统一标准，实现信息共享

为了避免重复建设，征信体系必须在统一的规划下进行，各系统之间应有合理分工。为了实现征信行业内部的信息共享，各系统的建设必须遵守统一的行业标准。

5. 以市场需求为导向，满足市场经济的需求

在建设征信机构，尤其是政府推动建设征信机构的过程中，应当根据市场需求进行论证和规划，确保建设的征信机构能够满足金融机构和其他企业、部门对信用信息服务的需要。同时，在法律、法规，行业管理等方面也要为各类征信机构创造一个平等竞争、优胜劣汰的市场环境。我国企业和个人征信体系建设的目标是：

（1）在制定和颁布征信法律、法规的同时，修订相关的法律、法规，形成我国较为完整的、协调一致的征信法律体系。

（2）制定统一的行业标准和规范，使我国征信行业在一个较高的标准化水平上快速发展。

（3）建立包括行业管理和行业自律组织在内的、完整的管理体系。

（4）建立既有功能分工，又有市场竞争，运行高效的征信机构体系。征信机构要在满足目前市场主体信用信息服务需求的基础上，逐步把业务范围延伸到劳动就业、房屋出租、分期付款销售等方面。

通过以上几方面的工作，初步形成我国较为完整的企业和个人征信体系。

（二）征信法律建设

征信法律建设是我国企业和个人征信体系建设的一项十分重要的内容。征信立法对征信业发展影响深远，制定适合我国国情的征信法律是推动我国征信业快速发展的关键所在。根据各国征信立法的情况看，我国的征信主体法律至少应包含以下几个方面的内容：

1. 征信法律的适用范围和适用对象

征信主体法律的适用范围是征信活动，适用主体是征信机构，因此，应对信用信息、征信和征信机构进行明确规定。信用信息是指法人、自然人、其他组织等社会主体在借贷、贸易、投资、服务等社会经济活动中形成的，反映社会主体经济状况、履约能力、商业信誉等信用能力的信息。具体地讲，企业或个人在银行的贷款信息、还款记录以及在各种经济活动中债务违约记录等都属于信用信息范围。

2. 个人隐私、企业商业秘密的保护

在征信活动中，对个人隐私和企业商业秘密的保护是一个十分重要的问题。既要充分保护被征信者的权利和利益，又要考虑信用信息采集的完整性和征信机构信息采集和信息使用的成本问题。为此，在征信法律中应当通过禁止采集的敏感信息内容、禁止使用的信息采集方式以及授予被征信者知情权、异议权等办法妥善解决这些问题。征信机构不得通过签订排他性协议等方式独占应当共享的信用信息。关于知情权和异议权，法律应当规定：被征信自然人、法人和其他组织有权向征信机构查询本人或本机构的信用信息记录、相关信息来源、信息使用记录、信息使用客户及使用目的。被征信自然人、法人和其他组织若认为其在征信机构的信用信息不准确、不完整、不相关、已经过时或者是错误的，可以向征信机构提出异议，要求对有关信息予以更正或者删除。

3. 负面信息的保留时间

一方面，负面信息的保留对被征信者的信用行为形成强有力的制约作用，使每个企业或个人在从事各种交易活动时会想到，如果发生违约行为，这个不良记录就会被保留下来，成为以后其交易活动发展的障碍。为此，负面信息必须保留一定时间。另一方面，在企业或个人有过一次不良信用记录之后，还应当给予他改过或者刷新自己信用记录的机会，这既是我国在制定各项法律、政策时一贯坚持的宗旨，也是外国征信法律的通行做法。在我国的征信立法中，应全面考虑这两个方面的问题。

4. 信用信息的提供

征信法律应当对信用信息的使用和披露做出严格规定，目的是在实现降低金融交易风险预期的同时，避免对个人和企业信用信息的滥用，造成对被征信者利益的侵害。为此，征信法律应当着重考虑以下几种情况的处理：

（1）审判机关和检察机关为处理特定案件而进行的调查取证；

（2）行政机关、具有行政管理职能的事业单位的具体行政行为中的查询取证；

（3）基于被征信自然人、法人及其他组织书面同意而提供查询、评估等服务；

（4）已与或欲与被征信法人、其他组织建立合法的交易关系或合同关系，且提供相关证明材料的；

（5）具有向被征信自然人提供信贷、保险、租赁、担保、赊销等业务意向，并经被征信自然人书面同意，且提供相关证明材料的。

5. 有争议信息的处理

在征信过程中，可能出现被征信者对信息准确性和完整性提出异议的案件，对此，我国征信法律应当做出具体规定。

6. 征信监督管理

根据我国的实际情况，设立征信管理机构对于保证征信市场有序竞争、征信业健康发展是十分必要的。我国的征信法律应对征信管理部门的职责进行规定，为征信管理机构进行监督管理提供法律依据。

（三）征信行业标准化建设的设想

现代征信行业是建立在电子通信和信息技术平台基础上的高科技行业，从国外征信行业发展的现状和趋势来看，征信行业的标准化建设是保证征信行业高起点、高效率建设与发展的一项十分重要的基础工作。

征信行业的标准化是对业内重复性事物和概念通过制定、发布和实施标准使其达到统一，保证征信行业有一个有效、规范的运作秩序，防止资源浪费，实现资源共享的过程。征信行业的标准化工作由行业标准的制定（修订）、管理和实施等部分组成，是一项长期的、技术性很强的基础工作。

1. 编制征信行业标准的目的与原则

（1）编制的目的。编制征信行业标准的目的包括：避免行业建设中的资源浪费；保证信息在不同地域、不同部门的征信机构间顺畅交换，实现信用信息共享；保证征信数据与征信产品的质量；提高行业运行的安全性，促进征信行业有秩序、高效率发展。

（2）编制的原则。征信行业标准的编制，应贯彻"积极采用国际标准和国外先进标准"

以及"有国标，采用国标，无国标则采用行业标准"的工作方针，充分考虑征信行业在我国的发展现状，遵循科学性、全面性、系统性、先进性、预见性和扩充性的原则。

2. 需要编制的征信行业标准

（1）信息标志标准。包括企业身份标志代码和个人身份标志代码。通过该类标准对征信业务领域内的信息主体进行规范化的描述，保证不同系统信息主体的唯一性，以达到数据共享和数据交换的目的。可以考虑以全国组织机构代码作为企业身份标志代码。征信系统与全国组织机构编码中心联网，通过数据定期更新和数据校验等技术解决重码、错码和无码等问题。建议以公民身份证号码作为个人身份标志代码，同时与公安部合作编制在华外国人员身份证标志代码。征信机构与公安部通过技术合作可以保证个人身份标志代码的唯一性。

（2）征信信息分类及编码标准。这包括征信体系中所征集的有关企业与个人的所有信息的分类与编码标准。企业征信信息内容以银行信贷登记咨询系统指标为基础，扩充到税务、工商、社会保险、司法等部门。这些标准适用于征信体系的开发、数据库设计和信息的交换，可保证信息的唯一性及共享和互换。

（3）信用报告的标准版式。包括企业和个人信用报告的内容和格式。通过规范格式，提出报告内容的最低要求，不仅可使征信机构出具的信用报告能保证基本的信息量，保证征信产品的质量和使用者的权益，为有关部门解决征信服务中的纠纷提供依据，还可使信用报告方便地融入国际市场，有利于征信行业和产品的国际化。

（4）征信数据包格式标准。规定征信数据在联机和批处理交换时的数据包格式标准。

（5）网络通信标准。这包括网络通信中链路层和网络层应采用的标准，以及保证链路层和网络层通信安全的标准等。

（6）应用接口标准。这包括从信用数据的采集、独立征信机构间相互联机查询访问、跨系统应用服务访问到最终信用报告的产生这个过程中涉及的所有数据接口的标准。

（7）技术保障体系规范。这包括保证征信数据的采集质量、数据安全和征信体系规范建设的所有标准与规范。

二、我国征信立法

近年来，我国的征信业逐步发展，出现了一批为满足市场对信用信息公开的需要而建立的民营征信机构和外资征信机构。一些会计师事务所、律师事务所和咨询管理公司等中介服务机构开始从事征信业务活动。国务院有关部门、一些地方政府已经或正在推动建立本系统或本地区的征信机构，对征信体系的建立进行了积极的探索。但总体来看，我国征信体系的建设还处于初始阶段，面临相当多的困难，其中最突出的问题是作为征信体系基础的法律规范还没有建立。在我国现有的法律体系中，尚没有一项法律或法规为征信活动提供直接的依据，致使征信机构在信息采集、信息披露等关键环节上无法可依，影响了征信业的健康发展。

小知识

　　为切实落实百姓信用信息知情权，方便百姓查询本人信用报告，咨询相关问题，中国人民银行公布了个人信用报告查询点名录，名录中包含各查询点详细的地址及联系电话，可登录 http://www.pbc.gov.cn 在"征信与社会信用"栏目下查找。

（一）我国征信立法的背景和过程

　　根据《中共中央、国务院关于进一步加强金融监管，深化金融企业改革，促进金融企业健康发展的若干意见》（中发〔2002〕5号）和《国务院办公厅关于成立贯彻落实全国金融工作会议专题工作小组的通知》（国办发〔2002〕22号）文件精神，2002年3月，由中国人民银行牵头，16个部委参加，成立了建立全国企业和个人征信体系专题工作小组。专题工作小组承担了代国务院起草征信管理行政法规的工作任务，在广泛调研，针对重点难点问题进行专题研究，充分听取意见，借鉴其他国家和地区征信立法经验的基础上，形成了《征信管理条例（征求意见稿）》（以下简称《条例》）。《条例》共分为8章，70条。包括：总则、征信机构、对自然人的征信业务、对法人及其他组织的征信业务、被征信人权益保护、征信管理、法律责任和附则。

　　征信法律体系是由众多相关法律构成的一个完整体系。构建我国征信法律体系需要较长的过程。《条例》是征信法律体系中的核心法律，直接规范征信的各个环节，对征信业发展产生了至关重要的影响。在制定《条例》的过程中，既兼顾了我国国情，又借鉴了外国征信立法的先进经验。

（二）征信立法的指导原则

　　在起草法规条文的过程中，起草人员遵循了以下几项指导原则：

1. 促进我国征信业快速、健康发展原则

　　具体内容包括：通过明确征信活动的法律依据，积极推进我国征信体系的建立；通过规范征信机构及征信业务活动，保证我国征信业的健康发展。在具体起草时，上述指导思想体现在以下三方面：处理好规范征信业与发展征信业的关系；处理好政府宏观指导与市场机制的关系；处理好建立征信体系与保护个人隐私、商业秘密和国家经济安全的关系。

2. 遵守公约原则

我国加入世界贸易组织后，国际金融交易必然经历一个迅速增长的阶段，必然面临有关个人信用数据跨国流动的问题。鉴于此，我国的《条例》应当遵守国际公约确定的基本原则。

3. 效率优先原则

目前，企业和个人信用水平下降已经成为制约我国经济发展的重要因素，改善社会信用风尚，规范企业、个人的信用行为已成为非常迫切的任务。为征信立法，实际上就是协调、平衡征信与企业、个人权益保护之间的关系。为了加快我国征信行业的发展，改变目前信用水平低下，金融风险增加的不利局面，在制定我国《条例》时，应当贯彻效率优先的原则。对于有关数据收集、信息使用、收费等各个环节，在个人隐私和企业商业秘密得到基本保护的前提下，所制定条款应当从便于征信机构运作和降低信息成本的角度考虑。坚持效率优先原则对我国征信业的快速发展至关重要。在我国征信业经过一段时期的发展和完善后，再逐步增加一些限制条款。

4. 逐步细化原则

许多西方国家的征信立法是在经历了相当一段时间的实践之后完成的。以美国为例，私人征信机构早在19世纪末就已经出现了，经历了半个多世纪的实践后，到了20世纪70年代，第一部有关征信的法规《公平信用报告法》才正式颁布实施。我国的征信立法选择了完全不同的途径，制定法规与建立征信体系几乎是同步进行的。虽然在上海、深圳等地区也做了一些试点工作，但相对而言，试点工作开展得很晚，所积累的经验也十分有限。在这种情况下，为了避免出现法规条款不便操作或不利于征信机构发展的现象，导致事与愿违的结果，在制定我国《条例》时，在参照外国有关经验的同时，坚持逐步细化的原则，对于征信的每个环节的条款不做过细的规定，在经过一段时间的实践后，通过增加细则的方式进行具体规定。

★ 案例

个人征信系统建设与提高大学生信用意识

中国人民银行个人信用信息基础数据库（以下简称个人征信系统）正式运行后，为每一位贷款学生建立了信用档案，如实记录学生的借还款等信息，通过制度约束提高了广大学生的信用意识，促使其诚实守信、按约还贷。通过制度创新帮助商业银行更有效地防范国家助学贷款业务中的信用风险，保障了国家助学贷款政策的顺利实施。

（1）中国银行某分行在个人征信系统正式运行后，到某大学进行了多次大规模的个人征信知识宣传活动。通过对个人征信系统运行前后毕业学生还款情况的比较，发现2006届毕业生在离校后一个月内将联系函寄到中国银行的比例达到34%，是2005届毕业生在毕业后一年内将联系函寄到中国银行比例的2倍；2006届毕业生首次还款日按时还款的比例为68.8%，是2005届毕业生还款比例的1.6倍。另外，2006届毕业生主动打电话到银行询问贷款偿还情况的人数明显超过以前的毕业生。

（2）学生张某在交通银行申请了一笔国家助学贷款，即将毕业进入还款期。他从相关报道中得知贷款违约情况将记录在个人征信系统中，对其以后的工作和生活会产生影响。该学生意识到个人信用记录的重要性，为避免毕业后因疏忽等原因出现不良信用记录，主动打电话联系贷款行，商议还贷计划。该学生还向其他贷款学生宣传个人征信知识，提醒他们按约还贷，以免逾期留下不良信用记录，影响以后的工作和生活。

（3）学生贾某于2004年在中国银行某支行申请了一笔6 000元的国家助学贷款。该学生于2005年毕业。毕业前夕，中国银行到该生就读的大学进行了个人征信知识的宣传，使该生了解到个人信用记录的重要性。该生毕业后工作虽不理想，但为避免出现不良信用记录，仍坚持拿出一半的工资还款。

资料来源：中国人民银行征信中心网站。

·本章小结·

1. 征信是伴随着消费信贷日益成为消费的主导模式以及全球经济一体化的发展而出现的，在20世纪六七十年代以前，征信行业的发展规模较小，人们对征信的认知程度也处于较低的水平。征信一般具有独立性、信息性、公正性、客观性和时效性等特点。

2. 征信体系是征信法律、法规体系，征信机构，征信市场，征信业务，征信行业标准、征信行业监管和征信科研等方面的总和。主要包括征信的法律、法规体系，征信机构，征信行业监管，征信行业标准化建设和征信教育与市场培育的内容。

3. 征信体系是一个信用体系的支持系统，是保证信用系统良好运行的基础。正是基于这样的原因，世界上所有的国家，无论是经济发达国家，还是发展中国家，都对征信体系的建设和发展给予了极大的重视。

课后练习题

一、单项选择题

1. 对债务人在未来一段时间如约偿还债务的能力和可信程度的偿还意愿的综合评价是（   ）。

　　A. 信用报告　　　　　　　　　　B. 信用评级

　　C. 信用信息登记系统　　　　　　D. 征信

2. 一般拥有庞大的征信数据库，在征信市场上主要出售低端征信产品的征信机构为（   ）。

　　A. 公共征信机构

　　B. 商业征信机构

　　C. 非营利性征信机构

　　D. 以收集、整理和销售征信信息为主体业务的征信机构

3. 企业征信和个人征信的分类依据为（   ）。

　　A. 业务模式　　　　　　　　　　B. 服务对象

　　C. 征信范围　　　　　　　　　　D. 其他

二、多项选择题

1. 征信产品有（   ）。

　　A. 信用报告　　　　　　　　　　B. 信用咨询

　　C. 个人信用评分　　　　　　　　D. 企业信用评级

　　E. 信用信息登记系统

2. 征信的特征主要有（   ）。

　　A. 独立性　　　　　　　　　　　B. 信用性

　　C. 公正性　　　　　　　　　　　D. 客观性

　　E. 时效性

3. 根据投资主体和征信机构经营目的的不同，目前世界各国征信机构可以划分为

（　　）两类。

    A. 公共征信机构   B. 商业征信机构

    C. 营利性征信机构   D. 非营利征信机构

    E. 企业征信机构

4. 征信机构按服务对象可分为（　　）。

    A. 信贷征信机构   B. 商业征信机构

    C. 雇用征信机构   D. 企业征信机构

    E. 银行征信机构

5. 征信机构按征信范围可分为（　　）。

    A. 区域征信机构   B. 国内征信机构

    C. 跨国征信机构   D. 企业征信机构

    E. 国家征信机构

三、判断题

1. 征信机构是一个国家征信体系的重要组成部分，是征信体系整体发展水平最重要的标志。（　　）

2. 征信最基本的功能是通过信用信息的传输来摆脱信用信息不对称的困境。（　　）

3. 征信体系的主要内容是指征信法律体系。（　　）

第六章
信用评价体系

学习目标

1. 了解信用评价的特点和作用；
2. 了解信用评价指标和标准；
3. 重点掌握个人和企业信用评价的方法；
4. 对构建科学的信用评价体系问题进行相关思考。

基本概念

信用评价　　　　5C 评价法　　　　5W 评价法　　　CAMPARI 评价法
信用评价机构　　信用评价指标体系　信用评价标准　　信用记分制

信用评价是信用评价机构以独立的第三方立场，根据规范的信用评价指标体系和信用评价标准，运用科学的评价方法，遵循严格的评价程序，对市场参与者的信用记录、内在素质、管理能力、经营水平、外部环境、财务状况、发展前景等进行全面了解、考查调研、研究分析后，就其在未来一段时间履行承诺的能力及可能出现的各种风险给予综合判断，并以一定的符号表示其优劣的一种经济活动。信用评价机制由评价主体、评价对象、评价标准、评价指标体系和评价方法构成。其中，评价对象是社会各信用主体，评价指标体系和评价方法是核心。由于不同的信用主体具有不同的自然属性和经济特征，因而评价指标体系和评价方法具有很大差异。本章重点讨论个人信用评价及企业信用评价的基本方法和应用。

第一节　信用评价概述

一、信用评价的特点

（一）公正性
信用评价由独立的专业信用评价机构做出，信用评价机构秉持客观、独立的原则，较少受外来因素的干扰，能向社会提供客观、公正的信用信息。

（二）全面性
信用评价的结果全面反映评价对象在管理与组织、行业发展前景、核心竞争力、社会形象等方面的状况。

（三）监督性
信用评价的监督性主要体现在投资者对其投资对象的选择与监督，政府管理部门和社会其他组织的监管以及大众媒体的舆论监督上。

（四）服务性
信用评价的结果既可以帮助评价对象改善经营管理，又可以为投资者、金融机构以及与评价对象有经济往来的商业客户提供信用信息参考。其主要服务对象有：投资者、商业银行、证券承销机构、社会公众、大众媒体、与评价对象有经济往来的商业客户和金融监管机构等。

二、信用评价的作用

（一）信用评价在市场经济中的作用

信用评价在市场经济中具有重要的作用，作为市场经济社会监督力量的主力军，其对经济的影响是不言而喻的。信用评价可以为投资者提供公正、客观的信息，以优化投资选择，实现投资安全性，取得可靠收益，从而起到保护投资者利益的作用。信用评价作为商业银行确定贷款风险程度的依据和信贷资产风险管理的基础，在一定程度上可为降低金融风险服务。信用评价是政府主管部门审核拟发行债券的前提条件，也有助于中央银行等金融监管部门的监管，有利于金融市场的稳定。同时信用评价也降低了整个社会的信息收集成本等。

（二）信用评价对企业的作用

市场经济从某种意义上讲就是信用经济。在发达国家，几乎所有的大企业都做过信用评级。但在我国，长期以来由于信用意识薄弱，加上宣传力度不够，一些企业对信用评价存在种种模糊甚至不正确的认识。那么信用评价对企业到底有何作用，其存在意义为何呢？

信用等级是一个企业履约状况和偿债能力综合反映，信用评价对企业来说至少有以下四大作用：

1. 融资市场的通行证

债券评级是企业获准发行债券的先决条件，而贷款企业良好的信用等级是申请较大贷款规模的企业通过贷款卡年审、获取银行贷款的必需条件。因此，只有获得比较高的信用等级，企业才便于在金融市场上融通资金。

2. 降低融资成本的工具

较高的信用等级可以帮助企业较方便地取得金融机构的支持，得到投资者的信任，能够扩大融资规模，降低融资成本。信用等级高的企业的融资成本将大为降低。

3. 市场经济中的"身份证"

信用评价有助于企业防范商业风险。对客户的信用政策成为企业竞争的有效手段之一。这些信用政策，包括信用形式、期限金额等的确定，必须建立在对客户信用状况的科学评估分析的基础上，才能达到既从与客户的交易中获取最大收益，又将客户信用风险控制在最低限度的目的。企业可以通过信用评价了解竞争对手和合作伙伴的真实情况，降低企业的信息收集成本。良好的信用等级可以提升企业的无形资产，高等级的信用能够吸引投资人与客户大胆放心与之合作，在市场经济中信誉正日益成为企业的命脉。

4. 减轻经营管理的外在压力，增加其内在动力

企业发行债券时要在大众媒体上公告其信用等级，只有级别高的企业才容易得到投资者的青睐。贷款企业要登录"银行信贷登记咨询系统"，向各家金融机构通报或向社会公告其信用等级。这种公示行为本身就对企业有一定压力，将促进企业为获得优良等级而改善经营管理。从信用评价机构客观的评价中，企业还可以看到自己在哪些方面存在不足，从而有的放矢地整改。另外，企业还可以通过同行业信用状况的横向比较，找到学习的榜样。

（三）信用评价对个人的作用

随着我国社会主义市场经济的逐步确立，消费信贷业务得到了很大的发展，特别是1999年3月中国人民银行总行发出《关于开展个人消费信贷的指导意见》以来，个人消费信贷业务呈加速发展态势。因此，信用评价是个人消费信贷发展的迫切需要。个人信用评价是市场经济发展到一定阶段的产物。随着市场经济的发展，以个人为主体的消费交易行为越来越多，个人信用评价也越发显得重要。

三、信用评价方法

在发达国家长期的信用管理实践中，人们总结了对评价对象的信用评价应着重考查的有关因素，将这些因素有机地结合在一起作为一种稳定性的标准运用于信用评价体系之中，并随着评价实践的发展而逐步充实和完善，进而形成了具有普遍指导意义的成熟的信用评价方法。常用的评价方法包括5C评价法、5W评价法和CAMPARI评价法等。

（一）5C评价法

5C评价法是被发达国家金融机构应用最广泛的信用评价方法。5C包括以下五个方面的内容：

1. 品德（charcter）

对借款人品德的考查，主要是收集借款人过去偿付贷款和其他债务的记录。品德主要表现在人的道德品质、习惯、偏好，以及个人在社会中的地位和声望等方面。通过这一标准，银行可以了解借款人偿付贷款的意愿和及时程度。

2. 能力（capacity）

借款人的能力包含了法律和经济两个方面的内容。从法律方面来讲，借款人的能力是指借款人能否承担借款的法律义务。在经济上，借款人的能力是指借款人是否具有按期偿还债务的能力，集中体现在借款人流动资产的数量和质量以及流动负债的性质上。一般来说，借款人的流动资产越多，流动资产中某些部分越可能转换成现金，借款人偿付债务的财务实力

就越强。此外，银行还应了解借款人流动资产的质量。

3. 资本（capital）

资本的数量体现在借款人资产负债表上的所有者权益项目中，等于总资产与总负债之差，是体现借款人信誉的一项重要指标。借款人的资本越是雄厚，承受风险的能力也就越强，因而信誉也就越高。

4. 担保品（collateral）

担保品是借款人拒付时能被出售并用以补偿贷款的资产。对贷款进行担保可以减少或消除风险。由于某些贷款的风险较大，因此银行在发放高风险贷款时一般都要抵押或担保，因而担保品的品质也成为衡量信用风险的要素之一。

5. 环境条件（condition）

对经济环境的分析主要是分析经济环境对借款人所在行业的影响，分析该行业在国民经济中的比重，市场结构，借款人在该行业中的地位，技术更新对该行业产品需求的影响等。

（二）5W 评价法

该方法着重从受信人信用动机和履约可能性的角度进行信用评价。5W 评价法是从个人局部信用出发进行评价的方法。5W 的含义如下：

1. 谁（who）

谁借款，指信用评价首先应了解受信人的基本情况，如资产状况、经济能力、借款权利等。

2. 为什么（why）

发信人的借款理由。信用评价应了解受信人取得信用的动机、目的和用途等。

3. 什么（what）

这是指受信人以什么作为担保品，担保品的质量如何。

4. 何时（when）

这是指受信人的贷款什么时候可以偿还，考查受信人何时能履行信用。

5. 如何（how）

这是指受信人如何偿还贷款，考查受信人如何履行信用。

（三）CAMPARI 评价法

CAMPARI 模型是从品德（character）、能力（ability）、边际利润（margin）、借款目的（purpose）、金额（amount）、偿还（repayment）、担保（insurance）等方面评价受信人信用状况的方法。其中品德、能力、担保的含义与上文所述相同。该方法将贷款金额和贷款带来的利润纳入考查范围，使得信用评价从评价受信人过去的信息、受信人的经济能力过渡到了评价贷款项目的未来收益上来，从注重过去转为注重未来。

四、信用评价流程

信用评价是按照一定的程序进行的，其基本步骤和流程如下：

（一）确定评价目标

确定评价目标是进行信用评价的首要任务，只有明确了评价目标，才能进一步明确评价标准，选用合适的评价指标体系和采用适用的评价方法。

（二）确定评价指标体系

在明确了评价目标之后，应当根据评价对象的性质、特征以及评价目的确定评价指标体系及方案，包括评价指标的分类和层次、评价指标的具体设置、评价标准、评价方法，以及指标权重的确定等。

（三）收集数据

根据评价指标的设置收集评价对象的相关基础数据，这些数据中某些可以直接作为指标数据进行评价，有些则需要经过适当的加工处理才可以得到评价数据并进行评价。

（四）进行评价

根据评价方法对采集到的原始数据或次级数据进行评价，得到各指标的评价值，进而测算出评价对象的综合信用值。

（五）生成信用报告

将对评价对象的各方面评价进行汇总，生成信用报告，并展开后续工作，进一步深入分析诊断。

第二节　信用评价机构

一、信用评价机构的作用

信用评价机构（评级机构）是在社会分工的基础上，对市场经济各参与主体未来按期偿还债务的意愿和能力，以及可偿还债务的实现程度进行综合评定的金融中介服务组织。信用评价属于金融业范畴，金融信用是整个市场信用的基础。良好的市场信用是建立和规范市场经济秩序的重要保证，信用评价机构作为信用评价体系的重要构成要素，在信用评价体系的完善和金融制度改革中发挥着不可替代的作用，处于信用评价体系的核心地位。

🎓 **小知识**

　　大公国际资信评估有限公司（以下简称大公国际）1994 年经中国人民银行和国家经济贸易委员会批准成立，是可为所有发行债券的企业进行信用评级的机构，2005 年起涉足国家主权信用评级领域。1999 年，大公国际与美国穆迪投资服务公司结成战略联盟。大公国际拥有员工 500 余人，在国内设有 6 个区域总部、34 个分支机构；海外设有 2 个办事处。

（一）信用评价机构的信用风险度量作用

　　信用风险度量是信用评价机构的主要业务，其中包括对债券（政府债券、公司债券、金融债券、市政债券、可转换债券）、商业票据、优先股等有价证券的信用风险评价，以及对国家主体信用风险、行业信用风险、企业主体性信用风险和消费者信用风险等的评价。在评价过程中以基本的经济信息指标为基础，以相对评级为主要的评级方法，揭示不同证券、不同主体、不同行业的信用风险大小，并通过特设的专门符号表示信用风险的大小。对信用风险的评价和揭示过程就是信用风险的度量过程，度量的结果以特设的符号进行表示。特设的符号在信用评价中类似于度量衡中的刻度，评级采用的理论、方法、指标体系等类似于度量衡中的砝码或容器。

　　评价信用风险的初始目的是为了给投资者或债权人提供进行投资决策的信息，使投资者或债权人通过合理的投资组合降低或压缩信用风险，保证资金运作的安全。但是，随着信用评价功能的不断发挥，评价信用风险的目的也在不断地丰富，扩展到证券发行主体（尤其是发行债券者）需要通过信用评价机构的信用风险评价获得相应等级才能够发行证券，并且使信用评价的等级直接与发行债券的利率相挂钩，以此降低信用风险。在这样的要求下，信用评价的等级就成为企业进入证券市场的"经济身份证"，是企业有效降低融资成本和费用的手段。

（二）信用评价机构的风险检测作用

　　信用评价机构对信用风险的评价一般采取谨慎、保守的原则，评级结果能够适应经济环境的变化。在信用评价过程中尽可能地考虑各种可能预知的事件或因素会对信用风险造成的影响。而且，信用评价机构会对评级结果进行跟踪监督，不断地进行检测，在未知因素或偶然事件发生时，根据未知因素和偶然事件对已评价的信用风险造成的影响，对已评定的信用等级进行调整。当然如果未知因素对信用风险不造成任何影响则维持原有的信用等级。这个对信用风险的跟踪、监督、调整或维持原有信用等级的过程就是一个信用风险的检测过程。

另外，信用评价机构对信用风险评价的过程本身就是对评价对象的信用风险检测；而且对各种信用风险的综合分析和评定，以及对行业信用风险、国家主体信用风险的评定是对信用体系的信用风险、行业信用风险、国家信用风险的检测。

信用风险的检测至少有两方面目的：一是为了维持信用评价机构的科学、客观和公正；二是为了测定行业、国家或信用体系的信用风险大小，为宏观经济调控或行业主管部门的监管提供信息。

（三）信用评价机构的信用风险预警作用

信用评价机构对信用风险的预警作用体现在两个层次上。

第一个层次的信用风险预警是对某一具体证券、主体、行业风险的预警。信用评价机构的这一作用是在信用风险的评价过程中体现出来的。信用风险的评价具有动态性和预期性。尽管在信用风险的评价过程中采用的数据和资料大部分是历史数据，但是在信用风险的分析过程中，往往会考虑未来可能会发生什么样的情况，信用风险将会如何变化。尤其是在计算机技术空前发展的时代，对历史数据通过相应的软件系统进行处理，而在软件系统的设置中加入对未来变化的预测性功能，使得信用评价具有预测性。因此，无论是对历史数据的定性分析，还是对未来不确定性因素的把握都具有前瞻性和预期性。何况在任何的信用风险评价中都会对未来宏观经济量的变化和经济结构的调整做出估计，使得信用风险评价的预期更具有科学性。这种预期性的信用风险评价事实上就是对未来可能出现的风险的预警，告诉信用信息资源的使用者未来信用风险的状态。

第二个层次的信用风险预警是信用评价机构对不同信用等级风险的预警。信用评价机构对信用风险的评价和揭示不只停留在某一具体的业务上，而会进一步根据其所掌握的信用等级及在实践中发生的违约情况，计算出不同信用等级的违约概率，以及信用等级的迁移情况，这样就使得信用风险信息的使用者能够在中观层面上了解信用风险的发生概率和信用等级的内部结构演变。对不同信用等级违约率的计算和信用等级内部结构演变的揭示，事实上是对不同信用风险在中观层次上的预警。

（四）信用评价机构的信用信息资源整合作用

信用评价机构对信用风险的分析和评价需要使用到各种信用信息。例如，对企业进行信用评价时，在通常情况下使用到的信息包括宏观经济面的信息，行业信用信息，企业的基本素质、财务结构、偿债能力、经营能力、经济效益、发展前景等。从这些因素的分析中寻找相应的信用信息，分析不同信用信息中暗含的信用风险，然后通过特定的理论和技术得出相应的信用等级。就某单一业务来看，在信用风险的评价过程中，信用等级是在信用信息资源整合的基础上形成的。这一整合过程所解决的是信用信息不对称问题。在信用活动中，投资者一般没有足够的时间，或者没有足够的能力获得投资所需的较为完善的信用信息，使得投资处于盲目状态，而且容易受到被投资主体的欺骗。在对信用信息资源整合的基础上，信用评价机构进一步对行业信用风险信息、不同信用等级的信用风险信息进行整合，形成宏观经济调控和政府监管所需的信用信息，为政府进行经济决策和监管提供依据。

二、信用评价机构的工作程序

一般情况下，信用评价机构的工作程序主要包括以下步骤：

（一）接受委托

这一阶段的工作包括预约，正式接受评价委托，收取评价费用等。

（二）前期准备

这一阶段的工作包括接收资料，资料整理，组成评价项目组，确定评价方案等。

（三）现场调研

评价项目组根据实地调查制度要求深入现场了解、核实评价对象情况。

（四）分析论证

评价项目组对收集的信息资料进行汇集、整理和分析，形成信用等级初评报告书，经审核后提交信用评级评审委员会评审。

（五）专家评审

这一阶段的工作包括评审准备，专家评审，确定信用等级，发出信用等级通知书。

（六）信息发布

向评价对象出具信用等级证书，告知评级结果。

（七）跟踪监测

在信用等级有效期内，评价项目组定期或不定期地收集评价对象的财务信息，关注与评价对象相关的变动事项，并建立经常性的联系、沟通和回访工作制度。

三、国际信用评价机构简介

国际信用评价机构发布的信息一直是媒体关注的焦点，甚至引起一国政府的高度重视。为什么国际信用评价机构在国际金融市场上会具有如此大的力量？信用评价机构并没有政府部门的权力，也不像银行对资金拥有实际控制能力。信用评价机构的力量并非基于强制性的行政权力，也不在于可将某些经营主体排斥在交易之外的经济力量，而是基于对专家意见的垄断。信用评价目前所立足的是运行于后台的专业知识，超越了行业外人员的知识范围，投资者依赖于这些知识做出判断，因此投资人或借款人相当重视这些判断。

目前国际上公认的最具权威性的信用评价机构主要有美国标准普尔公司和穆迪公司。上述两家公司负责评价的债券很广泛，包括地方政府债券、公司债券、外国债券等。由于它们占有详尽的资料，采用先进科学的分析技术，又有丰富的实践经验和大量专门人才，因此它们做出的信用评价具有很高的权威性。标准普尔公司信用等级标准从高到低可划分为：AAA级、AA级、A级、BBB级、BB级、B级、CCC级、CC级、C级和D级。穆迪公司信用等级标准从高到低可划分为：Aaa级、Aa级、A级、Baa级、Ba级、B级、Caa级、Ca级、C级和D级。两家机构信用等级划分大同小异。前四个级别的债券信誉高，风险小，是"投资级债券"，第五级开始的债券信誉低，是"投机级债券"。

四、我国信用评价机构的发展现状

我国的信用评价机构诞生于20世纪80年代末，最初由人民银行组建，隶属于各省人民银行分行。当时这些信用评价机构仅对当地的企业债券进行评价，一方面在全国范围内缺乏公信力，另一方面也不具有独立性。90年代初期，我国的信用评价行业开始了市场化改革，人民银行逐渐撤销下属信用评价机构，或者将其剥离并推向市场，同时国家也批准了信用评价机构的成立［1992年中国诚信证券评估有限公司成立，1994年大公国际资信评估有限公司（以下简称大公国际）成立］，但是由于债券市场尚不成熟，信用评价机构几乎没有生存空间，信用评价行业的发展几乎处于停滞状态。1997年，人民银行认定九家信用评价公司具有从事全国范围内的企业债券信用评价资质。伴随着债券市场的发展，我国的信用评价行业也进入了规范化的发展阶段。2005年，人民银行推动短期融资市场建设，从而形成了中诚信国际信用评级有限责任公司（以下简称中诚信）、联合资信评估有限公司（以下简称联合资信）、上海新世纪资信评估投资服务有限公司（以下简称上海新世纪）和大公国际四家权威信用评价机构。

进入2006年后，美国信用评价机构开始全面参股中国信用评价机构，而大多数中国信用评价机构都选择了以与国际信用评价机构"联姻"的形式发展业务。中国自主的信用评价机构只有大公国际硕果仅存。2009年5月23日，大公国际发布了中国首份国家主权信用报告，但其在国际化的道路上遭到美国的阻拦。

截至2008年末，纳入人民银行信用评价统计的法人机构有80家，专业信用评价人员有2 030多人，注册资产评估师有3万多人，从业人员8万多人。

目前，我国信用评价机构的发展仍存在以下问题：

（一）信用评价机构独立性不足

信用评价的超然性要求信用评价机构应该具有独立性。独立性是信用评价机构做出科学、公正的信用评价的基础和保证。但是，我国大多数的信用评价机构在创建之时都依附于政府部门或一些事业单位、团体，甚至一些金融机构。现在，尽管在形式上已经与原有的组织脱离了关系，形成了相对独立的法人实体，但是由于在创建初始阶段所形成的股权关系、人事关系、评价思想、评价框架和理论等，它们都与原有的事业单位、团体，政府部门或金融机构之间存在着千丝万缕的关系，形成了历史的惯性和思维定式，致使信用评价机构的独立性大打折扣，其信用评价的科学性也就存在严重的问题。

（二）信用评价机构具有较强的区域性特征

我国信用评价机构在发展初期存在一哄而上的特征，各省、市、自治区都建立了自己的信用评价机构，甚至一些中小城市的政府部门或有关组织也成立了信用评价机构。这种遍地开花的形成原因在于地方保护主义。各地的地方政府都希望本地的信用评价业务能在本地进行，并对其实施有效的控制，实现利益的最大化。这样的一哄而上是非市场化的行为，造成了资源的极大浪费，并且中间存在较多的政府行为使信用评价市场在行政区域上形成了天然的分割状态，使得市场的竞争法则难以有效发挥，阻碍了信用评价机构对资源的有效配置，严重束缚了信用评价机构的发展和全国统一的信用评价市场的形成。

（三）设立信用评价机构的门槛较低

设立信用评价机构的审批权归中央银行，但是信用评价机构应该具备哪些条件才能够设立，中央银行还没有拿出一套成熟的、具有法规意义的条例或准则。这样使得信用评价机构的设立往往依赖于出资者的社会地位、政治背景或人际关系，造成信用评价行业的进入壁垒降低，信用评价机构不断增加，造成信用评价机构低质量重复建设，形成了"僧多粥少"的竞争格局，致使国内有名望、有潜力的信用评价机构难以脱颖而出。

（四）相应的机构和信息系统建设没有能够适时跟进

在我国信用评价机构一哄而上的同时，信用评价所需要的信息系统建设没有跟上，尤其是应该以政府为主导的征信机构的建设没有能够及时完成，从而使信用评价机构在进行信用风险分析的过程中，不能够得到较为完整的信用信息，信用评价机构也难以有效地对信用信息资源进行整合，特别是难以对宏观信用信息进行整合，从而束缚了我国信用评价机构业务的拓展和实力的提高。以北京和上海为代表的各直辖市在 2002 年初建立了区域性的征信机构，但是信用信息如何向信用评价机构开放，还没有一个准则，使得信用评价机构不能及时使用信用信息。另外，值得强调的是，其他省市的征信机构还没有建立，全国性的信息系统没有形成，使信用评级机构难以得到关于全国信用状况变化的信用信息。

（五）市场空间有限，缺少相关立法

信用评价机构的生存发展空间取决于市场体系的完善，我国业已存在股票市场、债券市场，但是就债券市场来看，我国债券市场的债券品种单一，"一家独大"。也就是说，我国债券市场上主要是中央政府发行的国债，而地方政府、公司、金融机构发行的债券数量较少，这就使得信用评价机构面临的信用评价市场空间有限。另外，有关银行、保险公司、基金公司等的信用评价的法律、法规、条例迟迟没有出台，也限制了信用评价机构的发展。

第三节　信用评价指标及标准

一、信用评价指标体系的设计

信用评价指标体系是为了实现评价目标，依据系统论的观点和理论构建的由能反映评价对象各个方面信用特征和本质属性的一系列相关指标组成的整体。评价指标是评价内容的载体和外在表现，评价指标体系的设计是否科学、合理和全面，直接影响着评价结果的准确性和客观性，因而它是信用评价最核心的要素。

（一）信用评价指标的分类

信用评价指标是指评价中用于描述评价对象某方面特征的统计指标或指数。信用评价指标根据其不同的特征有很多分类。按指标的性质可以分定量指标和定性指标。

1. 定量指标

定量指标就是数值分析指标，它有明确的实际数值和可供参照的基准值，评价结果表现为具体的分数，做出的评价结论直接、明确。定量指标按照多种标准可以进行细分，如按计量方式可以分为价值指标和实物指标；按指标特征可分为总量指标和相对指标；按作用方向可分为正指标和逆指标。

2. 定性指标

定性指标一般采用基本概念、属性特征、同行惯例等对评价对象的某一方面进行语言描述和分析判断，达到剖析问题和解决问题的目的。定性指标的内涵较广，难以具体化。对其进行评价计分，关键是要严格定义指标的内涵，并给出评价参考标准，这样才能实现根据经验判断的分数转换，融入整个评价体系。

（二）信用评价指标体系的设计原则

在设计信用评价指标体系时，尽管企业和个人具有不同的社会经济属性和信用特征，但仍有共同遵循的原则。包括以下几个方面：

1. 系统性原则

由于信用评价考查的内容具有多样性和复杂性的特点，因此，信用评价指标体系的设计要注意系统性，各个指标之间既要相互联系、相互作用，又要具有明显的层次性；既要有基本指标，又要有派生指标，使之构成一个能科学地、客观地反映评价对象信用状况的有机整体。

2. 全面性原则

评价对象的信用状况是多种因素、多个环节综合影响和决定的。因此，设计信用评价指标体系时，既要有反映其履约能力的指标，又要有反映其品德及履约意愿的指标；既要有定性指标，又要有定量指标；既要有反映其现状的指标，又要有反映其未来发展前景的指标。从而达到综合评价的目的。

3. 独立性原则

选取的评价指标尽可能相互独立。指标之间的相关性越强，说明指标包含的信息冗余度越高。事实上，反映企业的业绩和经营整体状况的关键战略要素并不多，大部分指标只是反映了少数几个方面的信息，这些指标之间有很强的相关性（指标之间重叠的信息较多）。但选择的指标过少则可能会漏掉某些信息。为兼顾信息的全面性和独立性原则，可以通过适当的数学方法来取得平衡。

4. 可比性原则

尽量选取通用的评价指标，并以全国统一颁布的或者行业公认的评价标准值为基准，同时注意与国际标准的衔接。采用统一的评价标准值，便于企业在同行业、同规模和同区域范围内的比较，便于实现评价的纵向、横向对比，并减少了评价工作中的人为影响。

5. 可操作性原则

选取的评价指标不仅应符合评价的要求，更应有数据的支持，即评价指标的原始数据应容易取得，否则建立的指标体系只能停留在理论层面上，无法据以对评价对象进行实质性操作，从而达不到评价的目的，最终无法生成信用产品。

6. 定量指标和定性指标相结合的原则

影响信用主体的信用行为和信用意识的因素往往是错综复杂的，有些因素是可以直接量化的，而有的因素却是非量化的。所以，信用评价指标体系的设计必须将定量指标和定性指标有机地结合起来，以克服单纯定量分析或定性分析的缺陷，全面反映评价对象的整体状况。

二、信用评价标准

信用评价标准是对评价对象进行分析评判的尺度。信用评价标准一般包括信用评价指标的允许范围、基数、参照值等。根据信用评价方法的不同，对信用评价标准的要求也各不相同。信用评价标准一般可以分为如下四类：

（一）计划（预算）标准

计划标准以事先制订的计划、预算和预期达到的目标作为信用评价标准。计划标准主观性较强，人为因素影响较大，需要制定得科学合理。

（二）历史标准

历史标准是以评价对象的历史业绩作为衡量标准，它是一种自身最优判断方法，可以进行自身的纵向比较，具有排他性。历史标准的评价结果缺乏横向可比性。

（三）客观标准

客观标准是以其他可比对象的状况作为信用评价标准。它是以一定时期、一定范围内的同类对象为样本，采用一定的方法对相关数据进行测算而得出的平均值，也可以是参与评价的全体对象作为样本取其最大值、最小值、平均值等作为信用评价标准。客观标准较为客观、真实，应用范围广，评价结果的可比性强，比较符合信用评价的要求。

（四）经验数据标准

经验数据标准是根据经济发展规律和长期积累的管理经验而产生的信用评价标准。

三、个人信用评价指标体系的设计

（一）个人信用评价指标

1. 自然情况

个人自然情况主要考查个人的年龄、性别、受教育程度、健康状况、婚姻家庭等因素，这些因素在一定程度上反映了个人的信用能力和意识。

（1）年龄在一定程度上能够反映一个人的成熟程度和经济实力。随着年龄的增长，人的理性将多于冲动，更稳重，信用度也较高，经济基础也比年轻人雄厚，抗风险的能力和维持信用度的物质保障能力也相对较强。因此，年龄是评价信用的一个重要因素。

（2）由于社会分工的差异，在抗风险能力上，男性稍高于女性。

（3）婚姻状况反映了一个人的家庭负担和个人的稳定程度。

（4）有较高文化的人容易找到理想的工作，职业具有一定的稳定性，且信用意识和保证信用的能力相对较强。

（5）健康状况主要反映个人身体状况的好坏，身体状况长期欠佳会影响工作及收入，进而影响其信用度。

2. 职业状况

职业决定了个人收入的高低及收入的稳定性，决定了个人在社会财产分配中的地位，职业差别还决定了个人在享受住房、医疗、养老等福利方面的差别。因此，就职于政府机关、事业单位及垄断行业的人，收入稳定，享受的福利较多，信用等级也较高。与职业相关的指标有职业、职务、工作年限、职称等。

3. 资产状况

收入水平是衡量个人履约能力的重要指标。除此之外，如果个人拥有一定数量和质量的资产作为个人可靠的财富，其履约的可能性将大大提高，信用度也相对较高。个人资产主要有固定资产、金融资产等。

4. 信用情况

主要考查借款人的历史信用情况，特别是考查个人在以往的经济活动中是否有失信记录，根据过去的情况判断将来的履约意愿。与此相关的指标主要有债务归还情况和信用档案记录情况等。

5. 稳定性情况

主要考查个人未来的发展前景以及稳定性，这是判断个人将来是否能保持信用的重要指标。反映个人发展前景的指标主要有职业前景、个人的发展潜力等；反映个人稳定性的指标有本地居住时间、工作流动性、未来监督的便利性等。

（二）个人信用评分表的编制

个人信用评分表是将上述指标进行细化，对信用评价指标体系采用心理学分段式标准，将各指标的状况分成若干等级，并通过德尔菲法等方法进行量化，确定评分细则，分别赋予不同的分数，拉开档次（见表6－1、表6－2、表6－3、表6－4和表6－5）。

表6－1　个人基本情况评分表

项目	0分	1分	2分	3分	4分	5分	6分
年龄	—	16～20岁	21～25岁	26～30岁	31～40岁	41～55岁	56岁以上
性别	—		女	男			
受教育程度	—	初中及以下	高中	专科	本科	硕士	博士

项目	0分	1分	2分	3分	4分	5分	6分
健康状况	差	—	一般	—	良好	—	—
家庭负担	重	较重	—	一般	较轻	轻	—

表6-2 个人职业状况评分表

项目	-6分	-4分	-2分	0分	2分	4分	6分
单位	无	—	临时工	—	企业（含个体）	事业	政府
职务或职称	—	—	—	无	初级	中级	高级
工龄	—	—	—	0~1年	2~5年	6~10年	10年以上

表6-3 个人资产状况评分表

项目	1分	2分	3分	4分	5分	6分
年总收入	1万元	1万~1.9万元	2万~3.5万元	3.6万~5.5万元	5.6万~9.9万元	10万元以上
固定资产	1万元	1万~5万元	6万~20万元	21万~30万元	31万~50万元	51万元以上
住房	其他	无	租赁	自有（一般）	自有（好）	自有（豪华）
保险及拥有的抵押品	1万元	2万~3万元	4万~7万元	8万~12万元	13万~20万元	21万元以上
存款及有价证券	1万元	2万~5万元	6万~10万元	11万~15万元	16万元以上	—
负债（月还款额占收入比）	70%	50%~70%	40%~50%	30%~40%	20%~30%	20%以下

表6-4　个人信用情况评分表

项目	-6分	-4分	-2分	0分	2分	4分	6分
违信记录	5次以上	3~4次	2次	1次	—	无	—
受处罚（处分）记录	2次及以上	—	1次	无	—	—	—

表6-5　个人稳定性情况评分表

项目	-4分	-2分	0分	2分	4分
行业前景	差	较差	一般	较好	好
个人潜力	小	较小	一般	较大	大
工作流动性	大	较大	一般	较小	小
居住时间	—	—	0~1年	2~5年	6年以上
监督的便利性	—	不方便	一般	方便	

（三）个人信用评价标准

从上述列表的评分来看，每项都有标准分，依据个人的信用情况，得出个人信用评价总分，得分越高，信用风险越小。经小样本调查，信用较差的个人得分集中在10~25分，信用一般的得分集中在25~35分，信用较好的得分集中在35~55分。信用得分很高或很低的人占少数，可能的原因是信用极差的人因申请贷款无望或故意隐瞒，未如实填表；信用很好的个人因收入较高，无须贷款，无法统计出来。因此，可以中间分30分为授信标准，高于该标准的给予一定的信用额度，低于此标准的则不予授信。

（四）个人信用评价应注意的问题

1. 人口漂移问题

虽然每个人都能得出自己的信用评分，但对授信人来说，他们更感兴趣的是那些已受信的客户和潜在的受信客户。我国目前正处于高速发展的阶段，人口特性变化很快，如打工族的出现、贷款消费的增加等。这些变化会导致潜在信用消费人群和信用观念的变化。这种随着经济环境、人口结构和生活方式的变迁样本人群的范围和特质发生变化的情况，一般被称为人口漂移。人口漂移会使原有评价标准下的评价结果与现实情况不符，这时需要经常调整并修正人口漂移带来的偏差。

2. 信用评价的动态性问题

个人信用评价本质上是在表征一个人的违约概率，但利用原始数据得到的评分只是对个人过去信用情况的静态评价结果，是对个人某一时点的信用所作的判断。实际上，得到信用许可后，信用情况依然会不断变化，这就要求对个人信用风险进行跟踪，不断追加新信息，并据此得到动态的信用评分。

3. 确定指标权重的灵活性问题

个人信用评价在我国还处于起步阶段，在处理不同的授信申请时，各评价指标的权重可能会不同，如抵押品的重要性对申请信用卡和申请大额贷款的人就不同。指标选取的方法主要有：专家经验选取、利用统计方法逐步筛选和利用某一指标在不同信用状况的人群中差异选取。

4. 保留酌情处理权问题

在个人信用评价指标体系内，对是否接受个人的信用申请一般都会确定一个临界分值，但信用得分是连续的，在临界分值附近的信用情况并没有明显差别，在实际工作中应对此保留酌情处理权，根据经验和授信人的要求对处于临界分值边缘的申请人加以判定。

5. 对信息缺失的处理问题

信用评价指标体系所采用的数据往往会出现丢失的情况。信息缺失有些是结构性的，有些则是随机性的。但某项信息的缺失本身就意味着违约风险。应将这类缺失值作为附加特性，用关联值迭代产生替代值和剔除含有缺失值等方法进行处理。

四、企业信用评价指标体系的构建

信用评价是一种综合评价，即它的评价值并不只是受到一个因素的影响，而是要受到众多因素的影响。不仅如此，各个因素之间也不是平级的关系，而是一个分层次的综合体系。例如，信用评价值要受到财务指标评价值与非财务指标评价值的影响，财务指标评价值又要受到偿债能力、盈利能力、营运能力评价值的影响，偿债能力又取决于资产负债率、速动比率、逾期债比率等具体指标的影响。因此，企业信用评价指标体系是多指标、多层次的。由于企业信用评价是对企业全面系统的评价，因此要求信用评价指标体系能全面、真实地反映企业的信用状况。但是，由于各个企业所处的行业不同，企业规模、管理等方面差异较大，反映其信用状况的指标又比较多，因此，确定企业信用评价指标体系是个谨慎而复杂的过程。一般情况下，企业信用评价指标体系可以分为五个部分。

（一）管理者基本素质评价指标

主要考查企业经营者和管理人员素质，通过品质（主要考查是否有失信记录）、学历、经历、经营能力和近三年的经营业绩等方面来评价企业主要经营者的素质；通过对主要副职、三总师（总工程师、总会计师、总经济师）的学历、经历、工作业绩，以及技术人员比例等方面来评价管理人员的素质。该指标虽然以评价者主观打分为主，但对企业来说，主要经营者和管理人员对企业生产经营活动中的信用行为影响很大，企业管理者素质能较好地反映企业信用意愿。

（二）企业基本素质评价指标

这是对企业规模、管理水平、技术装备水平、职工（主要指工人）基本素质、产品与市场、企业信誉等方面的评价。该指标体系是通过研究企业的现状从而反映企业信用能力的指标体系之一。

（三）财务状况评价指标

主要由偿债能力、盈利能力、营运能力等二级指标组成，二级指标又由相应的三级指标组成。该指标体系主要用来考查企业资金结构、营运情况和收益情况，这是企业偿还债务、履行有关契约的关键因素，也是考查企业是否有能力和实力保证自己信用的重要指标体系之一。

（四）企业创新能力评价指标

这是用来研究企业过去是如何为保证现在或未来的信用而进行投资的，主要由创新财力投入、创新人力投入、创新物力投入和创新效果组成，通过研究企业为保证信用的连贯性而进行的投资行为，从而考查其信用能力。

（五）企业成长和发展能力评价指标

主要从长远的角度来考查企业的未来信用，它主要是反映企业将来是否有能力保证自己的信用。主要由产品销售预测和市场前景预测两种指标组成。

以上五部分的具体指标见表6-6。

表6－6　企业信用评价指标体系

第一层次评价指标	第二层次评价指标	第三层次评价指标	计算公式/评价内容简要说明
企业管理者基本素质评价（0.2）	主要经营者基本素质（0.5）	经营者能力（0.4）	经营者品质、学历、经历、经营能力
		经营者业绩（0.6）	近三年内经营业绩
	管理人员素质（0.5）	高级人员管理（0.5）	主要副职和三总师学历、能力、业绩
		技术人员比例（0.5）	$\dfrac{\text{大专学历以上人员}}{\text{职工总数}} \times 100\%$
企业基本素质评价（0.25）	企业规模（0.1）		资产总量、销售收入、职工人数
	管理水平（0.2）		组织机构、管理规章、基础工作
	技术装备水平（0.2）		$\dfrac{\text{近三年购置的固定资产原价}}{\text{固定资产原价}} \times 100\%$
	职工基本素质（0.1）		文化素质、年龄结构、技术等级
	产品与市场（0.2）	产品品牌（0.5）	产品在本行业同类产品中的知名度
		市场竞争力（0.5）	产品市场占有率、销售范围及行业前景
	企业信誉（0.2）		以往付款记录、合同履行情况
企业财务状况评价（0.3）	偿债能力（0.3）	总资产负债率（0.4）	$\dfrac{\text{负债总额}}{\text{资产总额}} \times 100\%$
		流动比率（0.3）	$\dfrac{\text{流动资产}}{\text{流动负债}} \times 100\%$
		逾期债务比率（0.3）	$\dfrac{\text{逾期债务总额}}{\text{负债总额}} \times 100\%$
	盈利能力（0.4）	销售毛利率（0.6）	$\dfrac{\text{产品销售毛利润}}{\text{产品销售收入}} \times 100\%$
		资产报酬率（0.4）	$\dfrac{\text{利润总额（税前）}}{\text{资产总额}} \times 100\%$
	营运能力（0.3）	应收账款周转率（0.5）	$\dfrac{\text{年产品销售收入}}{\text{应收账款平均余额}}$
		存货周转率（0.5）	$\dfrac{\text{年产品销售成本}}{\text{平均存货余额}}$

第一层次评价指标	第二层次评价指标	第三层次评价指标	计算公式/评价内容简要说明
企业创新能力评价 (0.15)	创新财力投入 (0.3)	创新费用收入比率 (0.5)	$\dfrac{创新费用总额①}{产品销售收入} \times 100\%$
		R&D 费用收入比率 (0.5)	$\dfrac{R\&D\ 费用总额②}{产品销售收入} \times 100\%$
	创新物力投入 (0.2)	新技术装备率	$\dfrac{新技术装备原价③}{固定资产原价} \times 100\%$
		近三年设备更新率 (0.6)	$\dfrac{近三年固定资产原价增加值}{年末固定资产原价总值} \times 100\%$
	创新人力投入 (0.3)	近三年引进大专以上人才比率 (0.6)	$\dfrac{近三年引进大专以上人才数}{企业职工总人数} \times 100\%$
		专职研发人员比率 (0.4)	$\dfrac{专职研发人员}{企业职工总人数} \times 100\%$
	创新效果 (0.2)	新品销售收入比率 (0.5)	$\dfrac{新产品销售收入}{销售总收入} \times 100\%$
		新产品销售收入增长率 (0.5)	$\dfrac{新品销售收入增加额}{本年销售收入额} \times 100\%$
企业成长与发展能力评价 (0.1)	产品销售预测 (0.5)	平均销售增长率 (0.4)	$\dfrac{近三年销售增长总额}{三年销售总额} \times 100\%$
		主要产品寿命周期 (0.3)	三种主要产品所处的寿命周期
		预计销售增长率 (0.3)	$\dfrac{未来三年销售增长额}{三年预计销售总额} \times 100\%$
	市场前景预测 (0.5)	行业前景预测 (0.5)	行业前景、行业发展阶段
		企业主要产品市场预测 (0.5)	产品市场占有率、销售范围

注：表中括号内的数字为各个因素的权重。

说明：① 创新过程包括新产品设计、生产试制、市场开发等整个商品化过程。因此，创新费用等于这些活动所产生的费用的总和。

② R&D 费用是指企业研究与开发费用。

③ 新技术装备一般是指具有行业先进水平的技术装备或设备。

第四节 信用评价的技术与方法

一、个人信用评价方法

个人信用评价以前多用定性分析，凭个人的经验和直觉判断。自 20 世纪 50 年代以来，统计方法和数学模型被逐渐运用起来。但由于个人信用评价的具体项目多且繁杂，加之其中许多属于非量化的指标，统计和数学计量模型的应用受到较大限制。目前，信用记分制仍然应用广泛。

(一) 主观判断法

这种方法是授信人根据借款人申请资料和过去的经验来判断借款人的信用风险程度，从而做出是否授信的决策。为了保证做出的决策比较科学，往往要综合几个信用分析人员的意见。

(二) 信用记分制

信用记分制是授信人首先选择某些体现受信人信用风险的特征因素，如收入水平、居住情况、就业情况、年龄等，然后为每一特征因素赋予相应的权（分）数，最后根据受信人的特征经加权汇总得出一个风险分数值，据以做出是否进行授信的决策。风险分数值超过一定值，便予以授信，否则则拒绝授信。可选择的具体指标在第三节已经讨论过，这里不再赘述。

(三) 模型评价法

在美国金融界采用的信用评价模型中，比较著名的是 FICO（Fair Isaac & Company）信用评价模型，该模型由工程师比尔·费尔和数学家厄尔·艾萨克提出。它是美国费尔·艾萨克公司的专有产品，FICO 信用评价模型由此得名。FICO 评价方法的实质是应用数学模型对个人信用报告包含的信息进行量化分析。该模型主要的评价内容是客户以往发生的信用行为，其对近期行为的衡量权重要高于远期行为。该模型包含以下五种指标：第一，以往支付历史。它包括：各种账户的支付信息；负面公共记录以及破产、抵押、诉讼、留置等报告事项；支付账户未出现延期的天数。第二，信贷欠款数额。它包括：各种不同类型账户的欠款数额；特定类型账户的信贷余额、有信贷余额的账户的数目；信用额度使用比例、分期付款余额与原始贷款数额比例。第三，立信时间长短。它包括：信用账户开立的最早时间、平均时间；特定信用账户开立的时间；该客户使用某个账户的时间。第四，新开信用账户。它包括：该客户拥有的新开立账户的数目、开立时间；最近贷款人向征信机构查询该客户信用状况的次数、间隔时间；该客户以往出现支付问题后的情况，最近的信用记录是否良好。第五，信用组合类型。它包括：该客户拥有的信用账户类型、数目，各种类型的账户中新开立账户的数目及比例；不同信用机构的信用查询次数、间隔时间；各种类型账户开立的时间；以往出现支付问题后的信用重建状况。

对于客户而言，上述各大类因素在信用评价中所占权重大致分配为：以往支付历史占35%；信贷欠款数额占30%；立信时间长短占15%；新开信用账户占10%；信用组合类型占10%。FICO信用评价模型的理论分值在300~900分，实际操作中分值主要集中在500~800分，过高或过低的情况都是极少发生的。评分越低，表明信用风险越大。费尔·艾萨克公司以其多年在个人信用评价市场的运作，收集了大量贷款信息，获得了具有实践指导意义的众多实证成果。据一项统计显示，信用评分低于600分，借款人的违约比例是1/8；信用评分在700~800分，违约率为1/123；信用评分高于800分，违约率为1/1 292。

贷款人根据FICO信用评价模型评价申请人的违约概率，进而结合申请人提供的与申请人偿付能力有关的其他信息，例如收入、负债比例等数据，来确定是否贷款及所适用的贷款利率。

二、企业信用评价方法

目前国内外常用的企业信用评价方法有很多，大致有专家评价法、经济分析法、数理模型分析法等几大类。专家评价法是以专家的主观判断为基础进行评价的方法，包括评分法、分等法、加权评分法等。这种方法简单易行，但主观性强。经济分析法是一种以某个事先确定了的综合指标来评价不同评价对象的方法，指标含义明确、便于对比，但存在计算公式和模型不易建立，并且面对较多因素时难以实施等不足。数理模型分析法是运用数学、统计学、运筹学等现代数量分析技术进行企业信用评价的方法，是越来越受到重视的信用分析技术。

长期以来，我国企业信用评价工作主要局限于银行系统对贷款客户或专门评价机构对特定企业（如债券、股票发行公司等）的评价，且评价的目标和方法有很大的局限性，而大多数企业实际经营中需要的信用分析技术仍十分缺乏。因此，我们需要根据国际上最新的信用分析方法和模型，并结合我国企业的实际情况进行指标和参数设置，得到适合我国企业的信用分析模型。国际上较常用的信用分析模型主要有：A记分模型、Z记分模型、巴萨利模型、营运资产分析模型、特征分析模型，此外还包括决策树模型、神经网络模型和专家系统等，本书选取其中最常用的三个模型作简要介绍。

（一）A 记分模型

A 记分模型的基本思路是：首先将与企业风险有关系的各种现象或标志性因素列出，然后依据它们对企业经营失败的影响大小进行赋值，最后将企业的所得分数相加从而得到该企业的确切风险程度。A 记分模型认为，企业的经营失败并不是突然发生的，而是有一个过程，即企业首先产生一些经营上的缺点或不足，若得不到克服则会导致经营上的错误产生，若错误得不到纠正则会出现明显的企业破产征兆，若此时企业仍不能采取有效措施予以解决，则将导致企业的最终破产。可见，A 记分模型的关键是对于风险因素的处理。这些因素可分为三类：企业的经营缺点；企业在经营上犯的错误；企业的破产征兆。模型对这三类风险因素赋值，并根据各种风险因素的影响程度加以记分。分值越大则风险越大；反之，则越小。按照这一思路，A 记分模型对各风险因素的评分分为满分或零分两种情况。该模型的临界值及其揭示的信用风险如下：

$$A 分值 = \begin{cases} [0,18] & 安全区/警戒区 \\ [18,25] & 正常风险区 \\ >25 & 高风险区 \end{cases}$$

（二）Z 记分模型

为了综合考查和评价企业的财务风险，奥特曼于 1968 年提出了 Z 记分模型，他选择了五种财务比率作为模型的变量，通过对选择样本的回归分析，得出如下回归模型：

$$Z = 1.2X_1 + 1.4X_2 + 3.3X_3 + 0.6X_4 + X_5$$

其中：$X_1 = \dfrac{营运资本}{总资产}$

$X_2 = \dfrac{留存收益}{总资产}$

$X_3 = \dfrac{息税前收益}{总资产}$

$X_4 = \dfrac{权益市场价值}{账面债务总额}$

$X_5 = \dfrac{销售收入}{资产总额}$

Z 记分模型根据所选财务比率在预测企业经营失败方面的能力大小给予不同的权重，以计算出的加权和作为企业的综合风险值，即 Z 值，将其与临界值对比，就可以判断企业的风险程度的大小。根据对过去经营失败的企业的统计数据分析，奥特曼得出一个适用于大范围不同类型企业的经验性风险临界值，即 $Z = 3.0$。企业的 Z 值高于 3.0 时可以判断为较安全企业；反之，为高风险企业。此外，若 Z 值低于 1.8，则该企业表面上尚未破产，实际已经潜在破产。Z 值的临界值及其风险判别区域如下：

$$Z\text{值} = \begin{cases} <1.8 & \text{财务失败的概率很高，企业将会破产} \\ [1.8, 2.99] & \text{不确定区域，企业可能会破产，也可能不会破产} \\ >2.99 & \text{财务失败的概率很小，企业将不会破产} \end{cases}$$

（三）营运资产分析模型

信用评价除了确定企业是否会失败，即能否给予信用以外，最好还应具有确定信用额度的功能，以上介绍的模型都不具备此功能。而营运资产分析模型则在这方面有了开拓性的进展。营运资产分析模型选取了流动比率（W_1）、速动比率（W_2）、流动负债权益比率（W_3）、总负债权益比率（W_4）四个比率：

$$W = W_1 + W_2 - W_3 - W_4$$

通过模型可以计算出评价的标准值（W），为了确定信用额度，还须计算营运资产。营运资产的概念与营运资本不同。营运资本是指流动资产减去流动负债后的余额，而营运资产则是营运资本与净资产的简单平均值，即营运资产 = （营运资本 + 净资产）/2。营运资产分析模型评价标准见表 6-7。

表 6-7 营运资产评价标准以及信用额度百分比

标准值	风险类别	信任程度	信用额度
$W \leqslant -4.6$	高	低	0
$-4.59 \leqslant W \leqslant -3.9$	高	低	2.5%
$-3.89 \leqslant W \leqslant -3.2$	高	低	5.0%
$-3.19 \leqslant W \leqslant -2.5$	高	低	7.5%
$-2.49 \leqslant W \leqslant -1.8$	高	低	10.0%
$-1.79 \leqslant W \leqslant -1.1$	有限	中	12.5%
$-1.09 \leqslant W \leqslant -0.4$	有限	中	15.0%
$-0.39 \leqslant W \leqslant +0.3$	有限	中	17.5%
$+0.29 \leqslant W \leqslant +0.9$	有限	中	20.0%
$W \geqslant 1$	低	高	25.0%

企业信用评价是否能发挥作用，关键取决于所选用的分析方法和模型的科学性和实用性。现代西方企业的信用分析模型多采用预测性模型，如 Z 记分模型，这类项目目标单一，

对财务信息依赖性强，不太适用于我国企业的信用分析。而营运资产分析模型属于管理模型，侧重于均衡地解释客户信息，衡量客户的实力，由于这类模型具有较大的灵活性，通俗易懂，因此被广泛应用。

案例

中国评级机构"单挑"国际巨头

2010 年 7 月 11 日，此前一直低调的大公国际资信评估有限公司（以下简称大公国际）在北京发布《2010 年国家信用风险报告》和首批 50 个典型国家的信用评级，在调低美、英、法等传统发达国家信用等级的同时，提高了中国、巴西等新兴市场国家的信用等级。大公国际称，"这是第一个非西方国家评级机构第一次向全球发布的国家信用风险信息。"

2009 年 12 月，穆迪、标准普尔、惠誉三大国际评级机构集体向希腊"发难"，将希腊长期主权信用级别降至负面。而 2010 年 4 月，标准普尔又将其降为垃圾级，并由此引发一连串连锁反应，欧盟各成员国"人人自危"，甚至不少专家警告其可能引发第二轮金融危机。国际信用评级机构为何有如此大的能量？信用评级背后到底有什么样的秘密？作为挑战者形象出现的大公国际又有什么样的资本向三大国际信用评级机构公开叫板？

《纽约时报》专栏作家弗里德曼曾说："我们生活在两个超级大国的世界里，一个是美国，一个是穆迪。美国可以用炸弹摧毁一个国家，穆迪可以用债券降级毁灭一个国家；有时候，两者的力量说不上谁更大。"弗里德曼甚至说，在 20 世纪 90 年代，对于一个发展中国家领导人来说，最重要的访客也许不是其他国家的首脑，而是来自穆迪的职员。

但是，人们开始发现，穆迪、标准普尔、惠誉这国际"三大"其实并不可靠。这三家机构垄断全球 92% 信用评价业务。德国《明镜》周刊 2010 年 6 月的文章说，三大机构可以通过降低一国的信用级别，让投资人抛售一国国债，毁灭这个国家，如希腊。

就在三大国际评级机构备受质疑的当口，标榜独立的大公国际适时推出了国内首份国家主权信用报告。这份报告的出炉，自 2005 年起历时五年，斥资 2 000 万元。

作为首份非西方国家主导的主权信用报告，大公国际 7 月 11 日推出的《2010 年国家信用风险报告》和《50个国家信用等级报告》，被业界称为"一鸣惊人"。

与标准普尔、穆迪和惠誉三大国际评级机构结论不同的是，大公国际的报告在调低了美、英、法等传统发达国家信用等级的同时，提高了中国、巴西等新兴市场国家的信用等级。尤为惹人关注的是，大公国际还"剥夺"了美国的AAA顶级信用评级。

中央财经领导小组办公室"信用评级与国家金融安全"课题组的报告显示，我国国内共有五家获得认可的权威信用评级机构，分别为中诚信、联合资信、大公国际、上海远东资信评估有限公司、上海新世纪。其中，穆迪于2006年收购中诚信49%的股权并接管经营权，并约定7年之后持股51%。同年，美国控制的香港新华财经收购上海远东62%的股权。2007年，惠誉收购联合资信49%的股权。目前，美国标准普尔与上海新世纪已经签署了战略合作协议，正在洽谈收购事宜。

就上述情况而言，国内五家评级机构中仅大公国际依然是以国内资本为投资主体。这种独立性成为大公国际对外主打的一个"王牌"。

国内相关人士称，国家主权信用评级目前国内只有大公国际一家在做，其他同行主要对在资本市场发债融资的企业和金融机构进行评级。至于为何其他公司都不涉足国家主权信用评级，上述人士表示与投入产出有关，因为评级机构现行盈利模式为发行人付费，而进行国家主权信用评级并没有人给评级机构付费。

资料来源：丁晓琴：《中国评级机构"单挑"国际巨头，进美国市场遭拒》，载《新京报》，2010 - 07 - 28。

·本章小结·

1. 信用评价机制由评价主体、评价对象、评价标准、评价指标体系和评价方法构成。其中，评价对象是社会各信用主体，评价指标体系和评价方法是核心。由于不同的信用主体具有不同的自然属性和经济特性，因而评价指标体系和评价方法具有很大差异。

2. 在发达国家长期的信用管理实践中，人们总结出了对评估对象的信用评价应着重考查的有关因素，将这些因素有机地结合在一起作为一种稳定性的标准运用于信用评价体系之中，并随着评价实践的发展而逐步充实和完善，进而形成了具有普遍指导意义的成熟的信用评价方法。常用的评价方法包括5C评价法、5W评价法和CAMPARI评价法等。

✏️ **课后练习题**

一、单项选择题

1. 下列选项中，有关信用评价对企业的作用的说法不正确的是（　　）。

    A. 信用评价是融资市场的通行证

    B. 信用评价增加企业的信息收集成本

    C. 信用等级高的企业的融资成本将降低

    D. 信用评价减轻企业经营管理的外在压力

2. 信用评价的流程是（　　）。

    ①确定评价指标体系　　②收集数据　　③生成信用报告

    ④确定评价目标　　　　⑤进行评价

    A. ④①②⑤③　　　　　　　　　B. ②④⑤①③

    C. ③①⑤④②　　　　　　　　　D. ①②④⑤③

3. 下列选项中，不属于5C的是（　　）。

    A. 能力　　　　　　　　　　　　B. 资本

    C. 担保品　　　　　　　　　　　D. 资源

4. 下列各选项中，不属于我国现阶段信用评价机构存在的问题的是（　　）。

    A. 信用评价机构独立性不足

    B. 信用评价机构具有较强的区域性特征

    C. 设立信用评价机构的门槛较高

    D. 相应的机构和信息系统建设没有能够适时跟进

5. 信用风险等级是在信用信息资源整合的基础上形成的，这一整合过程所解决的是信用中的（　　）问题。

    A. 委托代理　　　　　　　　　　B. 信息不对称

    C. 搭便车　　　　　　　　　　　D. 道德风险

6. 信用评级机构的力量基础是（　　）。

    A. 强制性的行政权力

    B. 对专家意见的垄断

    C. 将某些经营主体排斥在交易之外的经济力量

    D. 良好的声誉

7. （　　）是企业偿还债务、履行有关契约的关键因素，也是考查企业是否有能力和实力保证自己信用的重要指标之一。

A. 管理者基本素质评价指标　　　　　B. 企业基本素质评价指标

C. 财务状况评价指标　　　　　　　　D. 企业成长和发展能力评价指标

二、多项选择题

1. 信用评价的特点包括（　　）。

A. 服务性　　　　　　　　　　　　B. 全面性

C. 公正性　　　　　　　　　　　　D. 监督性

E. 客观性

2. 信用评价的服务对象有（　　）。

A. 投资者　　　　　　　　　　　　B. 商业银行

C. 证券承销机构　　　　　　　　　D. 金融监管机构

E. 政府

3. 属于5C评价法中品德的表现的有（　　）。

A. 借款人过去偿付贷款和其他债务的记录

B. 人的道德品质、习惯和偏好

C. 债务人的财务实力

D. 个人在社会中的地位和声望等

E. 抵押和担保情况

4. 有关CAMPARI评价法说法正确的是（　　）。

A. 该方法中的品德、能力、担保的含义与5C评价法相同

B. 该方法将贷款金额和贷款带来的利润纳入考查范围

C. 评价从受信人过去的信息、经济能力过渡到了评价贷款项目的未来收益上来

D. 从注重未来转为注重过去

E. 从注重定性转为注重定量

5. 信用评价指标体系的设计原则有（　　）。

A. 盈利性　　　　　　　　　　　　B. 可操作性

C. 可比性　　　　　　　　　　　　D. 定量指标和定性指标相结合

E. 服务性

6. 信用评价指标一般可分为（　　）。

A. 计划（预算）标准　　　　　　　B. 历史标准

    C. 客观标准　　　　　　　　　　D. 经验数据标准

    E. 公正标准

7. 企业信用评价方法包括（　　　）。

    A. A 记分模型　　　　　　　　　B. Z 记分模型

    C. 营运资产分析模型　　　　　　D. FICO 模型

    E. 比率分析法

8. A 记分模型的关键是对于风险因素的处理，这些因素可以分为：（　　　）。

    A. 企业的经营缺点　　　　　　　B. 企业竞争中的优势

    C. 企业在经营上犯的错误　　　　D. 企业的破产征兆

    E. 企业的财产实力

三、判断题

1. 一个企业信用级别的高低反映了企业在社会上的形象和生存与发展的机会，是企业综合经济实力的反映，是企业在经济活动中的身份证。（　　　）

2. 个人信用评价是市场经济发展到一定阶段的产物，是个人消费信贷发展的迫切需要。（　　　）

3. 5C 评价法是从个人局部信用出发进行评价的方法。（　　　）

4. 目前我国业已建立起与信用评价相配套的股票市场和债券市场。（　　　）

5. 标准普尔公司和穆迪公司的机构信用等级划分大同小异，前五个级别债券信誉高，风险小，是"投资级债券"。（　　　）

6. 不同的性别抗风险能力的差别是女性稍高于男性。（　　　）

7. 在授信之后，信用情况的不断变化要求对个人信用风险进行跟踪，不断追加新信息，并据此得到动态的信用评分。（　　　）

8. A 记分模型认为企业的经营失败并不是突然发生的，而是有一个过程。（　　　）

第七章

社会信用服务业务

学习目标

1. 了解信用服务行业的业务范围；
2. 了解我国信用服务行业发展的特点；
3. 掌握各种具体信用服务的内容。

基本概念

信用服务行业	消费者个人信用调查	信用评级	财产征信
商账追收	保理	信用保险	信用担保

促进社会信用服务行业的市场化发展是构建社会信用体系的必由之路。信用服务行业具有智力密集、技术密集、专业化程度高、市场集中度高的特点，承担着信用信息收集、加工、处理和传递的功能，在防范信用风险、促进信用交易方面发挥着重要作用。应大力培育和发展一批具备较高执业资质和道德水准的独立、公正、市场化运作的信用服务机构。

第一节　社会信用服务行业概述

一、信用服务行业的业务范围

信用服务行业按工作性质，可分为征信服务业和信用咨询服务业两大类。从国内外征信公司的操作来看，征信服务包括：企业信用调查、消费者个人信用调查、信用评级、财产征信（资产调查和评估），这类业务均属于征信范畴，在此范围内的专业企业大多是征信产品的制造商；信用咨询服务包括：商账追收、保理、信用保险、信用管理咨询、信用管理培训和信用担保。属于此类范围的企业不生产征信产品，而是以征信产品的组合为基础，向客户提供信用咨询服务，同时也开发信用服务专业软件。信用服务行业的服务分支具体包括以下几方面：

（1）企业信用调查，其主要从事企业信用调查业务，内容包括：注册情况、企业背景、历史记录、负责人情况、经营状况、财务状况、付缴记录、银行往来记录、财产抵押及诉讼记录、综合评估等。这些内容通常都有固定的收费标准。

（2）消费者个人信用调查，是指出专业人员通过合法渠道对分散在各商业银行和其他社会方面的个人信用信息进行收集、整合，按照法律的要求储存个人信用记录，建立个人信用档案，形成个人信用信息数据库，向被记录者本人和其他合法用户提供信用调查服务。消费者个人信用分三个领域，即零售信用、现金信用和服务信用。消费者个人信用调查为在技术上支持各类授信人的科学授信管理提供前期支持。

（3）信用评级，一类是对金融机构、债券、行业和国家主权信用进行评级，目的是对投资者的投资对象做出客观和量化描述；另一类是对企业和个人信用状况，主要是还款能力进行评级，供交易时参考。

（4）财产征信，主要指对债务人或担保人名下的企业或个人资产进行秘密调查，出具资产评估报告，又称资产调查。内容包括对有形资产的特征和产权调查等，对无形资产通常低估或忽略其价值。

（5）商账追收，原意是指企业的坏账追收，但随后这个词的含义发生了变化，大多数企业习惯于将企业自身进行的账款管理和追收叫做应收账款管理，而将委托外部专业机构收账称为商账追收。这时，商账追收的含义逐步演变为"委托专业机构收账"。这里所说的"商账追收"一般即指专业收账机构的追账行为。

（6）保理，用于180天内付款的信用交易。保理商通过立即付款的形式购买应收账款，为卖方提供买方信用调查与评估、100%买方信用风险担保、应收账款管理与追收等综合性服务。

（7）信用保险，是指债权人向保险人投保债务人的信用风险的一种保险，是一项企业用于风险管理的保险产品。其主要功能是保障企业应收账款的安全。其原理是把债务人的保证责任转移给保险人，当债务人不能履行其义务时，由保险人承担赔偿责任。信用保险与保理业的区别在于，它不介入贸易过程，只在确定买方不能到期还款后一定期限内向卖方提供赔偿。

（8）信用管理咨询，主要为客户提供信用管理诊断、信用管理机制建立、信用政策制定、组织机构整合、信用分析与决策咨询等顾问服务。

（9）信用管理培训，是专业信用服务机构为客户提供的信用管理知识和技能培训。

（10）信用担保，作为担保中最为基础性的部分，在当前社会经济活动中具有非常重要的作用。它是由专门的机构为担保对象提供的一种信用保证。

另外，市场调查是信用服务行业的旁支行业。市场调查机构专门负责调查某行业或某产品在市场中的总体状况，并为委托调查者提供总体分析报告。市场调查也可以理解为深度信用报告，但与企业信用报告不同的是，调查的对象是行业与产品，而非企业。由于调查的结果已经不仅仅局限于信用特征，因此，信用业界只把市场调查作为信用服务行业的旁支。

二、信用服务行业的产生及其发展

在欧美发达国家，信用服务机构早在19世纪中期就产生了，而且基本由民间自发建立，并在国家有关政策的指导下得以迅速发展，尤其是在第二次世界大战之后发展更为迅速。

进入20世纪90年代以后，随着各种有关信用服务的技术手段和网络技术的发展，专业信用服务机构意识到，凡企业信用需要的服务和手段都应该提供给客户，而且应该是一种"一条龙"式的服务，几乎所有的服务都被包容进来。因此，单一的从事某一类业务的信用服务机构已很少见。

三、我国信用服务行业发展的特点

（一）市场化运作模式已经基本形成

我国的信用服务行业是在政府驱动下起步的，但在目前的信用服务市场上，各信用服务机构均采取商业化运作方式，不同类型的信用服务机构均是按照商业化原则在市场上展开竞争，向社会提供客观、独立的信用服务和咨询。

（二）市场集中度逐步提高

虽然目前国内信用服务市场上有数十家各类信用服务机构并存，但是从业务数量和征信规模来看，经过几年的激烈竞争，征信市场的集中度相对较高。新华信商业风险管理有限责任公司、华夏国际企业信用咨询有限公司、美国邓白氏咨询上海有限公司、台湾地区的中华征信所在内地的分公司——中领公司等几家公司，已占据了我国全部市场份额的80%左右。其他各种类型的机构所占市场份额不足20%。另外，部分商业银行自身开展了对贷款企业的征信，并相应成立了自己的征信部门，也占有征信市场的部分份额。

（三）机构规模普遍较小，从业人员参差不齐

目前我国信用服务机构的总体规模普遍较小。几家规模比较大的信用服务机构，其年营业收入也仅有1 000万元左右，这和国际大型信用管理咨询公司年营业收入10亿美元左右的规模相比相差甚远。我国信用服务机构从业人员较少，人数最多的也仅有上百人，通常为几十人，有的信用服务机构仅有几个人，而且这些从业人员素质参差不齐，具有大专以上学历的从业人员比例不高，这严重影响了我国信用服务行业的进一步发展。

第二节　商账追收

一、商账追收的定义

国际国内市场竞争日趋激烈，并普遍呈现出买方市场特征，信用交易方式已逐渐成为众多企业的必然选择。然而，信用交易在扩大了企业的销量的同时，也不可避免地带来了巨大的信用风险。其中，保证应收账款安全、及时回收就成了企业降低和避免信用风险最重要的内容。事实上，在企业开展赊销的信用交易中，往往很有可能产生逾期应收账款。在这种情况下，为避免逾期应收账款给企业带来的巨大损失，国际通行的做法是委托专业机构进行商

账追收。

商账追收公司接受客户的委托，以威胁欠债方的信用记录和提起法律诉讼为主追收账款，并根据收回的金额提取一定比例作为佣金。

商账追收的基础和依据是相关法律的完善。在信用发达国家，商账追收活动是合法的，其主要手段是帮助授信人向不能履约的客户进行电话催收，依法要求债务人守信，提起法律诉讼等。世界各国对商账追收公司业务的管理与规范都很严格，有立法约束。例如，美国有专门的《公平催账法》。一般而言，商账追收公司必须同律师事务所等合作，而且许多国家不允许外国公司在其境内从事追账活动，能够直接从事全球性商账追收业务的公司非常少。从世界范围看，商账追收是企业应收账款管理的重要手段之一。据统计，世界各国商账追收公司每年为债权人追回欠款的数量超过了法律机构追回欠款的数量，约占商业纠纷金额的60%。

二、商账追收的基础和方式

（一）专业商账追收所依靠的四个基础

1. 信誉基础

信誉是企业的生命，商账追收公司从事的是一种资信服务，依靠自身卓越的信誉和对企业信誉的影响力构成对债务人的巨大压力。

2. 网络基础

商账追收公司在主要城市都有办事机构，已形成一些商业程序。

3. 专业人员

专业追账律师具有专业优势和丰富经验，他们熟悉当地语言、商业程序和法律程序，有专业的追款技巧和谈判能力。

4. 法律基础

专业追账律师可进行非诉讼追讨及诉讼追讨。

（二）三种商账追收方式

广义上，商账追收的三种方式为自行追讨，通过法律途径追讨，委托追账律师追讨。狭义上一般指专业机构的追账。

三、商账追收服务的运作流程

从委托收款到追款关案，一般商账追收公司的工作流程主要包括三个部分：第一，接受授权委托，收集案情资料。第二，签订追账服务协议开展追账，定期提供进程报告。追账主要是通过以下几个途径：电子邮件/信件、电话/传真、互联网、面谈。第三，完成追账并关案。

这只是一个大概的工作流程，具体到每个公司会增加很多具体的细节。从接受客户委托到案件关闭的流程基本如下：

（1）接受债权人委托进行应收账款处理。

（2）提醒债务人到期付款，并在账款逾期的一定天数内（例如60天内）继续催收工作。

（3）接受委托进行逾期欠款追收。

（4）研究案情。

（5）调查债务人的财务状况与现状。

（6）联络小组进行联络，安排与债务人见面及谈判，进行追收工作。如果一个联络小组没有成功，一般启用另一个联络小组进行交叉追讨。

（7）如果通过上述途径仍未成功，建议债权人通过商账追收公司的专业律师进行追收。

（8）如果债权人同意将案件转交律师，律师将与债务人进行沟通，强调诉讼的后果，争取在诉讼前解决问题。

（9）如果债务人没有协商解决的意图。经过调查，债务人有偿付能力，则向债权人建议进行诉讼。

（10）如果债权人同意进行法律诉讼，则着手进行诉讼和财产保全事宜。

（11）协助进行财产调查和法庭执行。

四、商账追收服务在我国的发展

商账追收业务由对外经济贸易部计算中心于1991年底引入我国，当时主要目的是帮助我国外贸企业追讨海外欠款。但是，国内商账追收是一个存在巨大争议的行业。在西方国家，商账追收行业完全是合法行业，有专项法律约束，其追讨手段是合法的信用压力和法律压力。而在我国，目前还没有制定针对商账追收的法律条文。社会上某些黑社会性质的组织公开利用非法手段追收欠款，给社会安定带来巨大的隐患。

商账追收行业是信用行业中的一个重要分支领域。当前企业面临严峻的商账难收问题，特别是我国加入世界贸易组织以后，商账问题愈加突出，严重地影响了企业的市场竞争力。当初国家经济贸易委员会、公安部和国家工商行政管理局先后两次取缔商账追收业务活动，是因为当时从事此项业务的一些单位和个人并没有按照行业的规则办事，因而屡屡出现严重违法乱纪和刑事犯罪行为。

企业信用调查、信用管理咨询、信用管理培训等信用服务分支在我国都有不同程度的发展，特别是企业信用调查和信用评级经过十多年的发展，在国内已形成了相当规模，培养了一批业界的领导企业。随着中国社会信用体系建设的发展，信用服务专业技术日趋完善。但商账追收业作为信用服务的重要分支不仅没有与其他信用服务分支共同发展，反而遇到了政策禁区。没有商账追收业的社会信用体系是不完整的社会信用体系。问题的关键是商账追收业自身如何发展，政府如何规范和管理。

第三节　信用保险

一、信用保险的含义

信用保险是以商品赊销和信用放贷中的债务人的信用作为保险标的，在债务人未能如约履行债务清偿而使债权人遭到损失时，由保险人向被保险人，即债权人提供风险保障的一种保险。信用保险与财产保险、人身保险和再保险并称为四大保险业务。

信用保险的主要任务是对工商企业和个人的信用状况进行调查、分析和评估，并在长期跟踪调查研究的基础上为客户提供信用保险，帮助他们最大限度地将公司信用风险降至最低点。

信用是商品买卖中的延期付款或货币的借贷行为。这种借贷行为表现为以偿还为条件的商品和货币的让渡形式。即债权人用这种形式赊销商品或贷出货币，债务人则按规定日期支付欠款或偿还贷款，并支付利息。信用保险是在这种借贷活动中，商品赊销方（卖方）赊销商品后不能得到相应的偿付，即赊购方（买方）出现信誉危机后产生的。商品运动过程中使用价值的让渡和价值实现的分离是信用危机产生的必要条件，商品生产的盲目性则是信用危机产生的充分条件。信用危机的出现在客观上要求建立一种经济补偿机制以弥补债权人所遭受的损失，从而能够充分发挥信用制度对商品生产的促进作用。可见，信用保险正是随着信用制度的发展而应运而生的。

二、信用保险的分类

信用保险有两种基本的分类方法。

（一）根据保险标的性质的不同分类

根据保险标的性质的不同分类，可以将信用保险分为商业信用保险、银行信用保险和国家信用保险。如果保险标的是商品赊购方（买方）的信用，这种信用保险则称为商业信用保险；如果保险标的是借款银行的信用，这种信用保险则为银行信用保险；如果保险标的是借款国的信用，这种信用保险则为国家信用保险。

（二）根据保险标的所处地理位置分类

根据保险标的所处地理位置的不同，可以将信用保险分为国内信用保险和出口信用保险。如果保险标的是国内商人的信用，这种信用保险则为国内信用保险；如果保险标的是他国商人的信用，这种信用保险则为出口信用保险。

出口信用保险，是以出口贸易和海外投资中的外国买方信用风险为保险对象，以出口企业在出口合同中应当享有的合法权利为保险标的的信用保险。出口信用保险是最常见的信用保险形式，它以国际贸易中来自一国买方的风险为保险对象，针对由于进口商的原因（不付款等情况）造成的经济损失进行保险。按照出口合同中规定的信用期限不同，出口信用保险业务分为短期出口信用保险和中长期出口信用保险两大类。短期出口信用保险使用期限在180天以内，如付款交单（D/P）、承兑交单（D/A）、挂账（O/A）等方式的出口。中长期适用于信用期在1年以上，一般不超过10年的出口信用保险。出口信用保险人拥有强大的信息资源。他可以随时检查出口商买方的业务量、信用等级，使得出口商更多地了解其新客户和潜在的商业伙伴。出口信用保险的保险责任包括商业风险及政治风险。商业风险包括：买方无力偿付债务或破产，买方拒收货物并拒付货款，买方拖欠货款。政治风险包括：买方国家禁止或限制汇兑，买方国家撤销进口许可证，买方所在国或货款需经过的第三国颁布延期付款令，战争，暴乱或革命、被保险人和买方均无法控制的非常事件等。

三、保险费的计算

（一）保险金额

按照国际保险市场的习惯做法，出口货物的保险金额一般按照 CIF 货物价值另加10%

计算，这增加的 10% 叫做保险加成，也就是买方进行此笔交易所付的费用和预期利润。保险金额的计算公式是：

$$保险金额 = CIF\ 货物价值 \times （1 + 加成率）$$

（二）保险费率的确定

短期出口贸易险项下，保险公司一般以出口国别、支付方式和信用期限为确定费率的基本因素，根据国别风险等级、支付方式的种类和信用期限的长短制定相应费率表，在此基础上综合考虑出口企业投保范围及风控水平、国外买方的资信状况、贸易双方交易历史、出口市场风险程度等各方面因素适当调整以确定最终费率，被保险人投保后依据实际出口业务对应费率表中的费率交纳相应保费。

中长期项目的费率是以项目为单位进行确定和收取的，项目费率的高低主要取决于以下几个因素：项目国家风险类别、项目宽限期和还款期的长短、债务人和担保人的信用等级、项目风险保障安排。对于每一个项目，一般会综合以上几个因素，参考基础费率表，确定项目适用的费率。

国内贸易信用保险采用国际信用保险机构通用的定价机制，在充分考虑国内信用销售市场特点的基础上，根据产品和承保条件的不同，制定出灵活的定价体系。

国内贸易信用保险产品以投保业务规模和赊销账期为主要定价参考因素，通过行业、投保人风险管理水平、买方质量等因素的变化进行调节。相同条件下，投保业务规模越大，赊销账期越短，费率越低。根据国际信用保险通用原理，保险人对于对全部赊销买方进行投保，且投保额达到一定规模的保单给予较低的费率水平。

（三）保险费

投保人按约定方式交纳保险费是保险合同生效的条件。保险费根据保险人确定的保险费率和保险金额计算，其计算公式是：

$$保险费 = 保险金额 \times 保险费率$$

四、出口信用保险的作用

出口信用保险的作用是防范不付款风险，保护出口商免受因买方或买方国家长期拖欠而造成的损失。随着目前世界各国贸易的不断发展，出口信用保险的作用越来越明显。出口信用保险为出口商提供降低风险、促使融资便利、增强竞争力等保护和帮助，其作用可以概括如下：

（一）风险评估

信用保险公司通过与国际资信调查和评估机构建立稳定的联系网络，可随时了解境外政治经济最新动态和境外商家的经营状况，为出口企业提供及时、准确的资讯服务。

（二）保证企业生产经营活动的稳定发展

银行向企业发放贷款必然要考虑贷款的安全性，即能否按期收回贷款。企业投保了信用保险以后，就可以通过将保单作为一种保证手段抵押给贷款银行，向贷款银行转让保险赔款，要求保险人向贷款银行出具担保等方式，使银行得到收回贷款的可靠保证，解除银行发放贷款的后顾之忧。可见，信用保险的介入，使企业较容易得到银行贷款，这对于缓解企业资金短缺，促进生产经营的发展均有保障作用。

（三）提供融资便利

如果企业的出口或投资已获得出口信用保险保障，银行通常会提高出口企业贷款的额度，以及放松贷款的条件，使出口或投资企业易于获得银行的信贷支持。

（四）促进商品交易的健康发展

在商品交易中，当事人能否按时履行供货合同，销售货款能否按期收回，一般受到多种因素的影响。而商品的转移又与生产者、批发商、零售商及消费者有着连锁关系。一旦商品交易中的一道环节出现信用危机，不仅会造成债权人自身的损失，而且常常会引起连锁反应，使商品交易关系中断，最终阻碍商品经济的健康发展。

有了信用保险，无论在何种交易中出现信用危机，均有保险人提供风险保障。因此，即使一道环节出了问题，也能及时得到弥补。

（五）促进出口创汇

外贸出口面向的是国际市场，风险大、竞争激烈，一旦出现信用危机，出口企业就会陷入困境，进而影响市场开拓和国际竞争力。如果企业投保了出口信用保险，当被保险人因商业风险或政治风险不能从买方处收回货款或合同无法执行时，他就可以从保险人那里得到赔偿。因此，出口信用保险有利于出口企业的经济核算和开拓国际市场，最终促使其为国家创造更多的外汇收入。

五、出口信用保险在我国的发展及其存在的问题

随着改革开放和对外贸易发展的需要，1988年起我国开始试办出口信用保险，于1989年正式由中国人民保险公司开设出口信用保险业务，1994年中国进出口银行成立，和中国人民保险公司共同办理出口信用保险业务。这一阶段我国出口信用保险发展速度缓慢，规模

有限，出口信用保险金额一直占同期出口比重的 1% 左右，出口信用保险并没有成为大多数出口企业规避收汇风险的主要工具。2001 年我国为进一步适应对外贸易快速发展的需要，成立了中国出口信用保险公司，将中国进出口银行和中国人民保险公司出口信用部的出口信用保险业务合并成为我国专营的政策性出口信用保险公司。2009 年，中国信用保险及担保业务的承保金额达到 1166 亿美元，同比增长 85.8%。自 2010 年以来，中国信用保险行业积极响应国家落实和完善出口信用保险等各项政策措施的号召，紧紧围绕国家产业振兴规划和区域发展战略，不断改善产品和服务，着力推动外贸发展方式转变。截至 2010 年 9 月 14 日，中国信用保险及担保业务共实现承保金额 1269.3 亿美元，是 2009 年全年的 1.1 倍。其中，出口信用保险承保金额达到 1101.9 亿美元，同比增长 113.6%；投资和租赁保险承保金额 44.5 亿美元，增长 43.4%；国内贸易信用保险承保金额 765.8 亿人民币，增长 29.3%；新增担保金额 10.1 亿人民币，增长 108.3%；服务的客户数增长 51.6%，覆盖面进一步扩大。虽然近年来我国的出口信用保险业有了较大发展，但我国出口信用保险的规模与中国贸易大国的地位还不相匹配，其对经济的支持作用还没有充分发挥出来，同其他一些贸易大国相比，差距还很大。其存在的问题主要有以下几方面：

（一）出口信用保险缺乏法律保障

虽然我国在《中华人民共和国对外贸易法》中规定了出口信用保险的内容，但目前还没有一部专门的法律对出口信用保险作专门的规范，这远远不能满足出口信用保险的发展需要。

（二）承保方式单一

中国出口信用保险公司成立以前，出口货物短期保险品种主要是"统保"。随后为改变这一局面，中国出口信用保险公司设计出十余个品种来适应市场的需求。但与其他贸易大国相比，我国的承保方式过于单一，它使得我国出口信用保险发展缓慢，无法与对外贸易同步推进。

（三）保险基金相对不足

随着中国出口信用保险公司的成立，国家财政支持的力度有所增强。保险基金由原来的 1 亿美元增加到 5 亿美元。但随着出口信用保险规模的进一步扩大，对信用保险基金的需要也将不断增大，如果这一问题不能有效解决，将制约我国出口信用保险业务的长足发展。

（四）专业人才缺乏

我国出口信用保险业务只有短短十几年的发展历史，而且早期短期出口信用保险占绝大比例。随着近年来我国出口信用保险业务量激增，缺乏拥有操作经验的专业保险人才的弊端也逐渐显现出来。

（五）数据匮乏

中国出口信用保险开展较晚，对于国外进口商的资料缺乏。一方面无法为出口商提供信息咨询，另一方面在制定投保费率时产生困难。

（六）国内企业缺乏投保意识和风险意识

由于我国大多数的出口企业进入国际市场较晚，缺乏对国际市场和贸易风险的认识，因此我国出口企业普遍面临较高的海外坏账率，这一数字高达 5%，远远超过国际水平。从 1999 年 1 月 1 日起，我国对外贸易经营主体的资格开始放宽，到目前为止，全国有外贸经营权的新增企业有 5 万多家，但投保出口信用保险的出口企业不足 4%，可见出口企业的风险意识之差。

目前我国的信用保险业务主要包括出口信用保险、消费信贷保险等。近年来发展迅速的是基于汽车贷款的信用保险。汽车贷款分期付款保险，就是以汽车消费贷款合同规定的还款责任为保险标的的保险，它既是一种信用保险，同时又是汽车消费贷款的保证。

第四节　保　　理

一、保理的概念

保理，是卖方与保理商间的一种契约关系，主要是为赊销方式而设计的一种综合性金融服务。保理业务可分为国内保理和国际保理，本节重点介绍国际保理业务。保理，是保付代理的简称，也叫保收代理，是保理商（通常是银行或金融机构）向出口商提供进口商的信用调查，承担 100% 的信用风险，担保应收账款的催收和追偿、资金融通和财务管理的一种综合性财务服务。具体做法是：出口商事先与保理商签订保理协议，根据协议，出口商按买卖合同规定发货后，有关运输单据径直寄交进口商，而将应收账款的单据卖给保理商，由保理商通过其在进口地的代理人负责向进口商收款，保理商收到货款后，扣除一定的手续费，将货款交给出口商。

保理商在与出口商订立保理协议前，通常事先要对进口商进行信用调查，只有在进口商信用被认为确实可靠的前提下，保理商才接受办理。

保理款又称保理预付款，其并非应收账款的全部，而是扣除了保理手续费、保理利息和一定数量的预留款后的余额部分。协议对保理款的比例、保理费用和保理利息的计算方式会有明确的约定，并对保理款的支付条件予以确认，如出口商已完全正确履行商品买卖合同，进口商已确认收到应收账款债权转让通知等。

二、保理业务及其适用对象

（一）保理业务
一般保理商提供的保理业务包括：

（1）为卖方（或出口方）融通资金，包括贷款和预付款；

（2）管理销售分类账并履行关于应收账款的其他财务处理责任；

（3）收取应收账款；

（4）承担买方（债务人）无力支付而造成的损失。

（二）保理业务的适用对象
保理服务是一种债权转让交易，这是保理与信用保险的区别之一。保理商通常以立即付款的方式直接购买企业的应收账款，使企业能够及时获得所需的流动资金。同时保理商通过收取一定的费用从中营利。保理业务的适用对象为：

（1）以信用付款条件销售（出口）并有融资需求的销售商；

（2）希望与客户建立长期业务往来，避免利用价格为竞争手段的厂商；

（3）希望减少库存成本、紧急订单成本的厂商；

（4）每笔交易金额较小，希望节约成本的厂商；

（5）有良好的销售机会，但买方（进口商）拒绝开具信用证条件的卖方（出口商）；

（6）希望解决账务管理和应收账款追收的困扰，避免还账损失的企业。

三、保理业务的流程

虽然各国保理业务的侧重点不同，但大致程序类似。

在国际保理业务中，共涉及四个当事人，即出口商、进口商、出口保理商和进口保理商。具体业务程序可细分为以下步骤：

（1）出口商寻找有合作前途的进口商；

（2）出口商向出口保理商提出叙做保理的需求并要求为进口商核准信用额度；

（3）出口保理商要求进口保理商对进口商进行信用评价；

（4）如进口商信用良好，进口保理商将为其核准信用额度；

（5）如果进口商同意购买出口商的商品或服务，出口商开始供货，并将附有转让条款的发票寄送进口商；

（6）出口商将发票副本交出口保理商；

（7）出口保理商通知进口保理商有关发票详情；

（8）如出口商有融资需求，出口保理商付给出口商不超过发票金额的80%的融资款；

（9）进口保理商于发票到期日前若干天开始向进口商催收；

（10）进口商于发票到期日向进口保理商付款；

（11）进口保理商将款项付出口保理商；

（12）如果进口商在发票到期日90天后仍未付款，进口保理商做担保付款；

（13）出口保理商扣除融资本息（如有）及费用，将余额付给出口商。

四、保理服务费

虽然采取保理方式有显著的优势，但这并不是说凡是信用销售都应该采取保理方式，因为采取保理方式是需要支付一定费用的。保理服务费由以下几项构成：

（一）服务佣金

保理商一般向出口商收取每张发票面值的1%～2%的保理费。具体比例取决于以下五个因素：保理服务的总成交额、付款方式及信用期限、平均每张发票面值、出口的国家/市场、产品种类。

（二）买方信用调查费

保理商要对进口商商业信用进行调查和评估，从而确定进口商的信用额度。因此，保理公司对出口商提出的每项信用额度申请都收取少量信用调查费。

（三）银行转账费用

保理信用到期收到货款后，一般通过银行转给出口商，银行收取一定比例手续费。此外，出口商需要融资并由保理公司垫支货款时，还需要支付利息，一般按银行贷款利率计算。

所以，是否采用保理方式完全取决于支付的保理费与运用保理方式而带来的风险降低所产生的收益的平衡，取决于运用保理方式与运用其他方式收益的平衡。

五、保理与信用保险的区别

信用保险也具有保理业务中坏账担保的功能。尽管信用保险和保理业务的坏账担保服务同样具有消除或减少因信用风险而形成呆账、坏账损失的功能，但二者之间存在着较大的差别。

（一）保理商和保险公司在担保中法律责任不同

保理业务中的坏账担保是基于债权让与为核心的保理合同，其实质是买卖合同，保理商的担保付款责任是确定的，承担全部的债务人信用风险。而信用保险业务中的坏账担保是基于保险合同，即只有在事实上发生了承包范围内的风险保险人才进行赔付，而且一般只赔付70%～90%，因此债务人的信用风险由债权人和保险公司共同分担。

（二）保理商和保险公司的债权地位不一样

在国际保理业务中，保理商对债务人处于完全债权人的地位，有权直接以债权人的名义向债务人收取全部债务。而在信用保险业务中，保险人与债务人没有直接关系，只有在其向投保人支付了赔偿金后，才可能取得对债务人的代位求偿权，且请求偿付的金额也只能以其向投保人支付的赔偿金为限。

（三）国际保理业务中的坏账担保功能不包括出现贸易纠纷的债权

在保险项下，因贸易纠纷而导致的拖延付款要包括在保险责任内。也就是说，保险人对这类款项必须赔付，虽然赔偿比例较低。国际保理对坏账的担保费用相对出口信用保险的保费要低很多。官方或半官方的保险公司通常对出口贸易的对方国家和地区是有选择的。私人保险公司虽然没有选择，但保费要求得很高，通常是出口金额的1～4倍。而且一旦出险，理赔过程中发生的文牍费用和调查费用也需要投保人分担。国际保理业务中，保理商就没有这些要求，因而减轻了客户管理工作的成本和负担。

（四）国际保理业务和信用担保的时间周期和效率不同

保理业务的坏账担保服务可向出口商提供100%的坏账担保，并于形成呆账、坏账即期偿付，而信用风险通常仅赔付呆账、坏账金额的70%～90%，并于形成呆账、坏账4～6个月才赔付。另外，在采用信用保险的情况下，出口商除按期向保险公司提供销售统计报表、逾期应收账款清单等，还必须提供规定的有关文件和证明以对形成的呆账、坏账提出索赔，出口商为此要做许多管理和文字工作。而保理商对呆账、坏账的赔付并不要求出口商提供额外的文件和证明。

（五）费用上保理业务优于信用保险

保理商因为提供了坏账担保和其他服务要收取费用，但这一包含于管理费中的费用相对于信用保险费仍然比较低，且并不一定增大供应商的费用开支。在采用综合保理和到期保理的情况下，供应商因使用保理而节省的管理费用完全可以抵消保理商的收费。

六、保理在我国的发展及存在的问题

20 世纪 60 年代以来，由于国际贸易中买方市场的普遍形成、信息产业的进步、电子通信技术的普遍应用、国际保理相关规则的制定与实施，以及银行等金融机构扩大业务范围增加利润来源的需要，国际保理业务在世界范围内得到了空前的发展。我国由中国银行在 1988 年率先推出国际保理业务，1993 年加入了国际保理联合会。由于起步较晚，我国的国际保理业务还处于初级发展阶段，与欧美国家还有较大差距。近年来，我国国际保理业务的发展状况虽逐年改善，但同外国迅猛发展的态势相比，我国国际保理业务发展明显滞后于快速增长的对外贸易与经济发展水平。2009 年，我国保理业务总量达 673 亿欧元，其中国际保理 151 亿欧元，仅占出口总额8 607亿欧元的 1.75% 左右。因此，我国的国际保理业务还有很广阔的发展空间。目前，我国的保理业务主要存在以下问题：

（一）企业交易方式落后，影响保理业务的发展

信用交易在我国当前尚未普遍建立，由于受汇款、托收、信用证等传统交易方式的限制，我国出口企业满足于用传统的结算方式进行交易，还不能完全适应建立在商业信用基础上的保理业务。

（二）保理业务立法不健全

虽然我国已经加入国际保理联合会，接受了《国际保理管理规则》、《国际保理公约》等，但这些规则尚不能直接用于监督指导我国保理业务的具体实施。我国尚需要建立一套指导保理业务发展的法律体系。

（三）保理业务的信息化、电子化尚不完善

能提高效率、节约资源的互联网在各个领域都得到了广泛的应用，保理业务自然也不例外。在竞争日益激烈的市场中，网上交易成为满足客户要求，战胜竞争对手，占有市场的又一利器。而我国商业银行与各国保理公司尚未建立起完善的信息交互网络，降低了相互之间的信息传递效率。相对落后的硬件设施无疑会在一定程度上阻碍我国保理业务的进一步发展，也不利于我国的保理业务走向国际市场。

（四）缺乏一支训练有素的保理队伍

保理业务是一项专业性很强的业务，要求从事国际保理业务的人员不仅具备熟练的英语应用能力、计算机操作能力，还要有较丰富的国际金融知识、法律知识，熟悉相关国际惯例、国际贸易交易规则和习惯等。我国从事保理业务的工作人员大都未经过专业的国际保理业务培训，从业人员也缺乏实务方面的锻炼。

第五节 信用管理咨询

一、信用管理咨询的含义

信用管理咨询内容涵盖信用诊断、信用机制的建立、信用政策制定、组织机构整合、信用分析与决策咨询等顾问服务，是信用风险管理的重要组成部分。这个行业主要为广大信用主体提供信用管理咨询服务、内部培训和信用信息化服务。信用管理咨询主要是为了帮助客户实现以下目的：

(1) 规避信用风险，降低坏账损失；

(2) 提高赊销能力，创造销售最大化；

(3) 规范应收账款管理，提高应收账款周转率；

(4) 改善销售管理和财务管理，达到降低交易风险的目的；

(5) 实现内部管理制度化，降低机会成本和管理成本；

(6) 配合企业总体经营策略和内部管理政策，实现利润最大化。

小知识

机会成本是指为了得到某种东西而所要放弃另一些东西的最大价值。机会成本又称为择一成本、替代性成本。对商业公司来说，机会成本可以是利用一定的时间或资源生产一种商品时，而失去的利用这些资源生产其他最佳替代品的机会。

在生活中，有些机会成本可用货币来衡量。例如，农民如果选择养猪就不能选择养鸡，养猪的机会成本就是放弃养鸡的收益。在生产中生产一单位的某种商品的机会成本是指生产者所放弃的使用相同的生产要素在其他生产用途中所能得到的最高收入。

"机会成本"的概念告诉我们，任何稀缺的资源的使用，不论在实际中是否为之而支付代价，总会形成机会成本，即为了这种使用所牺牲掉的其他使用能够带来的益处。因此，这一概念拓宽和深化了对消耗在一定生产活动中的经济资源的成本的理解。对相同的经济资源在不同的生产用途中所得到的不同收入的比较，将使得经济资源从所得收入相对低的生产用途上，转移到所得收入相对高的生产用途上，否则就是一种浪费。

二、信用管理咨询的服务内容

信用管理咨询服务一般从企业的市场营销、销售管理、客户资源管理、资金安全和使用效率四个方面着手，分析企业存在的问题，利用信用风险控制原理加以解决，帮助企业建立起以信用管理机构为核心，以客户资源管理系统、销售风险控制系统和货款回收管理系统为框架的内部信用风险管理体系。其服务包括以下内容：

（一）企业信用管理现状诊断

企业信用管理现状诊断的内容包括：

（1）应收账款持有水平及质量分析；

（2）逾期账款及坏账情况及原因分析；

（3）客户类型及特点分析；

（4）现有信用管理制度存在的问题和缺陷分析；

（5）现有信用风险管理职能分析；

（6）现有赊销业务流程分析；

（7）信用管理工作人员工作状况分析；

（8）发现关键问题，初步确定整体解决方案。

（二）建立信用管理制度体系

信用管理制度体系应包括以下几种制度：

（1）客户资信管理制度；

（2）客户授信制度；

（3）应收账款监控制度；

（4）合同与单证管理制度。

（三）建立管理服务组织体系，明确各部门的职责和权限

建立管理服务组织体系时，需明确的内容包括以下几项：

（1）信用管理部门的职能和权限；

（2）信用管理部门的岗位设计；

（3）各岗位工作分析及对人员的要求；

（4）其他部门的信用管理职能与权限及与信用管理部门的关系；

（5）设计信用管理组织机构图；

（6）各部门信用管理工作绩效考核范围及考核指标。

（四）制定信用管理政策

信用管理政策的内容包括：

（1）基本政策类型、不同客户政策、不同产品政策、不同经营时期政策；

（2）信用标准、信用条件；

（3）信用期限、信用限额规定；

（4）现金折扣办法；

（5）与结算方式相关的价格、数量、其他优惠条件政策；

（6）销售折扣规定；

（7）赊销总量水平、应收账款规模和结构、销售未清账期和坏账控制指标；

（8）收账政策；

（9）业务人员赊销管理规定。

（五）赊销业务流程重组

在原有业务流程基础上，对赊销业务流程进行重组，包括：

（1）制定赊销业务管理工作条例；

（2）设计业务流程图并标明风险控制环节；

（3）编制各种表格和格式文件。具体包括：信用申请表、客户概况信息表、项目跟踪情况表、实地调查表、客户信用情况变动表、授信审批表、各种标准信函等。

（六）设计客户信用分析模型并制定评分标准

根据企业所在行业和客户群的特点设计客户信用分析模型或项目评价模型，并依据企业经营管理情况和信用政策选择评价因素，确定每个因素的权重和制定详细的评分标准。

（七）建立客户数据库，设计开发信用管理软件

协助企业建立客户资料数据库，根据企业所在行业特点、客户类型、企业信用管理政策、采用的信用分析模型，开发信用管理软件，以简化信用管理程序，提高信用管理质量。

三、信用管理咨询服务的运作流程

为了提高效益和压缩成本，目前企业信用管理外包需求显著增加，因此信用管理咨询业得到了迅速发展。信用管理咨询公司目前重点强调服务质量，把满足客户要求、提供具有前瞻性的解决方案作为中心任务。其咨询服务流程如下：

（1）企业内训。利用1~2个工作日向企业的高层管理人员介绍信用管理知识，转变其信用管理观念。

（2）企业诊断。实地调研，找出企业在信用管理方面存在的问题，提出解决方案建议书。

（3）初步交流。与企业的高层就解决方案建议书进行沟通，确定最终方案。

（4）方案制定。根据建议书为企业制定详细的信用管理解决方案，包括为企业量身设计管理制度框架、业务流程和技术方案等。

（5）实施辅导。就企业信用管理解决方案在实施过程中可能遇到的问题予以解答。

（6）实施培训。对企业中涉及信用管理控制环节的员工进行培训。

通过整套服务，最终使企业在信用管理方面成功实现观念重建、流程重建及组织重建，从而提高企业的信用管理水平。

全套、高质量的信用管理，一般要求企业有较好的基础管理水平。通过信用管理咨询服务，将对企业的业务流程和基础管理状况作全方位的诊断。根据企业实际情况，有可能只作局部的调整，使企业增加一条信用管理链条；也可能从销售管理和财务管理两方面对企业的管理作全局性调整。无论是哪一种方式，都使企业的销售管理、财务管理信息化。企业通过与信用管理咨询专家的接触，也会更多地获得来自企业外部的信用管理理论知识，从而迅速掌握适合本企业的国际领先的信用管理体系，使企业的管理水平上升一个崭新的台阶。

第六节　信 用 担 保

一、信用担保的概念及其分类

（一）信用担保的概念

信用担保，也称信用保证，是指由专门机构面向社会提供的制度化的保证。信用担保的概念包括三个要点：一是由专门机构提供的担保，而不是一般法人、自然人提供的担保；二是这种担保是制度化的担保，即指它是在一定的政策、法律、制度、规则框架之中的，是标准化、规范化的业务；三是它是面向社会提供的担保而不是对内部关联机构或雇员提供的担保。

（二）信用担保的分类

信用担保按其担保对象的不同，主要可以划分为以下三类：

1. 流动资金贷款担保

流动资金贷款是为解决企业在生产经营过程中流动资金的不足而发放的贷款。这种贷款的特点是贷款期限短（一般为一年），周转性较强，融资成本较低，是中小企业融资最常采用的贷款形式。担保公司将对申请企业进行调研，对于通过申请的企业，担保公司将为企业向银行提供担保，由银行发放贷款。通过担保公司的担保，可以解决中小企业抵押、质押物不足的问题，贷款额度得到信用放大。

2. 综合授信担保

综合授信担保业务主要用于企业流动资金贷款需要，内容包括流动资金周转贷款、银行承兑汇票的承兑及贴现、商业汇票的担保、国际结算业务项下融资等单一或混合项目。企业可就批准的授信额度、期限和用途根据自身实际情况需要将各种贷款方式进行组合，循环使用。该业务的特点是为企业提供了灵活、可靠的资金支持，企业可以根据实际情况自由安排资金的使用时间，提高了资金使用效率。

3. 工程项目担保

工程项目担保是以出具保函的形式应申请人的要求向保函受益人进行承诺。当受益人在保函项下合理索赔时，担保人就必须承担付款责任，而不论申请人是否同意付款，也不管合同履行的实际事实。即保函是独立的承诺并且基本上是单证化的交易业务。保函是依据商务合同开出的，但又不依附于商务合同，是具有独立法律效力的法律文件。

（1）投标担保。投标担保是公司（担保人）保证投标人正当从事投标活动向招标人所做出的一种承诺。投标人在投标报价之前或同时，向业主或招标人提交投标保证金或投标保函，保证投标人一旦中标，则受标签约承包工程。当投标人不履行其投标所产生的义务时，公司（担保人）将在投标保函所规定的金额限度内向业主或招标人进行赔偿。投标担保主要担保投标人在开标之前不中途撤销投标和片面修改投标条件，收到中标通知书和合同书后，投标人应在规定的时间内保证与业主签约和交付履约保函。否则，公司（担保人）将负责赔偿业主一定的损失，从而制止投标人的恶性、低价竞标。

（2）工程履约保证担保。工程履约保证担保就是保证合同的完成，即根据业主为一方、承包商为另一方所签订的施工合同，保证承包商承担合同义务去实施并完成某项工程。

工程履约保证担保可以采用银行保函或保证担保公司担保书、履约保证金的方式，也可以引入承包商的同业担保，即由实力强、信誉好的承包商为其他承包商提供工程履约保证担保。

（3）支付担保。保证担保人对业主资信状况进行严格审查，向承包商出具支付保函，保证工程款及时支付到位。一旦业主违约，保证担保人将代为履约。实行支付担保可以有效防止拖欠工程款现象发生。

（4）预付款保证担保。预付款保证担保就是承包商与业主签订承包合同的同时，向业主保证与工程项目有关的工人工资、分包商及供应商的费用，将按照合同约定由承包商按时支付，不会给业主带来纠纷。

（5）其他担保。其他担保包括保修担保、承包担保、分包担保、保留金担保、账户透支担保、银行委托担保等。

二、信用担保的特点

信用担保作为一种重要的中介服务已开始在中小企业融资过程中发挥越来越大的作用。作为一种特殊的中介活动，信用担保具有以下特点：

（一）它是一种信誉证明和资产责任保证结合在一起的中介服务活动

信用担保连通商业银行与企业，它是一种信誉证明和资产责任保证结合在一起的中介服务活动，由担保人提供担保，以此提高被担保人的信用等级。另外，由于担保人是被担保人潜在的债权人和资产所有人，因此，担保人有权对被担保人的生产经营活动进行监督，甚至参与其经营管理活动。由于担保的介入，使得原本在商业银行与企业两者之间发生的贷款关系变成了商业银行、企业与担保公司三者之间的关系。担保公司的介入分散了商业银行的贷款风险，商业银行资产的安全性得到了更高的保证，从而增强了商业银行对中小企业贷款的信心，使中小企业的贷款渠道变得通畅起来。

（二）担保的本质实际上就是对风险的防范或将风险分散和转移

担保公司的介入分散了商业银行对企业贷款的风险，却给担保业本身带来了高风险。对风险的识别与控制首先取决于担保专业人员业务经验的积累。最重要的一点就是，与商业银行达成共识，共同建立风险分散机制，实行比例担保。这样对于商业银行业务的开展和担保业的发展是一个"双赢"的结果。从几年来各地担保公司的业务实践上看，商业银行已经认识到此点是至关重要的。

从实际情况看，信用担保的介入只是便利了商业银行对企业的贷款，单个的担保还不具有全面调节经济资源配置的作用；但从整个担保行业看，专业担保公司的担保可以集中地、系统地按照特定目的承担数倍于其资产的担保责任，引导社会资金和商品的流向和流量，在社会经济资源的配置过程中发挥调节作用，成为政府实施财政政策和产业政策的有效工具之一。因此，世界上许多国家的政府往往愿意出资引导、推动和发展本国的担保业。

三、信用担保的一般流程

信用担保业务流程是信用担保业务开展的基础。业务流程的设计关系到项目运作效率和项目风险控制水平的高低，由于各担保公司对信用担保业务的理解不同，分别设计出了不同的业务流程。实际上，由于各担保公司的担保业务品种不一样，担保业务环境不一样，控制风险的手段不一样，担保业务流程也必然有所不同。即使在同一个担保公司内部，对于不同的业务品种也应按不同的业务流程进行操作。以下是担保业务的一般流程：

（1）申请担保。借款人向贷款人申请贷款，若借款人具有足够的抵押物或信用水平符合银行贷款条件，银行直接发放贷款；如信用水平不足，则推荐借款人向担保公司申请担保。

（2）担保公司审查项目是否符合受理条件。

（3）对符合受理条件的项目，进行现场考察、资料审查和项目正式评审。

（4）根据项目评审结果，按决策程序进行决策。

（5）对于决定承保的项目，落实反担保措施，办理保险、公证、登记等手续。

（6）收取担保费。

（7）签订委托担保合同、反担保合同、保证合同及相关协议。

（8）对在保项目进行跟踪和监管。

（9）解除担保责任。无代偿解除，担保项目结束。代偿解除，进行追偿程序：全部收回代偿损失，项目结束；未全部收回代偿损失，核销损失，项目结束。

四、信用担保的功能

信用担保有利于缓解交易双方的信息不对称状况。金融交易双方在风险信息、双方履约努力程度信息和决策信息等方面的不对称状况，为金融交易过程中因交易主体的机会主义行为产生内生交易费用创造了可能性，内生交易费用的存在增大了交易的成本，阻碍了金融交易的顺利进行。贷款人为了防范风险而采取谨慎的态度，使许多本应得到资金支持的项目无法运作，这当然不利于资源的优化配置与经济发展。特别是当资金需求者规模较小、拥有资金少或者处于运作初期时，资金供给者对它的信任度就小。没有信用作为双方的黏合剂，金融交易很难达成。现实经济生活中的中小企业往往就面临着这样的融资环境。

以上分析告诉我们，通过建立中介机构行使信用担保的职能可能是解决金融交易中信用不足而产生的金融阻塞问题的有效途径之一。中小企业由于规模有限难以提供充足的抵押品，也不可能有足够的资产净值，除了极少数高科技企业外，大量中小企业也都与资本市场的直接融资无缘。信用担保是由信用担保公司与债权人约定以保证的方式为债权人提供担保的。当被担保人不能按合同约定履行债务时，由担保人进行代偿，承担债务人的责任或履行债务，这是一种信誉证明和资产责任结合在一起的金融中介行为。可以看到，信用担保实质上发挥了类似于抵押物的作用，在资金需求者抵押物品不足、缺乏信用记录的情况下，通过第三方的介入，提供信用补充和增强，减少交易风险，弥补信用不足可能造成的金融堵塞。信用担保的信用增强功能不仅能够提升债务人的信用质量，起到风险隔离和屏蔽的防火墙作用，而且在信息披露等方面也能更好地满足债权人和债务人的要求。信用担保作为一种金融中介延长了金融交易中的信用链条，是社会信用体系的重要组成部分，亦是降低金融市场交易成本、促成有效的市场交易完成的重要金融工具之一。

★ 案例

建立完善动产担保制度还需多方努力

2007年9月30日，中国人民银行颁布了《应收账款质押登记办法》，10月1日，一个名叫"应收账款质押登记公示系统"的全新界面出现在中国人民银行征信中心网站的首要位置。这个"应收账款质押登记公示系统"平台的建立和运行，是建立完善的现代动产担保制度的开始。

世界银行在《2008全球商业环境报告》中指出，《中华人民共和国物权法》的通过，扩大了可供担保的资产范围，包括存货和应收账款。在这一改革之前，中国商业环节中沉淀了超过2万亿美元的资金，这一巨额资产因为不能作为担保物而未能被激活，这些资产变成可担保物，将使企业获得扩大生产的资金。

中国人民银行副行长苏宁表示，据估算，我国企业目前以应收账款形式存在的资产约有5.5万亿元人民币。如果这一巨大沉淀资金被盘活，不仅有助于缓解企业特别是中小企业融资难的问题，而且有利于改善信贷结构，增强银行的竞争能力，有利于整个金融市场的繁荣。

应收账款可质押，这在中国是个新课题。2007年3月16日，第十届全国人大五次会议通过了《中华人民共和国物权法》。与1995年颁布的《中华人民共和国担保法》相比，《中华人民共和国物权法》扩大了可用于担保的财产范围，明确规定在应收账款上可以设立质权，用于担保融资。这一规定具有十分重要的意义。

据调查，我国大企业贷款中无担保的信用贷款占27%，而小企业只占到5%，小企业贷款更需要担保支持。而我国中小企业总资产中，大约60%是应收账款和存货等动产，不动产很有限。商业银行在贷款问题上有"嫌贫爱富"的名声，本质上还是出于风险考量。一位小型企业主的说法较具代表性："我们不是不能提供担保，而是我们提供的担保形式，像我们的动产，银行不能接受。"如若将这部分应收账款从法律上、操作上转化成"可质押物"，即允许应收账款质押，将大大拓宽企业可以担保的财产范围，对于提升广大中小企业的贷款条件，进而改善其融资状况具有重大的现实意义。

当前，我国金融发展急需加大金融创新力度，提高金融服务水平，为更多的企业和个人提供融资服务。而动产担保制度的完善为金融发展提供了法律上的保障，发展动产担保有利于提高金融服务的水平。以应收账款融资为例，由于以前法律限制应收账款担保融资，商业信用与银行信用之间、商品市场与金融市场之间的信用链条是断裂的，信用无法充分流动，极大地阻碍了我国金融效率的提高和实体经济的发展。《中华人民共和国物权法》改善了动产担保制度的法律环境，为以应收账款等动产担保融资提供了法律保障，将会大大促进金融创新。

"允许应收账款担保融资已是国际主流趋势。"中国人民银行征信中心主任戴根有表示。他指出，根据世界银行对全球130个国家和地区的调查，83%的国家和地区支持应收账款融资。应收账款融资在国际贸易中应用非常普遍，联合国国际贸易法委员会已经颁布了《2001年联合国国际贸易中应收账款让与公约》。而《中华人民共和国物权法》允许应收账款担保融资，增加了我国商业银行信贷业务品种，适应了经济发展的需求。这些变化和发展有利于改善现行担保结构。

资料来源：崔玉清：《建立完善动产担保制度还需多方努力》，载《经济日报》，2007-12-25。

·本章小结·

1. 一国的社会信用体系建设取得进展的"硬指标"就是信用服务行业得到健康发展，使企业赊销和金融机构授信所需要的信用服务门类齐全。没有信用服务行业的发展和征信服务的普及，金融机构授信和企业赊销等授信活动的成功率就不能提高。

2. 信用管理咨询服务能够帮助企业建立起对经营交易全过程的信用管理，以资金、营销等管理为核心，强化企业内部管理制度和责任追究制度；建立以客户资信管理制度、客户授信制度和应收账款监控制度、合同与单证管理制度为主要内容的信用制度体系，帮助企业提升信用管理水平。

课后练习题

一、单项选择题

1. 下列选项中，属于信用咨询服务的有（　　）。

    A. 企业信用调查　　　　　　　　　B. 消费者个人信用调查

    C. 财产征信　　　　　　　　　　　D. 商账追收

2. 下列选项中，不属于按保险标的性质划分的保险类型的是（　　）。

    A. 商业信用保险　　　　　　　　　B. 出口信用保险

    C. 国家信用保险　　　　　　　　　D. 银行信用保险

3. 假设一笔国际贸易的保险的 CIF 货物价值是 100 000 元，加成率为 10%，保险费率为 0.12%，则保险费为（　　）元。

    A. 132　　　　　　　　　　　　　　B. 112

    C. 12　　　　　　　　　　　　　　D. 1 320

4. 保理是（　　）与保理商间的一种契约关系。

    A. 买方　　　　　　　　　　　　　B. 卖方

    C. 银行　　　　　　　　　　　　　D. 进口商

5. 对下列保理业务操作流程的排序正确的是（　　）。

    ①出口商将发票副本交出口保理商

    ②出口商寻找有合作前途的进口商

③出口保理商要求进口保理商对进口商进行信用评价，进口保理商为其核准信用额度

④出口商向出口保理商提出保理的需求并要求为进口商核准信用额度

⑤出口保理商通知进口保理商有关发票详情

⑥出口保理商扣除融资本息（如有）及费用，将余额付给出口商

⑦进口商于发票到期日向进口保理商付款

⑧出口商开始供货，并将附有转让条款的发票寄送进口商

⑨进口保理商将款项付出口保理商

A. ②④③⑧①⑤⑦⑨⑥   B. ⑧②⑥③⑤⑨④①⑦

C. ⑤①④⑨②③⑦⑥⑧   D. ④⑨②⑤⑦①⑧⑥③

6. 下列选项中，有关信用担保的表述错误的是（   ）。

A. 是由专门机构提供的担保

B. 是由一般法人、自然人提供的担保

C. 是制度化、标准化、规范化的业务

D. 是面向社会提供的担保而不是对内部关联机构或雇员提供的担保

7. 下列选项中，不属于信用担保按担保对象划分的类型的是（   ）。

A. 流动资金贷款担保   B. 综合授信担保

C. 保修担保   D. 工程项目担保

8. 下列担保中，可以有效防止拖欠工程款现象发生的是（   ）。

A. 投标担保   B. 工程履约保证担保

C. 预付款担保   D. 支付担保

9. 下列选项中，关于信用担保说法错误的是（   ）。

A. 信用担保介于商业银行与企业之间

B. 它是一种信誉证明和资产责任保证相互分离的中介服务活动

C. 担保人是被担保人潜在的债权人和资产所有人

D. 担保人有权对被担保人的生产经营活动进行监督

二、多项选择题

1. 信用服务行业按工作性质，可分为（   ）。

A. 征信服务业   B. 信用咨询服务业

C. 抵押担保业   D. 保险业

E. 典当业

2. 下列各项业务中，属于信用咨询服务的有（　　）。

    A. 保理   B. 信用保险

    C. 信用管理咨询   D. 信用管理培训

    E. 信用教育

3. 信用服务行业发展的特点有（　　）。

    A. 市场化运作模式已经完全形成   B. 市场集中度逐步提高

    C. 机构规模普遍较小   D. 从业人员素质不高

    E. 从业人员素质较高

4. 有关出口信用保险的作用表述正确的是（　　）。

    A. 保证企业生产经营活动的稳定发展

    B. 提供融资便利

    C. 促进商品交易的健康发展

    D. 促进出口创汇

    E. 有利于进口商

5. 下列选项中，属于出口信用保险的保险责任中的政治风险的有（　　）。

    A. 买方国家禁止或限制汇兑

    B. 买方国家撤销进口许可证

    C. 买方所在国或货款需经过的第三国颁布延期付款令，战争，暴乱或革命

    D. 买方无力偿付债务或破产、买方拒收货物并拒付货款、买方拖欠货款

    E. 其他

6. 保理业务的适用对象包括（　　）。

    A. 以信用付款条件销售（出口）并有融资需求的销售商

    B. 希望减少库存成本、紧急订单成本的厂商

    C. 每笔交易金额较大，希望节约成本的厂商

    D. 希望解决账务管理和应收账款追收的困扰，避免还账损失的企业

    E. 买卖双方

7. 一个企业典型的内部信用风险管理体系的框架主要由（　　）构成。

    A. 客户资源管理系统   B. 产品质量检查系统

    C. 销售风险控制系统   D. 货款回收管理系统

    E. 失信惩戒系统

8. 综合授信担保业务包括（　　）。

    A. 流动资金周转贷款

    B. 银行承兑汇票的承兑及贴现

    C. 商业汇票的担保

    D. 国际结算业务项下融资

    E. 再贴现

三、判断题

1. 从事信用咨询服务的企业不但生产征信产品，而且又以征信产品组合为基础，向客户提供信用咨询服务。（　　）

2. 信用保险与保理的区别在于，它不介入贸易过程，只在确定买方不能到期还款后一定期限内向卖方提供赔偿。（　　）

3. 市场调查与信用管理咨询服务一样也是信用服务行业的一种典型业务。（　　）

4. 相同条件下，投保业务规模越小，赊销账期越长，费率越低。（　　）

5. 保理服务是一种债权转让交易，这是保理与信用保险的区别之一。（　　）

6. 通过担保公司的担保，可以解决中小企业抵押、质押物不足的问题，贷款额度得到信用放大。（　　）

7. 对于综合授信担保业务，企业可根据自身实际情况需要将各种贷款方式进行组合，循环使用，而不受授信额度、期限和用途的限制。（　　）

8. 保函是依据商务合同开出的，依附于商务合同，是不具有独立法律效力的法律文件。（　　）

9. 投标担保，是指根据业主为一方、承包商为另一方所签订的施工合同，保证承包商承担合同义务去实施并完成某项工程。（　　）

第八章

信用监管与失信惩戒机制

🎯 **学习目标**

1. 掌握信用监管机制的内涵及其功能；
2. 了解对商业银行、证券市场和保险市场的信用监管的内容；
3. 掌握失信惩戒机制的含义和功能；
4. 了解国外信用监管机制的三种主要模式。

🔍 **基本概念**

信用监管	信用监管机制	信用监管法规	诚信度
践约度	合规度	失信惩戒机制	公共模式

信用监管是社会信用体系的重要组成部分，失信惩戒是维护和完善社会信用体系的重要环节。加强信用监管机制建设，构建失信惩戒机制是信用经济健康发展的基本保障。建立我国的信用监管机制和失信惩戒机制，借鉴征信国家的信用监管机制，不无裨益。

第一节 信用监管机制

信用监管是社会信用制度得到贯彻和落实的重要保障，也是信用法律、法规得到遵守和执行的重要管理环节。建立健全的信用监管机制是完善社会信用体系的基本任务之一。信用监管机制是社会信用体系的重要构成，社会信用体系的完善离不开信用监管机制的完善，监管则是规范信用活动的有效手段。

一、信用监管机制的内涵及其功能

（一）信用监管机制的内涵

信用监管是信用监管机构根据相关法律、法规对各信用主体的行为、信用产品和信用活动进行监督、规范、控制和调节等一系列活动的总称。狭义的信用监管是指一个国家的政府对本国信用行业的监督和管理，主要包括政府对信用交易的监管、对信用服务机构的监管、对企业提供的信用服务与支持以及对失信企业的处理等。狭义的信用监管并不包括行业自律，当涉及信用监管机制的分析时，信用监管实际上涵盖了行业自律。

信用监管机制是指由政府相关管理部门、行业监管部门、中央银行和民间机构等组织对信用主体的信用活动进行监督和协调的管理体系及其信用监管职能的综合体。信用监管机制的内涵包括信用监管法规、信用监管机构和信用行业自律三部分。

信用监管法规是政府在对信用主体的规范、信用工具的投放、信用的发展进行监督和管理的过程中所形成的系列法律、法规，是信用监管的制度规范和法律依据。信用监管机构是信用监管活动的行为主体。在信用监管机构中，政府部门对信用行业的管理构成信用监管的基础，信用行业自律构成信用监管的补充。

信用监管的目的可以概括为以下几方面：

一是防范信用风险。信用风险是信用活动中的首要风险。这是因为当信用交易中的债务人不能如期偿付时，债权人的流动性下降，进而降低其履行对第三者的偿债能力，导致信用主体间信用链条的中断，严重的普遍的违约失信会演化成社会的信用风险。另外，由于金融创新和金融工具的不断推出，使得信用风险具有突发性、传导性、复杂性等特点。因此，防范信用风险是信用监管的一切政策和手段的出发点和归宿。

二是规范信用行为。由于信用交易市场中的信息不完全，信用主体的机会主义和失信行为会损害正常的信用秩序。通过信用监督、稽查和执法来控制、惩治各种失信主体，减少、消除各种失信行为，以保护市场主体的利益，确保良好、健康的信用秩序。

三是健全信用制度。信用交易是市场经济发展一定阶段的产物，将成熟的、被普遍接受的信用观念、信用关系、信用行为和信用产品等通过法律、法规确定下来并付诸实施，形成稳定的制度安排，借以调整信用关系，改善信用环境，这既是信用监管的手段，也是信用监管的目的。

四是促进信用发展。加强信用监管无疑会促进信用经济的健康有序发展，信用经济的发展又要求不断提高监管水平，改善监管手段，创新监管体制。信用监管与信用发展相辅相成。

（二）信用监管主体及其职能

信用监管主体包括政府相关部门、中央银行、民间机构和国际金融监督组织。政府相关部门包括工商管理职能部门和银行业、证券业、保险业监督管理机构等行业监管部门。民间机构有信用行业协会等。国际金融监督组织有巴塞尔银行监管委员会、国际清算银行、国际货币基金组织等。在信用监管机制的分析中，主要讨论政府相关部门、中央银行和民间机构的信用监管职能。

1. 政府监管部门

为了推动信用服务行业的健康发展，政府设立相对统一的信用监督管理部门。其所要发挥的作用主要体现在：一是政府相关职能部门制定有关信用监管条例、方针、政策，推动信用服务相关法律的立法工作，负责执法和技术性解释法律条款，直接参与失信惩戒机制的建设和运行，按照国际惯例将征信数据市场化等；二是宏观调控金融机构和零售信用授信单位对市场的信用或信用支付工具的投放总量，根据国家的经济状况，促进或短期抑制信用支付工具的投放；三是促进或者规范包括征信行业在内的信用服务行业的发展，筛选合格的征信机构，对征信机构的业务操作行为建立起监督管理机制。

2. 中央银行及行业监管部门

中央银行及证券业、保险业等的行业监管部门应该确定其行业运作所采用的模式，保证金融体系、社会保障体系、保险体系等信用经济运行的安全，维护市场的公平竞争。

社会信用体系的建设必然支持金融机构对市场投放信用，因此必须有中央银行和金融机构的监管部门参加。中央银行制定有关货币信用政策、监督管理各种货币信用活动，防范信用危机。中央银行在信用监管机制中扮演主要的"角色"，具有举足轻重的作用。

3. 民间机构

作为国家信用服务体系的组成部分，信用服务民间机构的建立是必不可少的。作为民间机构的信用行业协会等组织，其重要功能在于联系本行业或本分支的从业者，制定相关行业自律规则，规范约束行业的信用交易活动，为本行业的从业者提供交流的机会及场所，同时还能募集资金，成立专项研究基金，在经济上支持信用服务研究课题。

在征信国家，各国都有信用服务行业民间机构，这些专业民间机构通常包括信用行业协会、追账协会、信用联盟等。

（三）信用监管内容和对象

信用监管的主要内容主要有：构建信用监管法规体系，建立征信数据环境，订立信用服务从业人员的职业道德和操守规则，监督和管理信用服务机构，建立和加强行业协会等民间机构的自律管理和实施信用服务教育等。

依据监管对象的不同，信用监管主要可以分为对企业的信用监管和对个人的信用监管。

1. 对企业的信用监管

对企业的信用监管应是政府部门以企业登记注册的信息为基础，以电子化和计算机网络为技术支撑，对市场主体信用状况进行征集、整理和评估，并据此实行分类监管，对不同信用状况的企业实行奖励、惩处、约束、警示等措施。

对企业进行信用监管的主要内容有：

（1）促进出台和实施与企业信用相关的法律并对其进行技术性解释。

（2）确立市场准入、经营行为和市场退出标准，避免企业在建立、经营或破产的过程中的违法失信行为。

（3）实施分类监管，提高监管的针对性。从实施信用监管的大量实践来看，可将信用服务类别划分为四个等级，即绿牌企业（守信企业）、蓝牌企业（警示企业）、黄牌企业（失信企业）和黑牌企业（严重失信企业）。对绿牌企业实施一般性监管，给予奖励措施；对有一定失信行为的蓝牌企业予以警告；对黄牌企业要作为重点监控对象，全方位实施监督检查；对黑牌企业要发布吊销公告并将其违法记录予以曝光，将其淘汰出市场。

（4）结合分类监管实行守信激励和失信惩罚。

2. 对个人的信用监管

对个人的信用监管是对个人、个人信用授受机构和服务中介机构等的活动和行为进行控制、监督和管理。个人信用监管是整个信用监管的主要内容之一。对个人的信用监管的内容主要包括控制个人信用工具投放总量，促进出台和实施个人信用相关法律并对其进行技术性解释，严格监督个人信用信息和征信数据的取得、使用和披露程序，建立统一的个人信用信息系统，建立并实施失信惩戒机制。

对个人的信用监管与其他信用监管相比具有以下特点：

（1）要在个人信用信息披露和保护个人隐私权之间找到平衡点。个人在整个社会信用体系中处于相对弱势的地位，个人信用信息的不当公开有可能被不法分子利用，伤害当事人的合法权益。因此，在建立个人信用监管体系时一定要注意处理好公开个人信用信息和保护个人隐私权两者之间的关系。

（2）消费信用是个人信用监管的侧重点。个人信用又称消费者信用。个人信用行为大都发生在消费活动中，主要有三种形式：一是企业直接对消费者的信用，如分期付款、货到付款等；二是金融机构直接对消费者提供的消费信贷，如信用卡消费等；三是金融机构在企业和消费者之间进行资金融通，如住房贷款、购车贷款等。这三种形式基本涵盖了个人信用行为的内容，因此，对消费信用的监管成为个人信用监管的重点所在。

3. 诚信度、合规度、践约度的综合监管

任何信用活动都是信用主体的行为理念、规范、原则和交易能力的反映，集中体现在信用主体的诚信品质、行为规范和履约能力三方面。因此，无论是对企业的信用监管还是对个人的信用监管，就信用监管的实质内容而言，是对市场主体信用活动诚信度、合规度、践约度的综合监管。

诚信度是信用主体诚信素质修养和价值取向的反映，可以通过信用交易活动中的失信率来衡量。失信率的高低表明信用主体遵守社会道德规范和价值标准的能力。信用监管部门可以制定道德规范标准和失信率指标，以此为依据来监管经济主体的信用交易活动。

合规度是信用主体在信用交易中遵纪守法的行为反映，可以通过信用交易中的违规率来衡量。违规率的高低表明了信用主体遵纪守法，自觉维护市场交易规则和秩序的能力。当信用主体违规率上升时，其信用能力降低，在社会上获得信任和融资的能力减弱。信用监管部门通过对信用主体合规度的监管，维护信用市场的平稳健康运行。

践约度是信用主体如期履约能力的反映，可以通过信用交易中的违约率表示。违约率的高低体现信用主体在信用交易中遵守契约、履行诺言的执行程度。同时，也表明了信用主体信用销售和信用服务的能力。信用监管部门制定违约率统计方法、指标等践约标准，以此为依据来监督企业和个人的践约情况。

二、加强行业和市场信用监管

在信用经济中，对重要行业和市场的信用监管由政府部门具体实施。政府部门担负着相关法律的制定、行业和市场规范的维护、市场秩序的保障等作用，代表国家对信用进行监管。

（一）对商业银行的信用监管

金融行业是现代市场经济的命脉，也是信用经济的核心，商业银行是金融行业的主要组成部分，对各行各业、各个领域的正常运行起着至关重要的作用。

在金融行业的信用监管机制中，中央银行对商业银行的信用监管起着主导作用。这体现在：提出有关商业银行和金融机构的信贷、信用卡、电子转账，以及与信用相关的其他金融工具的法案，监督其执行和对有关法律进行技术性解释；监督管理信用工具的种类、投向，规范授信业务的操作，在保证金融机构授信规模保持一定增长的同时，控制不良信用总量，降低信用风险的发生；对商业银行的各种业务活动进行严格的监督和控制，维护金融市场运行的合理、适度竞争秩序，促进商业银行信用活动的安全性、流动性和与经济效益的有效结合，防范由信用危机引发的金融风险。

中央银行对商业银行进行信用监管的具体内容包括以下几方面：

（1）审批商业银行的设立、变更和终止等事宜。未经中央银行批准，任何单位和个人不得从事吸收公众存款等商业银行业务，任何单位不得在名称中使用"银行"字样。

根据《中华人民共和国中国人民银行法》、《中华人民共和国银行业监督管理法》、《中华人民共和国商业银行法》及其他相关法律、规定和指导办法等，通过核准制和备案制，确定商业银行所经营的各项业务范围。

（2）监督商业银行在开展业务时是否遵守法律、法规。例如，保障存款人合法权益不受任何单位和个人侵犯，遵守资产负债比例管理规定，不得采用不正当手段吸收存款、发放贷款等。同时，维护商业银行依法拒绝任何单位和个人强迫发放贷款或提供担保等正当权益。

（3）督促商业银行建立健全对存款、贷款、结算、呆账管理和核销等各项业务的稽核、检查等内控制度。中央银行有权对商业银行各项制度的执行情况，通过现场或非现场、定期或不定期的稽核行为进行检查监督。

（4）对商业银行的利率、费率等进行管理。商业银行吸收存款、发放贷款等，不得超过中央银行规定的浮动范围。随着利率的逐步市场化，中央银行将主要通过中央银行的基准利率等经济手段来影响商业银行的利率水平。

多数非征信国家的中央银行都是商业银行的监管机构。我国自2003年初成立中国银行业监督管理委员会（以下简称银监会），人民银行不再承担金融行业的信用监管职能。新成立的银监会接收了从中国人民银行分离出来的对银行、资产管理公司、信托投资公司及其他存款类金融机构的信用监管职能。

我国银监会作为国务院直属的正部级事业单位，其主要职责是：拟定有关银行业监管的政策法规，负责市场准入和运行监督，依法查处违法违规行为等。宏观调控社会信用总规模的任务仍由人民银行负责，但对商业银行等金融机构进行监管，对这些信用经营机构的具体业务操作、授信工具和投放方向、信用风险的度量和控制等事宜由银监会负责。

（二）对证券市场的信用监管

对证券市场进行监管的主要目的包括：一是防止证券发行人隐蔽相关信息欺骗投资者，促进金融证券交易的公平进行；二是对外国公司在国内市场中的行为加以约束，提高金融机构的稳定性；三是对经济活跃的程度加以控制等。我国对证券市场进行监管的职能部门是中国证券监督管理委员会（以下简称证监会）。

证监会是国务院直属正部级事业单位，依照法律、法规和国务院授权，统一监督管理全国证券期货市场，维护证券期货市场秩序，保障其合法运行。证监会在省、自治区、直辖市和计划单列市设立 36 个证券监管局，以及上海、深圳证券监管专员办事处。

依据有关法律、法规，中国证监会对证券市场进行信用监督管理的具体内容和职责主要有：

（1）研究和拟定证券期货市场的方针政策、发展规划；起草证券期货市场的有关法律、法规，提出制定和修改的建议；制定有关证券期货市场监管的规章、规则和办法；垂直领导全国证券期货监管机构，对证券期货市场实行集中统一监管；管理有关证券公司的领导班子和领导成员。

（2）监管证券期货经营机构、证券投资基金管理公司、证券登记结算公司、期货结算机构、证券期货投资咨询机构、证券资信评级机构；审批基金托管机构的资格并监管其基金托管业务；制定有关机构高级管理人员任职资格的管理办法并组织实施；指导中国证券业、期货业协会开展证券期货从业人员资格管理工作。

（3）监管股票、可转换债券、证券公司债券和国务院确定由证监会负责的债券及其他证券的发行、上市、交易、托管和结算；监管证券投资基金活动；批准企业债券的上市；监管上市国债和企业债券的交易活动；监管上市公司及其按法律、法规必须履行有关义务的股东的证券市场行为。

（4）监管境内期货合约的上市、交易和结算；按规定监管境内机构从事的境外期货业务；管理证券期货交易所；按规定管理证券期货交易所的高级管理人员；归口管理证券业、期货业协会。对境内企业直接或间接到境外发行股票、上市以及在境外上市的公司到境外发行可转换债券实行监管；对境内证券、期货经营机构到境外设立证券期货机构实行监管；对境外机构到境内设立证券期货机构，从事证券期货业务实行监管。

（5）监管证券期货信息传播活动，负责证券期货市场的统计与信息资源管理；会同有关部门审批会计师事务所、资产评估机构及其成员从事证券期货中介业务的资格，并监管律师事务所、律师及有资格的会计师事务所、资产评估机构及其成员从事证券期货相关业务的活动；依法对证券期货市场中违法违规行为进行调查、处罚。

（三）对保险市场的信用监管

保险业是社会信用链条的重要环节。保险业信用的连续性和保持现金流量的特点，使其风险不易在短时间内暴露，造成保险业的经营风险具有一定的长期性、动态性和隐蔽性。因此，需要加强对保险市场的信用监管，依照法律、法规统一监督管理全国保险市场，维护保险业的合法、稳健运行。

中国保险监督管理委员会（以下简称保监会）成立于 1998 年 11 月 18 日，是国务院直属正部级事业单位。根据国务院授权执行对保险市场的信用监管，保监会内设 15 个职能机构，并在全国各省、直辖市、自治区、计划单列市设有 35 个派出机构。

从国际上保险业监管的惯例和发展趋势来看，坚持依法、审慎、公平、透明和效率的监管原则，确保保险公司能够提供品质优良、价格合理的产品，具有充足的偿付能力，保护被保险人的合法权益是加强保险业监管的核心内容和首要目标。保监会对保险市场监管的主要内容和职责是：

（1）拟定保险业发展的方针政策，制定行业发展战略和规划；起草保险业监管法律、法规，制定业内规章；审查、认定各类保险机构高级管理人员的任职资格；制定保险从业人员的基本资格标准。

（2）审批保险公司及其分支机构、保险集团公司、保险控股公司的设立；会同有关部门审批保险资产管理公司的设立；审批境外保险机构代表处的设立；审批保险代理公司、保险经纪公司、保险公估公司等保险中介机构及其分支机构的设立；审批境内保险机构和非保险机构在境外设立的保险机构；审批保险机构的合并、分立、变更、解散，决定接管和指定接收；参与、组织保险公司的破产、清算；归口管理保险行业协会、保险学会等行业社团组织；依法对境内保险及非保险机构在境外设立的保险机构进行监管。

（3）审批关系社会公众利益的保险险种，认定依法实行强制保险的险种和新开发的人寿保险险种等的保险条款和保险费率，对其他保险险种的保险条款和保险费率实施备案管理；对政策性保险和强制保险进行业务监管；对专属自保、相互保险等组织形式和业务活动进行监管。

（4）依法监管保险公司的偿付能力和市场行为；负责保险保障基金的管理，监管保险保证金；根据法律和国家对保险资金运用的政策，制定有关规章制度，依法对保险公司的资金运用进行监管。

（5）依法对保险机构和保险从业人员的不正当竞争等违法、违规行为以及对非保险机构经营或变相经营保险业务进行调查、处罚。

（6）制定保险行业信息化标准；建立保险风险评价、预警和监控体系，跟踪分析、监测、预测保险市场运行状况，负责统一编制全国保险业的数据、报表，并按照国家有关规定予以发布。

> **小知识**
>
> 2010年7月15日，在经历了一年多的多方政治博弈和利益妥协之后，由奥巴马的民主党政府所推动的、美国自"大萧条"以来最严厉的金融改革法案——《多德—弗兰克华尔街改革和个人消费者保护法案》在美国参议院以60票赞成39票反对的投票结果获得了通过。7月21日，美国总统奥巴马在里根大楼签署了该法案，这份1 279页的金融改革法案标志着美国历时近两年的金融改革立法完成，华尔街从此正式拉开新金融时代的序幕。
>
> 法案的具体内容主要包括：（1）扩大政府金融监管体制的职能和权力，成立金融稳定监管委员会，负责系统监测和应对威胁国家金融稳定的风险，并努力消除金融机构"大而不能倒"的困局；（2）设立新的消费者金融保护局，制定历史上最严厉的消费者金融保护和监管制度，防止普通消费者遭受不良金融产品的蒙骗；（3）采纳防范金融风险的"沃克尔规则"，限制大型金融机构的高风险投机性金融套利，并将以前缺乏监管的场外金融衍生品纳入监管范畴；（4）美联储有权对企业管理层的薪酬进行监督和干预，确保高管不会为了高薪酬而甘冒过大的金融风险。

三、加快发展信用服务行业

信用服务行业是构建信用监管机制的基本要素，一个国家信用行业的规模、技术和服务水平在很大程度上决定着信用监管体系建设的进程和发展水平。由于信用市场发展程度、信用服务行业发展状况及对开放征信数据的敏感程度等不同，各国政府在对信用服务行业进行监管过程中所发挥的作用也不同。

（一）信用服务行业与信用监管

信用服务行业具有智力密集、技术密集、专业化程度高、市场集中度高的特点，承担着信用信息收集、加工、处理和传递的功能，在防范信用风险、促进信用交易方面发挥着重要作用。

信用服务行业是社会信用体系的基础环节，也是社会信用监管机制发挥重要职能的基础环节。专业信用中介机构提供的技术、产品和服务是社会信用体系对市场经济发挥制约和规范作用的市场化手段与媒介。信用产品和服务的销售与消费过程，实际上就是社会信用体系和信用监管发挥作用的过程。对企业或个人的信用监管，需要信用主体的信用信息、行为信息、交易数据等信用产品和服务，没有信用产品和服务的供给，信用监管的内容和对象就会落空，监管什么、如何监管也就无从谈起。在信用服务行业的不断发展的基础上，经济社会可以实施有效的信用监管。

（二）加快发展信用服务行业的措施

信用服务行业的主要职责是为各类经济主体的信用活动提供专业化、社会化的服务，促进整个社会信用活动高效、快速、规模发展，规范和约束微观经济主体的信用行为，健全信用监管机制，以市场化的方式对不良信用行为予以惩罚。

发展信用服务行业可以从总体上带动一个国家的社会信用体系建设。因为，发展信用服务行业就要求实现信用信息的依法公开和公平获取，就要求颁布法律、实施监管、开展自律以规范行业发展，就需要大力培育信用产品和服务的市场需求、维护市场秩序，就需要发展信用专业研究、教育与培训，培养专业人才，创造社会环境。所以，社会信用体系建设随着信用服务行业的发展而展开。

伴随我国市场经济体制的建立和信用经济的发展，要加快发展信用服务行业，主要应做好以下几方面的工作：

1. 发展各种各类的资信调查与评估公司

从征信国家的经验看，健全的信用服务行业包括十几类企业，目前我国不具备这样全面发展的条件。国内资信调查与评估公司已有20年的发展历史，虽然形成了一些国内比较知名的专业资信调查与评估公司，但从整体上看，这类企业的发展一直不很理想。在我国信用经济快速发展时期，政府职能部门应该抓住机遇，整顿和大力发展资信调查与评估公司，使一些必须建立的和已经有一定基础的机构尽快发展起来。

2. 建立和发展专业化的征信公司及其信用数据库

建设社会信用体系，一项关键工作是建立并发展专业化、规范化的征信公司及其数据库。信用数据是经济主体各种各类社会信用活动的记录。这些记录是档案，是信息，是公告，是约束，是社会信用体系的基础。没有信用数据库，信用服务和监督就无从谈起。

3. 开放民营与外资经营的信用服务机构

应该推进信用服务行业的改革开放，允许民营和外资经营的信用服务机构经营包括保险、消费者个人信用调查、应收账款管理（商账追收）和信用保险在内的信用服务业务，以满足我国企业和个人的信用服务需要，平衡发展我国信用服务行业，缩短我国信用服务行业与发达国家间的差距。

（三）政府对信用服务行业的监管

对信用服务行业的监管是对从事信用信息征集、应用、评价等信用服务的信用中介机构市场准入、经营行为等进行规范和管理。合理规范的信用服务行业监管模式不仅有利于信用服务行业的规范、健康发展，而且对树立全社会的信用意识，建立公平公正的市场经济秩序起着巨大的推动作用。

信用服务行业是在现代市场经济发展和社会大分工的结果，是市场经济运行机制的必要部分。健全的信用服务行业是社会信用赖以存在与健康发展的基础。没有健全的信用服务行业，就不会有统一规范的社会信用活动与行为，就不会有良好的社会信用秩序与环境，而信用服务行业的健全和发展，同样需要对信用服务行业实施监管。

信用服务行业要求征信数据向社会开放，并且允许经过处理的征信数据和一些信用评级类结论自由地传播，而征信数据及其处理结果在某种程度上又比较敏感。因此，不论在哪一个国家，政府对信用服务行业的监督和管理都是信用服务制度建设中一项很重要的内容。

为了推动信用服务行业的发展，政府监督管理部门应该加强监督功能，弱化直接管理功能，不介入市场竞争。政府在社会信用监管机制中的基本作用应该体现在：其一，组织与实施信用立法、日常执法与监管；制定信用服务机构与从业人员的资格认定标准，并加以执行。其二，推动专业征信机构及其数据库的建立与发展；监督信用服务行业，使其合理合法地利用和传播征信数据。其三，扶助与监管民间信用服务协会、行会及其他行业组织；推动与辅助失信惩戒机制有效运转等。

第二节　失信惩戒机制

信用主体的违约失信行为影响正常的信用交易活动，阻碍信用经济的健康发展。惩处违约失信行为，防范、制约不良信用的形成、生长和扩散，保护、激励良好信用，是维护社会信用体系的正常运转，完善社会信用体系的重要环节，即失信惩戒机制是建设社会信用体系的重要组成部分。

一、失信惩戒机制的内涵及功能

(一) 失信惩戒机制的内涵

失信惩戒机制是指以征信数据库为纽带的惩戒和防范失信行为的市场联防；是所有信用主体共同参与，以征信数据库的记录为依据，以信用记录、信息的公开为手段，来降低信用交易中的信息不对称程度，从而防范和惩戒失信行为的约束机制。

1. 失信惩戒机制是一种社会机制

失信惩戒机制是一种通过社会监督约束，打击经济上失信行为的社会机制。这一机制对失信行为既不是刑事处罚，也不是行政处理，而是通过经济和道德谴责手段，惩戒信用活动中的失信者，把严重失信的基本经济单位从市场主流中剔除。同时，形成一种激励守信者的政策倾斜和社会环境，间接降低守信者获取资本和技术的门槛。这是一种使失信者得到惩戒，又使守信者获得奖励的机制。奖励诚信行为，打击失信行为。对失信者的惩戒是其主要内容。

在信用经济活动中，多数的失信行为介于道德失范和诈骗犯罪之间。除去诈骗、恶性违约等犯罪行为必须依法惩处外，大量的违约和其他失信现象通过失信惩戒机制解决。这些不便使用公检法手段处理的经济类违约失信事件是不道德行为，但一般没有明显触犯法律，不能通过刑侦和依靠司法审判形式解决。

对于大量不构成刑事犯罪并且不会受到司法处罚的失信现象和合同违约行为，采用拒绝给予信用的市场联防手段，反应敏捷；"公告"的社会影响范围广，而且对失信行为的惩戒适度。由于失信者并没有因其行为而受到拘留或经历冗长的司法程序，他们仍然生活在原社区，仍旧可以进行现金交易。所以，失信惩戒机制是促进信用经济平稳运行的社会性监督、约束、激励机制。

2. 失信惩戒机制是一种制度安排

我国已经步入信用经济时代，社会信用体系已成为保障社会主义市场经济发展的重要支柱，而完善社会信用体系需要失信惩戒机制这一要件的支撑。这种机制建立起适合信用经济发展的市场新规则，即做出一种适应、维护信用交易活动的新的制度性安排。新规则能够有效治理目前市场中普遍存在的诸如隐瞒、欺诈等失信行为，具备对失信行为进行惩戒的功能。失信惩戒机制运用法律、行政、经济、社会等多种手段，奖优罚劣，使失信者付出与其失信行为相应的经济和名誉代价，直至被市场淘汰；使守信者得到各种方便和利益，获得更多的市场机会而不断发展壮大。

失信惩戒机制是信用制度的重要组成部分，是打击经济上失信行为的一种信用制度安排，是社会信用体系所代表的一种市场新规则，是具体作用于市场经济行为的社会机制，因此，失信惩戒机制是整顿社会主义市场经济秩序的治本之策。一个国家只有具备了运转正常的失信惩戒机制，才能具有完整和健全的信用服务体系和信用制度，才能不断改善信用环境，有效保障市场经济和信用交易的健康有序发展。

（二）失信惩戒机制的执行机构和工作原理

1. 失信惩戒机制的执行机构

失信惩戒机制不是对失信行为的主体进行刑事处罚，也不局限于道德谴责，其处罚尺度即不出自刑法也不是出自民法，所以公检法机构不是失信惩戒机制中的执法机构。当然，触犯刑律的失信行为不但要受到失信惩戒机制的惩戒，也要追究其刑事责任。

失信惩戒机制既然是以征信数据库的记录为依据，动员所有授信机构、雇主、政府和公共服务机构而共同建立起来的一种市场联防，其执行机构就可以是各种各样的授信机构，如政府部门、金融机构、使用赊销方法销售的企业、公用事业单位和各行各业的雇主。在征信国家中，执行机构也可以是法律或政府有关机构委托的机构，如公共征信管理机构、企业资信调查机构、消费者信用调查机构、资信评级机构、商账追收机构等。

征信公司及其数据库、资信评级公司等各种各类信用服务机构既是失信惩戒机制的执行机构，也是失信惩戒机制运作的基础。执行机构的作用是把不良信用记录和相关意见记录在信用报告中。企业或个人一旦有了不良信用记录，这些记录将会保留一段时间。

2. 失信惩戒机制的工作原理

在实践中，失信惩戒机制的工作原理是以征信数据库为纽带的市场联防，一方面通过降低市场交易中的信息不对称程度来达到对潜在失信者进行防范；另一方面对已经发生的失信事件，依据征信数据库的记录，动员所有授信机构、雇主、政府和公共服务机构共同建立起一种社会联防，以对付失信行为的责任人。

（三）失信惩戒机制的功能、特点和作用范围

失信惩戒机制首先要起到对任何经济类型的失信行为进行惩戒的作用，惩戒是经济性的，针对的是人们为了追求利益最大化目标铤而走险地进行失信活动、破坏信用关系的行为，另外还间接地对失信行为进行道德谴责。其次，失信惩戒机制具备奖励功能，加大守信者的信用收益，从而起到对失信者及潜在失信者的示范作用。

一个运行良好的失信惩戒机制至少包括三大功能，即惩戒功能、震慑功能和奖励功能。

（1）失信惩戒机制具有对任何经济类型的失信行为进行惩戒的功能。惩戒是经济性的，并间接地对失信行为进行道德谴责。对于失信行为，其受到惩戒的效果是使失信主体在相当长的受罚期间内，不能进入市场经济的主流，加大失信企业的经营成本，造成失信个人的生活不便。

（2）失信惩戒机制对潜在失信者产生震慑、警示。力求将失信的动机消灭在萌芽状态之中，对失信行为产生事先约束性。

（3）失信惩戒机制还具备奖励功能。奖励诚实守信的商户和消费者，加大了市场对失信和守信的态度反差，从而起到对广大商户和消费者的示范作用。

失信惩戒机制的功能通过大型征信数据库发挥作用，通过采集和记录企业和个人的信用信息，并以一定方式公开或查询，从而降低市场交易中的信息不对称程度，使失信主体丧失交易机会，实现约束信用主体的信用行为的目的。

失信惩戒机制的三大功能能够维护信用交易市场秩序，并通过实质性打击和震慑方式减少市场上存在的各种失信行为，保障市场的公平竞争，有助于提高信用交易的成功率。

（四）失信惩戒机制的特点

失信惩戒机制具有以下几方面的特点：

（1）主动打击经济失信行为，不对任何企业和个人打招呼，也不对失信者进行任何思想道德方面的教育，甚至在失信者不知情的情况下，就开始实施对其失信行为的处罚。

（2）使失信者受到经济性惩戒，打击并不着眼于使失信者的道德水平提高，尽管在效果上很类似，但其实质不同。

（3）具备对诚实守信者进行奖励的政策倾向性。

（4）非司法刑事处罚性质，也非道德谴责；可能由民间进行投资并操作，采取市场检验和淘汰机制。

（五）失信惩戒机制的作用范围

失信惩戒机制的作用范围很大。例如，企业资信调查服务会覆盖到全球200个以上国家或地区的任何一个有限责任公司；个人信用调查服务至少应该覆盖一个城市的全部人口。一个社会信用制度健全的国家，如果企业有违约失信行为出现，失信企业会遭到提供服务的各类机构的抵制，不能取得贷款，供应商不对其赊销生产资料，甚至政府监管部门不允许其营业执照得到正常年检。如果一个人有了经济失信记录，就不能再申请信用卡、购物卡、购房贷款和任何信贷，甚至在申请租房、安装电话、手机上网、银行开户时，也会遭到拒绝。

失信惩戒机制使失信记录在全社会范围内传播；市场联防措施也是在对应范围内施行，其作用是在社会上全面渗透。由于失信惩戒机制对失信记录的传播功能，征信数据库才能形成社会联防的"纽带"，并潜移默化地改变社会文化、社会资本状况。失信惩戒机制的工作流程见图8-1。

```
来自各种渠道的          民间的征信          政府部门掌握
信用信息与记录          数据              的征信数据
      │                      │                  │
      ▼                      └────────┬─────────┘
  各类征信机构                         │
      │              ┌──────────┬─────┴──────┐
      │           民营征      外资、合资      政府建立的公
      │           信机构      征信机构        共征信机构
      ▼                 │                       │
  各种征信数据库       私营征信               国家征信
      │               数据库                 数据库
      │           ┌──────┴──────┐       ┌──────┴──────┐
      │        企业征信    个人征信    企业征信    个人征信
      │        数据库      数据库      数据库      数据库
      ▼           └────┬──────┘─────────└──────┬────┘
 各授信人组成               │                      │
 的社会联防         ┌───────┼──────────┐
      │          企业    金融机构     政府
      │            └───────┼──────────┘
      │                    │
      │          否    ◇受信人信用良好◇    是
      │          ┌─────────┼──────────┐
      ▼        黑名单     灰名单      红名单
 拒绝信用交易      │          │           │
             授信人拒绝    预警       信用
             信用交易                 交易
```

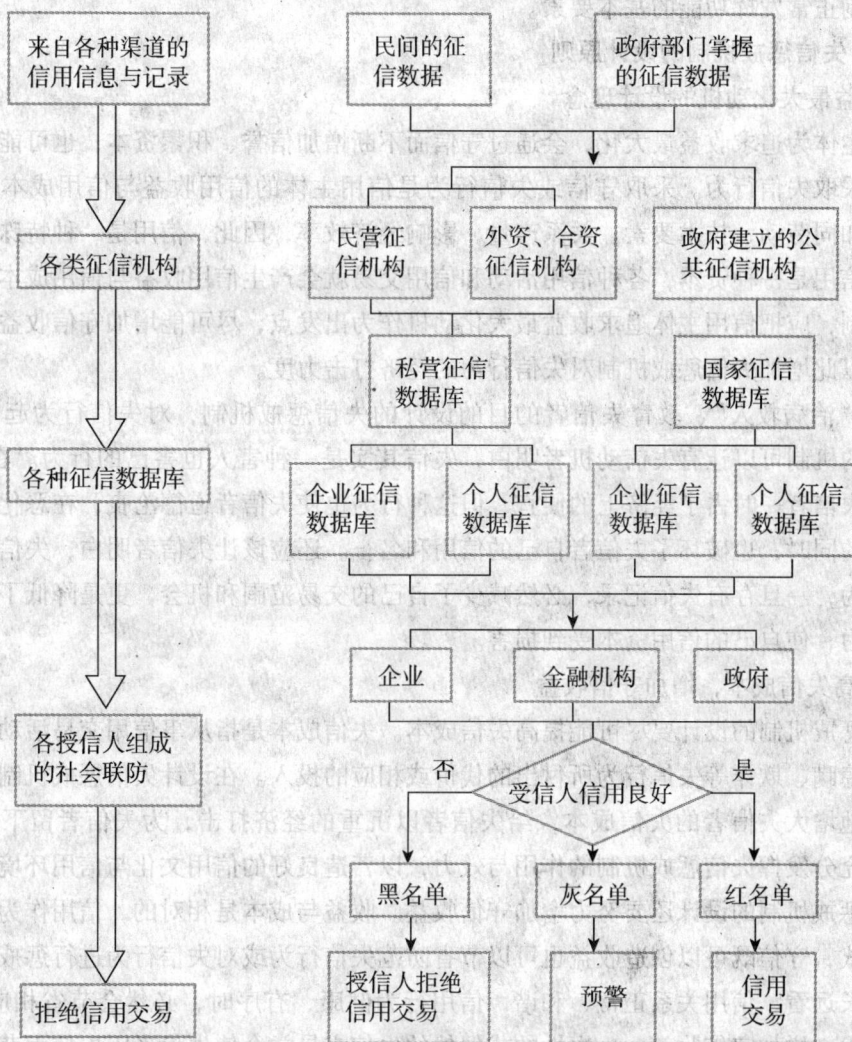

图 8−1　失信惩戒机制的工作流程

二、失信惩戒机制的设计原则与建立

　　为了使失信惩戒机制有效运转，充分发挥其功能，失信惩戒机制的设计要综合考虑多方面因素。由于信用是市场经济发展的产物，失信惩戒机制应该建立在市场运行的原则上，并

具备使机制正常发挥功能的基本要素。

（一）失信惩戒机制的设计原则

1. 收益最大化动机的设计理念

信用主体为追求收益最大化，会通过守信而不断增加信誉、积累资本；也可能为获取暂时收益而采取失信行为。采取守信或失信行为是信用主体的信用收益与信用成本权衡的结果。信用如同劳动、技术要素，关系产量，影响经济效率，因此，信用是一种特殊的资本形式。既然信用是一种资本，各种信用活动和信用交易就会产生信用收益与信用成本。设计失信惩戒机制，应把信用主体追求收益最大化动机作为出发点，尽可能增加守信收益、提高失信成本，以此增加失信惩戒机制对失信行为的经济打击力度。

本着"治病救人"、教育失信者的目的设计的失信惩戒机制，对失信行为起到警示作用。这样的机制可以让有失信动机者明白，失信其实是一种害人也害己的行为。在交易中，即使恶意失信者一时占了经济上的便宜，但这种行为也使失信者道德沦丧，在恶化了市场的信用环境的同时，也破坏了失信者自己的信用和名誉。还应该让失信者明白，失信行为是一种短视行为，一旦存有失信记录，必然减少了自己的交易范围和机会，更是降低了自身的赊销赊购能力，使自己的信用资本受到损害。

2. 提高失信成本，增加守信收益

失信惩戒机制的设计要尽可能提高失信成本。失信成本是指从事信用交易活动的信用主体因采取隐瞒、欺诈等失信行为所付出的代价或相应的投入。在设计失信惩戒机制时应该考虑全方位地增大失信者的失信成本，给失信者以沉重的经济打击，为失信者留下深刻的烙印，从而充分发挥失信惩戒机制的作用与效力，以营造良好的信用文化与信用环境。

失信惩戒机制的设计还要努力增加守信收益。收益与成本是相对的，信用作为资本的一种特殊形式，守信既可以创造收益也可以节省防范失信行为或对失信行为进行惩戒等方面的开支。从长远看，信用关系正常、和谐，信用行为健康、有序时，必然会节省相应的人力、财力、物力，增加守信收益。一次性的或偶然的失信交易常会使失信者因失信而获得一定的收益。因此，失信惩戒机制的设计要同时考虑到守信者的收益和失信者的收益，努力提高守信者的收益，给守信者以适当的政策倾斜和一定的物质奖励；尽力减少失信者在一次性交易中获得收益的可能性，加大失信者的失信成本。

3. 合乎法理，惩治有力

失信惩戒机制设计的初衷，不是将失信者一棍子打死，而是让失信者付出惨痛代价，再给失信者改过的机会。因此，失信惩戒机制在制度设计上，要给失信者留有生存空间和改过机会。例如，美国的《公平信用报告法》规定，在任何征信机构的征信数据库中，个人失

信记录最多保存 7 年，个人破产记录最多保存 10 年，而优良信用记录会被终身保留。

另外，失信惩戒机制会对失信者进行经济性处罚，经济性处罚是实质性的、敏感的事情。这就要求各项措施的设计要有理有据，合乎法理，惩治有力。这样才能使失信惩戒机制对潜在失信者起到震慑作用，对失信者给以惩戒，达到教育失信者的目的。

失信惩罚戒机制依托大型征信数据库，对于市场上的失信行为所进行的打击必须是实质性的，绝不是轻描淡写的道德谴责，只有这样设计才会极大地降低对大量失信者进行惩罚的"办案"成本。

（二）失信惩戒机制的建立

1. 失信惩戒机制建立的原则

失信惩戒机制建立的原则是以市场的方法，处罚市场上出现的失信行为。失信是产生于市场经济生活中的不良现象，回应市场对失信现象进行惩戒的机制也产生于市场。

建立市场联防的失信惩戒机制，是通过各色各样的企业资信调查公司、消费者个人信用调查公司和资信评级公司等，以市场信用信息的供求运作，将信用交易中失信方与守信方之间的矛盾，激化为失信方与全社会的矛盾。在法律允许的有效处罚期间，让所有的政府监管部门、授信机构、雇主和公用事业单位参与对失信者的经济类惩戒。

在信用经济中，所有信用主体的交易活动必须受到制度规范，对失信的处罚建立在所设计的"黑名单"系统和市场联防上。只有建立所有信用单位、信用主体共同参与的市场联防，才可以使失信惩戒机制尽可能地、最大限度地发挥作用，达到约束信用主体交易行为的目标。市场联防的最终目的是使受到失信惩戒机制处罚的经济主体在行为上要遵守诚信交易原则，而不管其思想道德水平是否得到提高。

2. 失信惩戒机制建立的基本要素

失信惩戒机制的建立应具备三个基本要素：

（1）征信数据合法公开。企业和个人的信用信息对征信机构开放；政府和民间的征信数据要依法对征信机构开放。

（2）规范的征信数据库。由专业征信机构投资，通过联合征信形式采集征信数据，构建征信数据库，并合法公开不同级别和类型的资信调查结果。

（3）联动的社会化惩戒网络。由政府倡导，建立一个市场联防机制，由具备监管功能的政府部门、各类授信机构、雇主、公用事业单位等参加，使失信企业和个人及时被曝光并受到相应的行政处罚。使失信企业和个人不能取得任何信用方式的便利。例如，工商部门制作的失信企业的"黑名单"及配套的行政处罚，是一种最初级的失信惩戒方法。

（三）失信惩戒机制的类型

失信惩戒机制主要有以下几类：

1. 政府部门做出的行政性、监管性惩戒

由政府信用服务部门对失信主体做出行政性惩戒。比如，由政府相关部门公布"黑名单"、"不良记录"等。行政性惩戒要依法办事，讲究程序，避免侵犯个人隐私和商业秘密。

由政府监管部门对失信主体做出监管性惩戒。这类惩戒是由政府综合管理或监管部门采取记录、警告、处罚、取消市场准入、依法追究责任等行政管理手段，惩戒或制止失信行为。

2. 由金融、商业和社会服务机构做出的市场性惩戒

由金融、商业和社会服务机构做出的市场性惩戒，主要是对信用记录不好的企业和个人给予严格限制；对信用记录好的企业和个人给予优惠和便利。

3. 通过信用信息广泛传播形成的社会性惩戒

这类通过信用信息广泛传播，加大失信者的利益损失，增强对失信者的社会道德谴责力度的社会性惩戒，使对交易对方的失信转化为对全社会的失信，让失信者一处失信，处处受到制约。

上述三种失信惩戒机制不包括对严重失信者的民事或刑事责任的惩戒。那些不遵守行业规则、自身不讲信用的企业和个人，违反法律、法规造成严重损失的失信行为，要由司法部门依法追究责任，做出司法性惩戒。

三、失信惩戒机制的运作与管理

规范市场经济秩序，营造良好信用环境，是失信惩戒机制运作的目的；依托联合征信数据平台，依靠各类征信数据库制作并公示"黑名单"是失信惩戒机制运作的主要方式；对失信惩戒机制的管理是政府相关部门的职责。

（一）依托联合征信数据平台

从失信惩戒机制的运作功能和经验看，通过联合征信数据平台采集数据，要优于通过同业或同系统的独立征信数据库进行采集。在条件具备的情况下，失信惩戒机制的运行要依托联合征信数据平台。依托联合征信数据平台具有以下优点：

1. 信用信息的公正性、合理性

通过联合征信数据平台，可以大幅度提高征信数据的采集量，有助于对失信者的信用价值的判断或量化，使评价工作更加科学可靠。

从信息源角度看，依托联合征信数据平台可以避免"黑名单"漫天飞的严重后果，也可以有效地减少不同征信机构对企业和个人信用价值进行评价所产生的差异。

2. 信用信息的完整性

依托大型联合征信数据平台，征信数据采集更加全面完整；可以同时向若干"黑名单"公示系统提供数据支持。

3. 信用信息的经济性

政府政策支持的联合征信形式会从总体上节约征信费用，减少人、财、物的投入，明显降低采集征信数据的成本。

4. 信用信息的多功能性

对于一地的社会信用体系，联合征信数据平台不仅支持失信惩戒机制的运行，还可以支持企业征信系统、个人征信系统、征信服务体系等多个体系的运作。

采用联合征信数据平台形式也有一定局限性，比如联合征信可能存在的政策障碍、联合征信数据平台工作的可行性问题、提供征信数据的机构间利益平衡问题、数据供应垄断问题等。

（二）制作"黑名单"、"红名单"

1. 征信数据的采集和记录

失信惩戒机制运作的最重要的环节是允许运营联合征信数据平台的机构及时采集失信企业和个人的不良信用记录，并通过各级政府渠道和征信机构，合法地将其公示给有需要的授信机构。授信机构是否愿意利用征信数据库的信用记录，是否拒绝与失信者进行交易，应该依靠市场的规律行事。政府和征信机构的角色是倡导和教育，让各类授信机构和其他联防单位逐渐地成熟起来。

依据失信惩戒机制运作所采用的方法，联合征信数据平台的操作者会将所有企业从工商注册开始每一次不良信用行为都记录下来，按照时间顺序和额度进行排列，记录在各企业征信数据库中。对消费者个人，自其申请到身份证时起，其各种信用行为都会以事件记录形式记录在征信数据库中，合法的用户可以随时调用。

对信用主体信用信息的及时采集，是要解决信用交易中的信息不对称问题，向授信人提供正确的信用记录或信用评分，让企业和个人的信用记录合法传播。联合征信数据平台的操作者依据征信数据制作出"黑名单"、"红名单"和"灰名单"，并且向所有信用主体公开。其中，"黑名单"和"红名单"会被登录在多种"公示牌"或专业网站上，易于传播和用户查询。

2. "黑名单"与"红名单"

"黑名单"意指记录和列举信用活动中失信主体的名录。失信惩戒机制运作的主要工作之一是制作失信企业和个人的"黑名单",并以合法的形式向合法的用户传播其交易对象的不良信用记录。把企业或个人失信记录的"黑名单"向全社会乃至全世界进行"公示",使全社会都能了解失信者的失信行为。

由于失信惩戒机制所组织的联防会涉及在市场上活动的所有授信机构,在操作上必须简单易行、成本低廉。也就是说,市场要求制作"黑名单"的征信机构,向所有的授信机构提供多种渠道、方便、快捷、价格低廉的查询。基于不同的理念,制作"黑名单"有两种做法:

一种是以美国为代表的市场自然形成的征信机制,对失信记录的处理是"基于事实,仅基于事实"。这种做法的优点是证据充分,法理通顺。缺点是将失信行为的评价推给了信用记录的使用者,其信用报告仅供使用者参考,信用记录使用者是否与失信者交易或交往,完全由其自己判断和决定。另外,政府有关监管部门也不容易依据联合征信数据平台罗列的记录做出判断,以便对失信者进行行政性处罚。

另一种是由政府有关部门或有声誉的征信机构发布"黑名单"。在失信企业或个人被登录"黑名单"之前,经过一系列的信息处理和信用评分过程,力图科学地解释失信者被登录"黑名单"的理由。失信的企业或个人一旦被登录"黑名单",政府的信用监管部门或其他查询者便会知道这些失信企业和个人有足够严重的失信行为,应该对它们采取联防和处罚措施。这种做法的缺点是加大了政府或征信机构对联合征信数据平台的经营成本,也可能招致被处罚者的报复。

不管由谁来运营联合征信数据平台,不论采用哪种"黑名单"制作方法,都应该取得有监管功能的政府部门的合作和指导。由相应的政府部门来公示"黑名单",这样做可以增强"黑名单"的权威性。

"红名单"意指记录和列举信用活动中诚实守信主体的名录。失信惩戒机制既制作"黑名单"也制作"红名单","红名单"中的企业和个人多是长期重合同守信用的信用主体。政府有关政策可以向被列在"红名单"中的企业和个人倾斜,以激励信用主体的守信行为。例如,以财政补贴形式降低对守信企业的贷款利率,以示奖励。各类授信人也可以考虑给"红名单"中的企业和个人以各种优惠和奖励,降低守信者使用信用工具的成本等。

在政府建立企业征信制度的工作中,为了政府监管部门的执法方便,在执行失信惩戒机制任务的征信数据库中还可以设立"绿色通道",即征信数据库中被列为一贯重合同、守信誉的信用主体系列。对于在"绿色通道"内的守信企业,政府经常给予"免检放行"和"抽样检查"。"绿色通道"可以减少政府的工作量,也减少了"绿色通道"内企业的一些负担,起到对诚实守信行为的鼓励作用。

运作"黑名单"系统的政府部门或征信机构，还应该在征信数据库中运行"灰名单"系统。"灰名单"是指介于"黑名单"和"红名单"间的信用主体数据系列。"灰名单"作用非常重要，它是征信数据库中的"预警系统"，也是失信者向"黑名单"和信用修复系统转化的过渡系统。"灰名单"系统将企业或个人的失信记录进行分类和累计，在报警时对证据进行复核。

3. 直接惩戒和间接惩戒

失信惩戒机制的运作由直接惩戒和间接惩戒共同完成。直接惩戒主要来自政府职能部门和行业公会。例如，工商管理部门直接公告"黑名单"，银行业公会通告贷款违约企业等。间接惩戒主要源自专业化、社会化的征信数据库。例如，企业征信数据库通过向社会开放，提供查询与评价报告，向查询人展示被查询人的综合信用状况，供查询人参考。直接惩戒的主要特点是具体，有针对性，公告性较强，处罚明确。间接惩戒的主要特点是日常性，有弹性，随时能够满足需求，更加贴近市场。

针对恶化的社会信用环境，应该重视直接惩戒，鼓励各个主管部门、各个行业公会与协会管理和约束各自系统内的信用行为和信用活动，建立公告制度、惩戒制度，公开惩戒细则。使一些不良信用行为尽快受到遏制和约束，使社会信用环境得以改善。

为建设和发展健康的信用经济，从长远来看，要发展间接惩戒体系。信用环境的改善、信用交易的有序开展，更多地需要社会的监督与约束。间接惩戒覆盖面更广，有利于公众方便地获取信用信息，接受失信惩戒机制的约束，增进对市场信用规则的了解；更有利于各经济主体参与社会信用体系建设。

（三）对失信惩戒机制的管理

1. 政府对失信惩戒机制的管理职责

在社会信用体系建设过程中，政府按照市场规律建立并启动失信惩戒机制，同时也必须由政府担负起对失信惩戒机制的管理职责。对失信惩戒机制的管理是指政府管理部门对失信惩戒机制发挥作用的单位、运作途径和环节的管理。包括对征信机构的管理，对消费者个人信用调查机构的监督、立法，对企业或个人申诉的仲裁，对公民个人隐私权的保护，对民间信用服务组织的业务监控等管理职责。

只要失信惩戒机制开始运转，不管征信数据库和"黑名单"系统是不是由当地政府运行，政府都要指定专门部门接受被处罚者的申诉，要求征信机构配合，制定限期复核有争议的记录。对于确实有失信行为的企业和个人，申诉受理窗口也要起到教育功能，甚至辅导失信者重建信用。如果没有政府管理部门对失信惩戒机制的管理和监督，失信惩戒机制的正常运转是不可想象的。

2. 政府对失信惩戒机制的管理重点

政府对失信惩戒机制进行必要的管理和监督，对其所涉及的征信机构、其他相关机构进行规范和监控，在对企业或个人申诉的仲裁、公民个人隐私权的保护、对民间信用服务组织的业务监控等项管理中，对一些重点环节和工作加强管理和监督，可以提升失信惩戒机制运作的质量和效率。

政府对失信惩戒机制的管理的重点应该是：

（1）对失信惩戒制定权威的标准，并做出解释；对被处罚的自然人或法人的申诉的认真复核。没有对失信惩戒标准的监管，失信惩戒机制的运行就会失控；不认真复核被处罚信用主体的申诉，会使失信惩戒机制运作存在错误惩戒的陷阱。

（2）对失信惩戒方法和技术的研究发展给予多方面的支持，对于信用服务者使用的技术、设备、方案做出评估或审查。

显然，失信惩戒机制高质量、公正、有效运行的前提，是政府相关部门对失信惩戒机制运行的重点环节和工作的管理。

第三节　国外信用监管机制介绍

在信用经济发展的过程中，世界各国逐渐建立了各自的信用监管机制。发达国家的社会信用监管机制概括起来主要有三种模式：一是以美国为代表的、以市场化运营的商业信用中介机构为主导的企业经营模式，又称私营模式；二是以德国为代表的、以中央银行及其信用信息部门为主导的央行主导模式，又称公共模式；三是以日本为代表的、以银行业协会的会员制征信机构和商业性机构共同主导的社会化模式。

分析和比较世界各国信用监管机制的不同模式，对于我国信用监管机制的建立和完善具有一定参考价值。

一、国外信用监管机制涉及的主要因素

信用监管机制涉及以下几方面主要因素：征信数据的收集及评估，法律、法规的建立健全，政府和专业协会的监督管理等。

征信数据的收集和评估是信用监管机制建立的核心，其具体操作在国外主要有政府主导和市场化运作两种形式。其中欧洲部分国家（如法国）、亚洲部分国家（如印度）和拉丁美

洲部分国家（如墨西哥）是由政府主导的，而在世界上信用制度最发达和完善的美国则主要由市场化运作。由于经济效益和服务质量的要求，对于征信数据的收集和评估，目前国际上普遍的趋势是由政府主导逐渐向市场化运作转化。征信的核心产品主要是信用报告和相应的评级，信用评级无疑是征信核心产品中的核心。

　　法律、法规的建立健全是信用监管机制确立和实施的保障。世界各征信国家及其政府对其高度重视。信用法律环境的确立能够促使政府和信用服务公司的征信数据快速、真实、合法地收集；能够限制消费者个人数据的使用范围和限制数据自由传播，从而合法地传播和经营经过处理的数据。同时，能够保护消费者的隐私，维护市场公平竞争，使与消费者个人进行信用交易的金融机构和赊销商取得授信的依据。

　　政府和专业协会的监督和管理作用由政府相关部门、民间团体、国际标准化机构来实现，它们促进信用服务相关立法的出台及相应细则的不断完善；监督信用服务行业，使其合理合法利用和传播征信数据。征信发达国家的重点往往放在法律的细化上。在这些国家，因信用服务公司基本上私有，造成征信完全市场化、商业化，政府部门在社会信用体系的具体运转上所起的作用有限。而征信欠发达国家则更注重数据源及基本框架的建立。在这种条件下，信用服务公司私有化程度往往较低，政府对具体运作介入的程度通常较深，影响也较大。

二、国外的三种信用监管模式

（一）美国模式

　　美国是当今世界上信用经济规模最大、信用行业最发达的国家，同时也是社会信用体系最完善、信用制度最成熟的国家。美国采用的信用监管模式是企业经营模式，又称私营模式，该模式的特点是征信机构独立于政府机构与大型金融机构，信息来源和服务对象相当广泛，采取民间投资的市场化运作方式。

　　美国信用经济规模大，但风险较低，其社会信用体系的成功构建与运行，与信用中介机构的发展及其作用的发挥密切相关。在美的市场经营模式中，信用服务机构都是独立于政府之外的私营机构，它们按现代企业制度的方式建立，按市场化方式运作，面向全社会提供信用信息服务。

　　第二次世界大战后，在信用交易规模伴随经济发展迅速扩大的情况下，美国市场培育出各类信用中介机构，它们专门从事征信、信用评级、商账追收、信用服务等业务，这些机构专业技术先进，产品和服务体系相对完整，是社会信用体系的运营主体。这些信用中介机构由于实力较强，并且具有良好的市场声誉和很高的公信度，逐渐成为美国信用行业和社会信用体系的中坚力量。目前，美国企业和消费者的征信和评估实现了社会化分工：消费者信用调查和评估主要由伊克法克斯公司、环联公司和益百利公司三大信用公司提供，企业信用调查和评估绝大部分由邓白氏公司提供。美国的穆迪公司、标准普尔公司和菲奇公司则是专门负责资本市场信用评估的机构。

私营模式能够全面支持现金信用、零售信用和服务信用三大类的授信，使得信用交易规模得到迅速扩大。但它也有缺点，主要体现在，这种模式容易引起征信市场的激烈竞争，造成民间资源浪费，而且对所在国家的立法和执法要求非常高。

（二）欧洲模式

欧洲信用监管模式主要是指以德国为代表的央行主导模式，又称公共模式，是指征信机构直接隶属于中央银行，信用信息主要来源于金融机构，服务对象仅限于金融机构的非营利运作方式。在这种模式中，征信机构主要以公共信用信息登记系统为主，私营征信机构以公共征信机构为依托。公共征信机构由中央银行或银行监管机构开设，不提供任何形式的信用报告，收集公司和贷款数额较大的个人客户信息，主要是为中央银行的监管职能服务。德国的公共征信机构通过法律等形式强制性要求所监管的银行、财务公司、保险公司等所有金融机构必须参加公共信用信息登记系统，并定期将所拥有的信用信息数据报告给公共信用信息登记系统。私营征信机构则是独立于政府之外的私营机构，为企业和个人提供信用调查和评估报告。

公共模式能保护金融系统的安全并有力保障个人隐私，但是，公共信用信息登记系统不向零售信用和服务信用授信人提供服务，这不利于将信用工具渗透到社会的各个角落，对扩大信用交易市场份额的贡献不足，而且，公共模式下的征信机构不以营利为目的，政府有财政负担，征信数据库的容量相对来说较小。

（三）日本模式

日本的社会信用体系不同于美国和欧洲，有其独到之处。日本银行业协会牵头建立了一个以银行会员为主的会员制机构，机构主要由会员银行共同出资建设，产权归全体会员共有。这个会员制机构的主要职能是收集银行的信用信息并在会员之间进行交换、共享，这是一个社会性的征信组织，因此被命名为"日本个人信用信息中心"，其征信范围包括个人征信和企业征信。

这个会员制信用信息中心是一个非营利机构。但这并不意味着它提供的信用信息是无偿的，为了维护机构正常、持续的运营，它必须在提供信息时收取一定的费用。需要强调的是，这个非营利机构所收取的费用仅用于维持机构运转和信息收集，而不是作为利润。信用信息原则上只对这些会员银行开放。会员取得信息是有偿的，同时各会员银行有义务向该机构提供其掌握的准确全面的信用信息。

与银行业会员制机构并存的还有一些商业征信公司，这些商业征信公司是市场化运营的商业性实体，以营利为目的向市场提供信用信息产品和服务。

银行业协会的非营利信用信息中心和商业征信公司共同主导社会信用体系建设，这是日本社会信用体系的最突出特色。

★ **案例**

征信系统发挥惩戒功能，迫使有能力还贷而不还者被迫还贷

1. 工商银行客户胡某大学毕业进入国家助学贷款还款期后，不仅未履行偿还义务，而且杳无音信，致使工商银行对逾期的3 347.95元本息无法进行正常催收。2006年8月，该客户突然主动与贷款行联系，要求归还全部贷款。经了解，该客户在另一城市办理住房按揭贷款时，因信用报告中有拖欠国家助学贷款的违约记录而遭拒。在此情况下，该客户不得不还清了拖欠的国家助学贷款。

2. 学生李某在大学期间申请了国家助学贷款1.2万元。2005年5月，该客户在另一城市向工商银行申请12万元的住房按揭贷款。该行通过查询个人征信系统，发现该客户在大学时申请的国家助学贷款尚有6 000多元未还，存在违约记录。该行向该客户告知了他的信用记录，并积极向他宣传国家助学贷款政策和个人征信系统的作用，该客户得知情况后后悔不已，积极配合贷款行偿还了积欠的国家助学贷款。

3. 客户何某向工商银行某分行申请1笔期限10年、金额11万元的住房贷款。该客户申请资料显示其拥有私家车1辆，具有一定的经济实力。该行查询个人征信系统，发现该客户在交通银行办理的1笔国家助学贷款尚有3 500元余额未还，且逾期时间较长，表现出较明显的恶意拖欠国家助学贷款的意图。该行随即拒绝了其贷款申请。何某得知情况后，后悔不已，不仅还清了欠交通银行的国家助学贷款，还保证今后不会存侥幸心理，故意拖欠贷款不还。

4. 2005年11月，客户刘某向交通银行某分行申请个人住房贷款50万元。经审查，申请人本身无贷款且收入稳定，具备一定还款能力。但是，通过个人征信系统的查询，发现其未婚夫作为本笔贷款的参贷人（所购房产同属两人名下），在交

通银行某分行的一笔国家助学贷款,截至2005年11月,已累计逾期20期。该行判定其未婚夫的个人信誉存在问题,提出拒贷意见。后其未婚夫多次承认自己的错误,并主动还清全部贷款。考虑到其认错态度诚恳,且夫妻二人目前工作、收入情况良好,该行同意受理,批准放款。

5. 2004年,客户丁某在中国银行办理了一笔6 000元的国家助学贷款。2005年7月该客户毕业后,认为自己已远离所在学校,新的工作环境中谁也不知道其办理过国家助学贷款,父母也已移居,银行联系不到他本人和家人,自己不还国家助学贷款,银行也拿他没办法,于是连续一年没还款也没和贷款行联系。2006年3月,公司准备派其去外地学习培训,丁某前往银行申请办理信用卡,准备在外地学习期间用。当丁某把申请表交到银行后,被告知:因其有拖欠国家助学贷款的记录,银行拒绝为其办理信用卡。丁某大吃一惊,得知个人征信系统已全国联网运行,这才意识到按约还贷的重要性。事后丁某马上与贷款行联系,把拖欠贷款本息全额结清。

资料来源:中国人民银行征信中心网站。

· **本章小结** ·

1. 信用监管和失信惩戒机制是社会信用体系建设必不可少的组成部分,是一种规范信用环境的制度安排,构建信用监管和失信惩戒机制目的在于建立一个适应信用交易发展的市场环境,保证市场经济向信用经济方向转变,通过相应的运作体系和机制,解决经济和社会生活中信用信息不对称的矛盾,从而有效惩戒失信行为,褒扬诚实守信,维护经济活动和社会生活的正常秩序。

2. 发达国家的信用监管机制主要有三种模式:一是以美国为代表的、以市场化运营的商业信用中介机构为主导的企业经营模式,又称私营模式;二是以德国为代表的、以中央银行及其信用信息部门为主导的央行主导模式,又称公共模式;三是以日本为代表的、以银行业协会的会员制征信机构和商业性机构共同主导的社会化模式。分析和比较世界各国信用监管机制的不同模式,对于我国信用监管机制的建立和完善具有重要的指导意义。

✎ **课后练习题**

一、单项选择题

1. 发达国家的社会信用监管主要有三种模式，其中以美国为代表的、以市场化运营的模式是（　　）。

　　A. 企业经营模式　　　　　　　　　B. 央行主导模式

　　C. 社会化模式　　　　　　　　　　D. 公共模式

2. 发达国家的社会信用监管模式主要有三种，其中欧洲信用监管模式主要是指以德国为代表的政府主导模式，又称（　　）。

　　A. 社会化模式　　　　　　　　　　B. 公共模式

　　C. 企业模式　　　　　　　　　　　D. 私营模式

3. 以下选项中，（　　）不属于失信惩戒机制建所应具备的三个基本要素。

　　A. 征信数据合法公开　　　　　　　B. 规范的征信数据库

　　C. 征信数据的采集和评估　　　　　D. 联动的社会化惩戒网络

4. 失信惩戒机制的功能不包括（　　）。

　　A. 惩戒功能　　　B. 道德谴责功能　　　C. 奖励功能　　　D. 震慑功能

5. 失信惩戒机制的运作由直接惩戒和间接惩戒共同作用完成。其中，间接惩戒源自（　　）。

　　A. 政府职能部门　　　　　　　　　B. 行业公会

　　C. 工商管理部门　　　　　　　　　D. 专业化、社会化的征信数据库

6. 以下选项中，（　　）不属于失信惩戒机制的类型。

　　A. 行政性、监管性惩戒　　　　　　B. 社会性惩戒

　　C. 市场性惩戒　　　　　　　　　　D. 声誉性惩戒

二、多项选择题

1. 国外信用监管的主要模式有（　　）。

　　A. 美国模式　　　　　　　　　　　B. 欧洲模式

　　C. 日本模式　　　　　　　　　　　D. 英国模式

　　E. 德国模式

2. 信用监管体系涉及的主要因素有（　　）。

　　A. 征信数据的采集及评估　　　　　B. 法律、法规的建立健全

C. 政府的监督管理　　　　　　　　D. 专业协会的监督管理

E. 中央银行监管管理

3. 以下选项中，（　　）是美国专门负责资本市场信用评估的机构。

A. 穆迪公司　　　　　　　　　　B. 标准普尔公司

C. 益百利公司　　　　　　　　　D. 菲奇公司

E. 大公国际公司

4. 信用监管机制的内涵包括（　　）三大部分。

A. 信用监管目标　　　　　　　　B. 信用监管法规

C. 信用监管机构　　　　　　　　D. 信用行业自律

E. 信用教育

5. 信用监管主体包括（　　）。

A. 中央银行　　　　　　　　　　B. 民间机构

C. 企业自身　　　　　　　　　　D. 政府相关部门

E. 金融机构

6. 失信惩戒机制的直接惩戒主要来自（　　）。

A. 社会　　　　B. 行业公会　　　　C. 政府职能部门　　　　D. 其他企业

E. 个人

三、判断题

1. 征信数据的收集和评估是信用监管机制建立的核心。（　　）

2. 失信惩戒机制对失信行为而言，既是刑事处罚，也是行政处理，并且还是一种社会监督约束机制。（　　）

3. 美国是当今世界上信用经济规模最大、信用行业最发达的国家。（　　）

4. 以美国为代表的市场自然形成的征信机制，对失信记录的处理是"基于事实，仅基于事实"。（　　）

5. 直接惩戒的主要特点是日常性，有弹性，随时能够满足需求，更加贴近市场。（　　）

6. "日本个人信用信息中心"是一个营利性机构，其征信范围包括个人征信和企业征信。（　　）

第九章
信用教育体系

🎯 **学习目标**

1. 掌握加强信用教育体系建设的重要意义；
2. 了解信用教育的主要领域；
3. 掌握信用教育内容和方法。

🔍 **基本概念**

信用教育　　信用教育体系　　信用文化

社会信用体系建设是一项庞大的系统工程，信用教育体系建设是其中的一个重要组成部分。加强信用教育体系建设是信用经济发展的需要，明确信用教育体系建设的主要领域、基本层次、主要内容和方法等，对信用文化建设，构建诚信道德体系具有重要的现实意义。

第一节　加强信用教育体系建设的重要意义

信用教育是社会信用体系建设中的基础性工作。吉登斯[①]认为，要建立信用，受过教育而有辨别能力的公众是必需的。普遍开展信用教育，加强信用教育体系建设，可以促进社会文明进步。

一、信用教育与信用教育体系建设

在市场经济中，信用活动的基本经济单位是信用经济中的信用主体，即从事信用活动或进行信用交易的自然人或法人。对信用主体进行信用教育，建立相应的信用教育体系，可以促进信用交易的有序进行和信用经济的健康发展。

（一）信用教育

信用教育是向信用主体传授信用知识，塑造信用主体的信用意识。信用知识告诉信用主体信用为何物，有何价值；信用意识则指导信用主体如何开展信用活动。

由于诚实守信是人们从事社会经济活动应该遵守的社会规范，因此，开展信用教育十分必要。对社会经济主体进行信用教育，普及信用知识及相关法律、法规，使"市场经济就是信用经济"的认识深入人心，使全体社会成员都能充分认识信用在现代经济社会中的价值、作用和意义，从而自觉地遵守信用秩序。

对信用主体进行信用教育还因为，中国近代市场经济发育不充分，信用经济发育较晚，市场信用交易不发达；中华人民共和国成立后又长期处在计划经济体制之下，真正的社会信用关系十分欠缺；社会转型期引发价值观紊乱和市场经济的负面影响；道德教育弱化、脱离实际，忽视诚信意识和诚实品质的培养。

[①]　安东尼·吉登斯（Anthony Giddens），1938 年生于英格兰伦敦北部，剑桥大学教授。不仅是斯宾塞以来英国最著名的社会学家和政治思想家，而且是当今世界最重要的思想家之一，与罗尔斯、哈贝马斯等思想家一起引领了 20 世纪中后期全球社会理论的发展。

　　普遍开展信用教育，社会信用主体的诚信意识提高了，守法意识增强了，现代信用知识增加了，自我约束和自我保护能力增强了，社会信用体系的建立和完善就有了坚实的基础。

　　信用教育是一项面向全社会的系统工程，应将其深入到社会的每一个领域，使信用教育成为家庭教育、学校教育、社区教育、行业教育的重要内容。

　　在现阶段，社会主义市场经济体制的确立从根本上奠定了发展社会诚信、建立信用制度、加强信用教育的良好基础。党的十六大就把"诚实守信"作为我国社会主义市场经济未来道德建设的重点；《公民道德建设实施纲要》把"诚信"列入"二十字基本道德规范"。① 胡锦涛总书记提出的"八荣八耻"社会主义荣辱观，把"以诚实守信为荣，以见利忘义为耻"作为主要内容之一，这些都体现了加强信用教育的重要性和紧迫性。

　　加强信用教育，各级政府首先要提高认识，把信用教育作为一项基础性的工作常抓不懈、长期坚持、抓出成效。其次，要充分发挥政府的权威和资源优势，通过政府的物质投入和活动组织，加强信用教育建设方面的工作力度，引起人们对信用教育问题的重视，努力营造信用教育的社会氛围，引导人们树立良好的信用观念和信用行为。

小知识

　　在西方伦理史上被称为"黄金定律"的"摩西十诫"是：1. 我是你的上帝，不可信仰别的神；2. 不可亵渎上帝之名；3. 谨守圣安息日；4. 孝敬父母；5. 不可杀人；6. 不可奸淫；7. 不可偷盗；8. 不可作伪证陷害他人；9. 不可贪恋别人的配偶；10. 不可贪恋别人的财物。

　　《圣经》中记载，移居到埃及的犹太人因勤奋和擅长贸易积攒了许多财富。这引起了执政者的不满和对以色列人的恐惧，法老下令杀死新出生的犹太男孩。摩西出生后，其母亲把他放在一个蒲草箱内，搁在了河边的芦荻中，被来洗澡的埃及公主发现，带回了宫中。长大后，摩西失手杀死了一名殴打犹太人的士兵，为了躲避法老的追杀，他来到了米甸并娶祭司的女儿西坡拉为妻，生有一子。

　　一日，摩西受到了神的感召，回到埃及，并带领居住在埃及的犹太人返回故乡。因为不屈服于奴役，所以他们选择了流浪。在回乡的路上，摩西带领他的族人在西奈山下祈祷，请求耶和华为他的族人指一条道路。一只看不见的手——上帝之手在西奈山的峭壁上刻出十条戒律。摩西得到了神所颁布的"十诫"，即"摩西十诫"。

---

　　① 公民基本道德规范：爱国守法、明礼诚信、团结友善、勤俭自强、敬业奉献。——摘自《公民道德建设实施纲要》

> "摩西十诫"被称为人类历史上第二部成文法律，体现了平等的"人神契约"精神：谁要毁约，谁就会受到上帝的惩罚。同时，人也有"神不佑我，我即弃之"的权利。

（二）信用教育体系建设

信用教育体系是指与信用教育有关的机构、政策、教育资源组成的促进信用教育发展的有机体系。信用教育体系包含信用教育的基本层次、主要任务、关键领域、主要内容和主要途径等内容。

信用教育体系包括以下三个基本层次：

一是全社会的信用教育体系，即在全社会范围内形成一套信用教育、培训和科研工作体系，这套体系的主要组成部分是各种信用教育中介机构、信用教育网络、企业信用教育机构，以及政府、企业或信用中介机构开展的信用教育培训活动等。教育的对象包括公务员、企业家、职业劳动者和个人在内的全体公民，方式为定期或不定期的培训，教育的内容涉及与信用有关的知识。

二是基础信用教育体系，即利用现有的教育资源，将信用教育整合到现有的教育体系之中，从基础教育到高等教育，开设信用教育课程，使信用观念、信用意识、信用道德的宣传和教育贯穿始终。

三是以电视、报刊、广播等媒体为主的舆论教育体系。

加强信用教育体系建设，是中国经济体制转型，建设社会主义市场经济的需要，也是社会主义物质文明和精神文明建设的需要。

二、信用教育促进社会物质文明建设

促进社会主义物质文明和精神文明的发展，要不断推进人的全面发展。开展信用教育是实现人们思想和精神生活全面发展，进而促进社会物质文明发展的主要任务之一。

（一）信用教育与信用经济

物质文明是最基础的社会文明，信用经济推进了近代社会物质文明。物质文明是通过积极有效的经济活动创造出来的；经济活动是人的活动，积极有效的经济活动，尤其是信用活动需要合理观念，合理的信用观念需要通过信用教育来培养。

信用经济既是市场经济发展的结果，也是现代物质文明发展的结果。市场经济运行中的主体在诚实守信观念支配下，促进了市场经济的发展，产生了信用交易，并不断扩展信用交易的范围和种类，使人类的经济活动进入信用经济时代。人们积累并总结信用经济活动的经验和知识，并通过信用教育把信用知识、经验、观念、文化不断传授给信用活动的主体，推动了信用经济的健康发展。当代物质文明与信用主体接受信用教育具有不可分割的关系，信用教育是推动社会物质文明进步的重要工作。

（二）信用教育与市场运行

物质文明是指物质财富的创造和积累，财富的创造和积累是通过人们谋利的经营活动达到的。但是，人们的谋利活动并不都符合物质文明的要求，不是所有的谋利活动都能够增进社会财富。经营活动中出现的违约、欺骗、造假等行为是市场经济运行中的诚信缺失行为，这些行为造成市场运行的紊乱，破坏了物质文明的建设。

推进社会物质文明，维护市场经济的正常运行，必须对经济主体进行信用教育，普及信用知识，提高信用观念，通过信用教育使信用主体具备市场行为必须具备的诚信品质，从而规范信用交易行为。市场运行中的行为主体只有坚守诚实守信才能使自己的经营活动遵循市场运行规则，才能使自己的谋利行为保持合理性、合法性，才能有效避免各种欺骗和造假行为的发生。

（三）信用教育体系建设与经济繁荣发展

完善的信用教育体系将促进经济繁荣发展。在全社会建立起信用教育网络，各行各业、各个层次的经济主体就能够接受良好的信用教育，经济运行中信用主体的诚实守信就会蔚然成风。实践证明，经济主体按照诚实守信的原则来规范自己的谋利经营行为可以达到自己的长远奋斗目标和实现丰厚的预期收益。正是经济主体为谋求利益和物质财富的诚信经营，推进了社会经济的繁荣发展。

当社会进入"信用经济时代"，经济主体的谋利经营活动，与其说是经营产品，不如说是经营诚信。诚信说明经济主体对自己经营的产品质量的自信，体现对自己企业成功经营的坚定信念，表明经济主体愿意承担社会责任。因此，诚信是品牌，诚信是可以带来不竭利润的无形资产。

信用教育体系的成熟意味着信用教育的全面加强，意味着更多诚信企业品牌的出现。市场经济越发展越要求经济主体诚实守信，信用经济越成熟越要求完善的信用教育体系与其相适应。信用教育体系的成熟与完善是现代物质文明的重要基础和标志。

三、信用教育促进社会精神文明建设

信用教育在促进社会物质文明发展的同时，会促进相应的精神文明，包括政治文明的发展。精神文明基于物质文明的发展，已经形成的精神文明对物质文明的发展又会产生极大的影响。

（一）信用教育与精神文明

在当代社会文明中，精神文明是派生文明，派生于物质文明。与物质文明的财富成果相比，精神文明没有独立固态的成果形式，伴随物质文明的进步，精神文明是寓生产、教育、科技、卫生、体育、艺术等知识智慧在内的文化体系，表现为人们经济生活、文化生活等各种社会生活中的思想情操、理性信念、道德作风、行为举止。

信用教育既是精神文明内在体系中的一部分，又是精神文明进步的基石。诚实守信既是经济活动中的基本规则，又是社会生活中的道德规范。信用教育对于精神文明进步的意义在于：一是作为精神文明的内容之一，信用教育关系到精神文明的建设进程；二是信用教育对精神文明的其他方面都会产生很大的影响。

在社会精神生活领域进行信用教育，倡导诚信文明，其终极目的还是促进人的精神追求文明化，最大限度地促进人的全面发展。人的精神追求多种多样，但都离不开做人的诚实守信原则。在精神文明领域，古今中外的主流文化都把信用教育摆在了重要位置上，教育人们以信用为本，把诚实守信作为文明人的基本标准。

（二）信用教育与政治文明

政治文明对精神文明影响巨大，因为政治影响社会生活的各个方面。信用教育推进政治文明，因为信用教育使执政者树立取信于民的信用理念，诚实守信的执政行为会不断促进社会经济和政治生活的文明和进步。

政治归根结底是为民服务的政治，是取信于民的政治，故政治文明的实质是民主政治、诚信政治。政治的核心是权力，现代民主政治下的权力特点，一是授自人民，二是权力运作的公开性。这二者都关系到权力的合法性，而合法性的基础是在人民心中的可信度。人民民主选举执政者，是因为执政者能够以信取信，以诚信执政取信于民，执政者在人民中具有一定的可信度。所以，人民的信任是权力合法性的本质象征。

社会主义民主政治的本质要求讲"诚信"，以诚立信，以信见诚。当代政治文明倡导的诚实守信不是权术，而是一种政治道义，是执政为民宗旨的体现。因此，政治诚信成为当代政治文明中一块不可缺失的文化基石。

（三）信用教育体系建设与科学文化发展

完善的信用教育体系将促进科学文化的健康发展。完善的信用教育体系会使信用教育深入科学文化的各个领域，不断提高信用教育水平。从事科学文化工作的社会成员将以诚实守信的理念、品质、行为进行科学研究，教书育人，开展文化传播，从事艺术、娱乐、体育等活动，消除或减少类似科学文化领域中的学术造假、论文抄袭、假吹假唱、露题作弊等诚信缺失现象。建成完善的信用教育体系，对于教育科学文化事业的发展、建设现代化的社会主义强国，具有极其重要的意义。

科学文化建设和思想道德建设是社会主义精神文明建设的两个方面。教育科学文化建设主要是指教育、科学、文学艺术、新闻出版、广播电视、卫生体育等各项文化事业的发展和人民群众知识水平的提高，同时也包括开展健康、愉快、生动活泼、丰富多彩的群众性娱乐活动。思想道德建设主要包括马克思主义的世界观和科学理论，共产主义的理想、信念和道德，社会主人翁思想、集体主义思想，社会责任感，权利、义务观念、组织纪律观念，为人民服务的献身精神、爱国主义和国际主义精神等的培养。由于信用教育是对做人做事的最基本原则和行为规范的教育，因此，信用教育是科学文化建设和思想道德建设的基础。而信用教育本身也是思想教育的一部分。毫无疑问，信用教育体系的完善是社会精神文明发展的基础和关键环节。

第二节　信用教育的主要领域、内容和方法

建立完善的信用教育体系，必须根据市场经济发展的实际情况，确定信用教育的主要领域；根据社会不同阶层和信用经济发展的要求，明确信用教育的主要内容；并在全社会采取不同形式，使用不同方法开展各式各样的信用教育。

一、信用教育的主要领域

信用教育是覆盖全社会的，其中企业、政府和学校是信用教育的主要领域。这是由企业信用、政府信用、青少年的个人信用在社会信用体系中的地位和作用及其自身的特点所决定的。

（一）企业信用教育

通过企业信用教育，使企业家充分意识到，只有不断地培养企业的信誉，才能实现企业的长盛不衰。企业通过信用教育，树立一种对国家、对社会、对顾客高度负责的诚信经营精神，使诚实守信成为企业和员工的行为准则。以诚信争取机会，以诚信把握机会，以诚信树立形象，以诚信立足市场。

企业信用是整个社会信用体系的核心，是社会信用体系建设中最重要和最复杂的组成部分。开展企业信用教育，首要的是对企业管理者和职工进行诚信道德教育，注重企业的道德

教化，坚持以德治企，着力提高员工的思想道德素质。借助人文教化的长期培育、熏陶，使企业职工真正认识到，诚信既是传统文化美德，也是宝贵资源和生产力，更是企业生存发展的强大推动力。

企业信用状况关系整个社会基本的生存与稳定。因此，许多世界知名大公司都把诚信原则放在企业的核心价值观当中。比如，摩托罗拉公司把诚实，正直，讲究职业道德视为企业的核心价值观；福特公司把其核心价值观描述为"起码要做到诚实和正直"。这些企业的成功在于能恪守诚实守信这一原则。正如 IBM 公司总裁托马斯·沃森在《企业与信用》一书中指出的那样：公司成功的最重要的单一因素就是遵守这套信念。

（二）政府信用教育

政府信用在社会信用体系中处于基础地位，其信用状况对全社会具有很强的引导和示范作用。社会信用体系的建立始终依靠良好的政府信用，而要建立良好的政府信用，首先必须通过信用教育提高政府及其工作人员的信用知识和信用意识，使他们认识到政府守信不单是政府官员的个人素养和道德问题，而且是行政机关行使权力的观念和责任问题。

在市场经济框架下，政府执政人员必须不断接受信用教育，树立新型的权力观；通过信用教育，明确政府应该是受公众委托从事公共事务管理的公共机构，其权力并非本身固有，而是来源于人民的信任与委托；通过信用教育，使国家的公务人员建立起执政为民的意识，提高全心全意为人民服务的思想，使政府工作透明、公正、廉洁、有效。

坚持对执政者进行信用教育，有利于政府执政人员知识能力和情操修养的提高；有利于各届政府在执政过程中坚持诚信原则；有利于消除高官腐败、机构腐败；有利于执政权力运作程序的公开、透明；有利于提高人民对政府的信任程度。

（三）学校信用教育

青少年是祖国的未来，也是新时代经济建设的生力军，对青少年的信用教育建设搞得好，对社会信用体系建设将有很大的推动作用。因此，信用教育建设必须把培养诚信学生作为重点。高度重视和加强信用教育在校园文化建设中的地位和作用，充分运用现代科技手段，全面启动校园道德建设工程，大力开展形式多样的信用教育宣传活动，向学生灌输信用知识、意识和观念；努力提高学生识别真假、美丑、善恶的能力；大力培养学生诚实守信的思想意识，创设以诚信为荣、以虚伪为耻的校园氛围，使广大学生行动起来，从我做起，从小事做起；人人都来关心信用建设，人人都成为守信用的学生。

二、信用教育的主要内容

完善社会信用体系，提高全体社会成员的诚信意识，除了法律、法规建设之外，更重要的是对全民进行信用观念的灌输和诚信教育。诚信教育的主要内容主要有以下几个方面：

（一）诚实守信观教育

讲求诚实、恪守信用是人们公认的价值标准和应该遵循的基本道德规范。一个社会无论何时何处，都应坚持不懈、持之以恒的对其成员进行诚实守信观教育，通过对人们诚实守信观的教育引导，不断提高人们的精神境界和道德修养。良好的诚信教育犹如春风化雨，化作人们自觉的诚信行为。

市场经济从本质上讲就是信用经济。信用经济对人们最基本的要求是必须遵守合同，遵守交易规则，信守承诺。因此，市场经济的发展需要诚实守信观教育，要求形成良好的社会诚信氛围，让"诚信是维护社会共同体利益和个体利益的最佳选择"的观念成为社会共识，而不是让有德者顶着社会的不诚信风气修行。

诚信主体是个人、单位和社会的统一。在社会与个体的双向互动过程中，诚实守信观念如果成为社会共同的价值观，个体会因诚信得到信任，因信任而自尊，从而进一步强化诚信价值观。著名经济伦理学家科斯洛夫斯基说："如果一个社会中，不道德的做法已经成为所有或绝大多数的竞争者的习惯，对于个体来说，在竞争市场中遵守道德准则是非常困难的。"[①] 在信用经济不断发展、失信行为不断出现的今天，诚实守信观教育成了我国信用教育的当务之急和重中之重。

（二）义利观、责任心教育

提高社会成员的诚信意识，要进行义利观教育。义和利几乎渗透到每个人的一切活动之中，特别是对经济活动有着直接的支配作用。社会主义义利观是既要把国家利益放在首位，又要充分尊重和保障公民个人正当权益，即义利统一，见利思义，以义为上。这是建立社会主义市场经济新秩序，处理义利关系的基本原则，是从事经济活动的人们所必须遵守的基本道德观。

社会主义义利观中所讲的"义"，是指社会主义的思想道德要求和国家的整体利益；"利"是个人的物质利益和某些单位或地区的利益。义利关系问题作为一种价值取向，客观上也影响着人们对价值目标的确认和行为方式的选择。唯利是图、见利忘义的结果必然带来

---

① ［德］彼得·科斯洛夫斯基著：《伦理经济学原理》，180页，孙瑜，译，北京，中国社会科学出版社，1997。

世风败坏、社会经济和民众利益受损的局面。因此，信用教育的一项重要内容是帮助人们树立义利观，辩证地认识义与利的关系，调适自身的行为。正确处理道德原则，精神追求与现实生活中的个人利益、局部利益的关系，是保证我国社会经济健康发展的一个重要问题。

责任心是自觉遵守信用规范的前提，提高社会成员的诚信意识，要开展责任为先观的教育。任何信用规范的落实都要靠人的自觉性，而这种遵守信用规范的自觉性的培养和形成，恰恰是以人的责任心为前提的。责任心是自觉性的基础。如果一个人有了强烈的责任心，就会自觉地遵守法纪，遵守各种信用规范，对自己、对他人、对社会认真负责，妥善处理好不同利益主体的关系，严格自律。相反，缺乏责任心的人，就不会讲信用，往往对自己的言行极不负责。

（三）权利义务平衡观教育

权利与义务二者是相互关联、对立统一的。正如马克思指出的："没有无义务的权利，也没有无权利的义务"。[①] 当你获得了应获得的权利，你就要尽自己应尽的义务。邓小平同志指出："人人有依法规定的权利和义务，谁也不能占便宜，谁也不能犯法。"[②] 这就是权利、义务的统一，任何人既是权利主体、也是义务主体。

在国际上，对这个问题有一种新的认识，认为"权利更多地与自由相关，而义务则与责任相连"。"自《世界人权宣言》在1948年被联合国发表以来，确实全世界在使人权获得国际承认和保护方面已经走了很长的路，现在是为了使人类责任和义务获得接受而展开一场同等重要的探索的时刻了。"[③] 的确，人类如果只强调权利和自由，尽情地享受，而不顾及人类的责任和义务，资源被浪费，生态遭破坏，经济不能持续发展，世界就不可能变得更美好。

在现实生活中，人们更多研究的是自己的权利如何实现，而不是自己的义务如何履行。进一步讲，就是多数人希望社会信用状况良好，享有一个好的信用环境，却不想对这一良好的信用环境尽自己必要的信用义务，付出必要的信用代价。信用包含行动并承担义务，只有人人都充分地履行自己的义务，那么人人才有可能获得充分的权利。

三、信用教育的模式

开展信用教育，目前应主要从以下三方面着手：

---

① 马克思、恩格斯：《马克思恩格斯选集》，第2卷，173页，北京，人民出版社，1972。

② 邓小平：《邓小平文选》，第2卷，332页，沈阳，辽宁人民出版社，1991。

③ 《世界人类责任宣言》，国际间行动理事会于1997年9月1日提出。

（一）传媒、舆论的信用宣传教育

利用各种新闻媒介和各种文化活动，结合舆论宣传开展信用教育。充分发挥传媒、舆论教育的作用，利用广播、电视、图书、报纸、期刊、网络等现代传媒工具，开辟专栏，开设专题，大力开展形式多样、内容丰富、通俗易懂的信用知识宣传和教育，大力宣传社会信用体系建设的意义、基本目标和主要举措，宣传信用评级标准和先进典型等，组织开展"诚信宣传月"等各类以信用为主题的活动，在全社会培养信用意识，塑造信用观念，形成守信光荣、失信可耻的良好风气。

组织广播、电视、报纸等新闻媒体进行诚信宣传，表彰感人的诚信人物、诚信单位、诚信政府、诚信行为等；举办有关诚信的学术报告、讲座、访谈等活动，消除人们对现代市场经济的误解，使人们认识到没有信用就没有秩序，市场经济就不能健康地发展。帮助人们更新观念，从而理解和支持信用建设。广泛开展广场文化、企业文化、社区文化、家庭文化等群众性文化活动，宣传身边诚实守信的典型。通过这些宣传、教育活动，有利于在全社会形成"以诚实守信为荣，以见利忘义为耻"的共识。

（二）培训、科研机构的信用引导教育

在全社会范围内，建立一套信用及信用道德的教育、培训和研究工作体系。开展培训活动，广泛普及信用知识；抓住重点教育对象，开设面向政府、企业的多种类型的短期培训和在职教育。

组织力量编写现代信用知识普及性教材，普及现代信用知识，会同党校、行政学院搞好干部、公务员、企业负责人和试点单位的人员培训。使全社会成员牢固树立诚实守信观念，重视社会对自身的信用评价，增强对失信行为的防范意识和自我保护意识。

科研机构应该根据社会经济发展的要求，结合市场经济、信用经济发展的要求，建立有关信用理论和信用实践的研究课题，从而提升社会信用教育的质量和水平。

（三）学校、行业协会的信用教育

信用缺失行为的产生，与受信人的道德水准、信用等级等因素有关，也与授信人、授信单位缺乏信用服务人才和信用服务水平不高有关。因此，提高授信人信用服务水平是预防失信的重要手段。这就需要建立信用管理专业，培养大批合格的信用服务人才。

信用教育的发展可以为现代信用活动培养专业人才。学校、行业协会的信用教育是现代信用活动的组成部分，是社会信用体系的基础。利用现有的教育资源，将信用教育整合到现有的教育体系之中，从基础教育到大学教育甚至研究生教育，增加信用管理专业或开设信用教育课程。

目前，信用教育形式主要有三种：高等学校的常规教育、职业培训和信用服务远程教

育。与现代信用经济发展的要求及发达国家学校的信用管理专业发展水平相比，无论在高等学校还是职业培训机构，我国的信用管理专业发展相对落后，需要大力发展。为此，应该在大学开设信用管理专业，在经济、金融、工商管理、企业管理等成熟专业增设"信用管理"双学士。

在学校增加信用教育课程，开设信用服务专业，其目的是：一方面使信用观念、信用意识、信用道德的教育贯穿始终，逐步形成完善的基础信用教育体系；另一方面培养优秀的信用服务专门人才，满足全社会对高级信用服务、信用教育等方面的需求。

除了学校，还可以通过行业协会开展信用教育，举办从业执照的培训和考试，举办会员大会和各种学术交流会议，发行出版物，募集资金支持信用服务研究课题等。伴随信用经济的发展，应适时发展信用服务行业协会，开展信用服务与应用研究等，组织信用服务行业从业人员的培训，提高信用服务从业人员的业务素质和水平。

第三节　加强信用文化建设，构建诚信道德体系

中华文化源远流长，中华信用文化是社会文明进步的积淀。传承中华文化，加强与社会主义市场经济发展相适应的现代信用文化建设，是建立社会信用教育体系的一项历史任务。为此，应该着力构建推进现代社会文明进步的诚信道德体系，打造诚实守信机制。

一、加强信用文化建设

信用文化是人们在社会经济生活中创造、孕育和反映出来的有关信用行为模式、风俗习惯、价值观念和生活方式等一系列的文化现象。信用文化建设与信用教育相辅相成。

（一）文化与信用

文化是一个宽泛的概念，从集合的角度来确定文化的内涵，可以把它归纳成三方面：第一，意识形态（也可称观念形态），即人们的世界观、思维方式、宗教信仰、心理特征、价值观念、道德标准、认识能力等。第二，生活方式，即人们对其衣食住行、婚丧嫁娶、生老病死、家庭生活、社会生活等的态度，以及在这些方面采取的形式。第三，精神的物化产品，即从形式上看是物质的东西，但通过物质形式能反映出人们观念上的差异和变化。作为意识形态的文化是一定社会的政治和经济的反映，又作用于社会政治和经济。

　　从某种角度看，文化是一种历史现象，不同社会都有与之相适应的文化，并随着社会物质生产的发展而发展。文化是人的文化，不同地区、不同时代、不同人群都生存在一定文化氛围中，受一定文化的影响，又创造和演绎着新的文化。

　　信用也是一个宽泛的概念，伦理学范畴的信用是指参与社会和经济活动的当事人之间建立起来的以诚实守信为道德基础的践约行为，即我们通常所说的"讲信用"、"守信誉"、"一诺千金"。信用是一种普遍的处理社会和经济活动中人际关系的道德准则，按照信用准则从事社会和经济活动形成了人们的信用意识、价值观，影响人们的生活方式，促进物质生产方式的演进，创造出信用文明和文化。

　　从信用与文化的辩证关系看，它们互相影响、密不可分。信用作为道德准则丰富文化的内容，社会和经济活动中的诚实守信行为是文化的先进性的重要体现。诚信文化是道德的深刻反映，高尚的诚信道德品质和良好的精神风貌必然来自于先进文化的熏陶。

（二）信用文化

　　信用文化是指与信用相关的支配和调节人与人、人与社会、社会各经济主体之间信用关系和信用行为的道德风俗、意识形态、价值观等道德约束和基本理念。信用交易方式的确立、信用经济的发展，会逐渐形成反映人们信用经济活动的理念、行为准则、道德标准、社会风俗等信用文化，形成一定社会经济生活和物质文明的信用文化环境和氛围。

　　信用文化是一种不成文或非正式的信用契约，是一个国家或地区或民族在长期的历史发展中所形成的、蕴涵于社会文化和伦理道德中的一种特质，是社会主体在行为中所需要遵守或不得不考虑的行为准则，具有行为的约束力、品德的教化力和文化的传承性。信用文化在经济主体行为中的一般表现是职业道德和经济伦理观念，不遵守信用文化的主体将至少受到道德的舆论和谴责。信用文化作为一种非正式的制度约束，其威慑力虽然没有正式规则的大，其建立也可能需要一个较长的过程，但非正式的约束真正形成以后，其效果则是持久而深入的。

　　与信用文化非正式约束相对的是信用法律、法规，信用立法是一种成文的信用契约，是社会主体在行为中必须遵守的行为准则，具有强制性，不遵守信用法律、法规的主体将受到法律的制裁。信用文化的内在自律和信用法制的外在约束有机地结合，有助于人们共同认可的价值观和行为准则的确立，成为人们的共同信仰和追求，形成社会良好信用文化环境和氛围。信用文化和信用法律体系是社会信用体系运行的基本规则和安全保证。

（三）信用文化建设

　　信用文化建设过程，说到底是诚信价值观、信用理念在国民中的内化过程。诚信价值观、信用理念不是与生俱来的，是靠后天的教育和感化，像其他一切文化和规范必须通过后天习得一样，需要经过长期的信用教育、社会教化和自身修养的过程。在构建我国新型的信用文化的过程中，应该抓住教化与内化这两个环节，教人以诚、育人以信，弘扬诚实守信社会风气，建立严格的惩戒机制和激励机制，让遵守诚信规则的人和事得到激励和鼓舞，让违反诚信规则、破坏信用活动者受到应有的惩罚，付出相应的代价。

信用文化建设的主要目标应该是让每个社会成员从内心深处明白哪些东西是应该追求的，哪些东西是应该鄙视的，哪种行为会得到奖励，哪种行为会受到惩罚，从而使信用意识成为一种习惯，使信用规则根植于人们的行为中。信用文化的形成对每一个社会成员都产生约束作用，这种约束是一种文化的自觉，并且具有长期的有效性。只有让信用理念融入文化之中，诚信才能真正成为人们的自觉行动，实现信用的文化自觉是信用建设的最高目标和境界。

信用文化建设的重点是信用文化的宣传教育，现代信用文化的广泛传播需要政府、企业、个人的共同努力。通过全社会各个阶层、机构、行业的努力，使信用文化的宣传教育深入企业、政府、学校等社会各个单位，大力开展诚信教育，提倡信用伦理，增强信用意识，形成企业信用文化、校园信用文化、政府信用文化、行业信用文化等全社会的信用文化氛围。

二、构建诚信道德体系

诚信问题是当前我们国家社会发展中的一个突出问题。构建诚信道德体系，在树立科学发展观，加快建立和发展社会主义市场经济，构建和谐社会的进程中，是一项具有重要保障和促进作用的系统工程。诚信道德体系建设需要德治与法制，需要建立长效诚信机制。

（一）诚信是传统美德

在传统的道德观念中，诚信是重要的道德规范。早在春秋时期，孔子就把诚信作为重要的治国之道，认为"言忠信，行笃敬，虽蛮貊之邦，行矣。言不忠信，行不笃敬，虽州里，行乎哉？"（《论语·卫灵公》）；"人而无信，不知其可"（《论语·为政》）。孟子把诚信作为自然界和人类社会的最高道德范畴，认为"是故诚者，天之道也，思诚者，人之道也"（《孟子·离娄上》）；董仲舒在发展孔孟思想的基础上，将"信"与"仁、义、礼、智"并列为"五常"，使其成为传统道德系统的基本道德规范之一，确立了诚信思想在传统道德体系中的重要地位。

诚实守信是中华民族的传统美德。但是，随着经济的商品化、市场化，道德教育落后、软弱，这些美德被侵蚀，一些人受经济利益驱动，损人利己，道德衰败，甚至不择手段，掠夺消费者、国家、社会的利益或成果，成为社会主义市场经济的蛀虫。

全社会大力开展诚信教育，提倡信用伦理，增强信用意识，形成讲信用的风尚，对我国社会主义市场经济乃至整个社会的健康、有序发展具有极其深远的影响。历史实践证明，道德文化建设可有效地劝导和激励人们自觉主动地恪守信用。恪守信用应成为社会规范和个人基本的品德修养。

（二）诚信道德体系建设的法制与德治

诚信道德体系建设，应该使法制与德治相互结合、相互补充，共同发挥作用，把强化诚信意识作为社会主义市场经济条件下道德和法律建设的重要内容，借助道德的教化和法律的惩戒力量来引导人民改变观念。在完善的法律制度和道德规范的基础上，建设社会主义市场经济文明，可以推动社会主义物质文明、精神文明和政治文明全面发展，加快实现整个社会的现代化。

诚信道德体系建设离不开信用法律、法规体系的完善，在不断完善信用法规制度的基础上，努力促进信用制度法制化建设。在信用制度法制化建设进程中，加强法制教育宣传，使社会成员、法人实体学法、懂法、守法，同时加大对社会成员和经济主体等的失信违约行为的处罚力度，使失信者得不偿失，形成诚信道德体系建设的良好的法制环境。

诚信道德建设把信用看做道德标准，就是将信用作为人的自我修养和追求的一种精神境界，是一种德性，是自我实现的道德人格。信用、信用意识、信用至上原则，是社会主义市场经济真正的道德基石，属于基本的价值观。

诚信道德体系建设的德治，就是要把强化信用意识作为社会主义市场经济伦理建设的重要内容。把信用道德作为社会主义市场经济的内在要素和力量，增强全民信用观念，让"诚实守信"和"履约践诺"观念深入人心，努力形成与市场经济发展相适应的健康、和谐、积极向上的思想道德规范。

（三）诚信道德体系建设是一项系统工程

诚信道德体系建设是一项系统工程，涉及经济和社会各个领域，包括法律、制度、道德、管理、服务和信息等许多方面，是一个综合的体系，需要从重点行业、企业、政府机构和学校的信用建设入手深入开展。全社会各行各业应该统一认识，加强领导，高度重视诚信道德体系建设，把诚信道德体系建设纳入当地经济和社会发展计划之中。

在诚信道德体系建设中，政府是这项系统工程的组织、领导和指挥者；广大人民群众是工程的参与建设者。各级政府应该精心规划、统一部署、认真实施，在制度和法律规范下，设立管理机构，制定工作方案，落实任务、责任，明确预期目标，动员、组织广大人民群众积极参与，按照《公民道德建设实施纲要》的要求，高质量、高标准地不断完善诚信道德体系建设这项系统工程。

完善诚信道德体系建设这项系统工程，政府首先要完善自身诚信建设，把自身建设成为信用政府。政府在构建信用政府的基础上，以自身形象和权威为社会诚信道德体系建设创造良好的外部环境。其次，政府应该在这项系统工程建设中建立起有效的监管机制。即充分发挥舆论监督的力量，让新闻媒介广泛介入诚信道德体系建设。社会舆论有极强的监督和引导功能，能对诚信缺失行为有很好的约束和矫正作用。

三、建立诚实守信机制

构建诚实守信机制，形成以产权为基础、以法律为保障、以道德为支撑的社会信用制度，是建设现代市场体系的必要条件，也是规范市场经济秩序的治本之策，更是社会文明发展的重要历史任务。诚实守信机制是指能够维持新的生产方式平稳运行，传承社会诚实守信风尚，促进社会和谐发展的制度、法律和道德文化的综合体，即产权制度，法律、法规，道德规范的"三位一体"架构。

(一) 产权制度是诚信的制度基础

产权制度的存在使经济主体的权利受到保护，激励了经济主体的诚信行为。即经济主体为自己的权益而诚信生产、交易、纳税，以诚信准则运用其资产和知识，创造出更多的社会财富，使社会成员更易于实现自己的愿望。从产权角度讲，诚信是产权的延伸，有恒产者有恒心，无恒产者无恒心，无恒心者无诚信。只有明晰产权，经济主体才有诚信行为和追求长远利益的动力。

产权制度会诱导所有者节约资源，并尽可能对其拥有的稀缺资源进行最佳配置，为自己及其后代占有资产创益，保护和延续资产创益。古希腊哲学家亚里士多德就已经指出所有权有益于精心管理这一基本事实。他说：凡属多数人共有的东西都最不受关心，因为所有的人都更关注自己拥有的东西，而较少注意与他人共有的东西。在现代社会，保护资产，包括保护自然资源，在很大程度上借助于清晰界定的产权。

(二) 法律对诚信的保障功能

从法律角度讲，法制是最高的诚信。以法律的强制力规范经济主体的经济行为，才有诚信经济的发展。以法律维护市场经济的运行秩序，社会经济主体的诚信行为才能促进社会文明的发展。通过建立严格律法来治理诚信缺失，是因为诚信缺失的普遍存在及其对社会经济损害的严重性；对诚信缺失实施严格律法，源于恶行自私的诚信缺失没有道德底线。宽容和道德说教不会从根本上遏制诚信缺失，从愚昧到文明的进程，需要严格律法。

　　有关诚信的立法，是对不同职能部门和所有经济主体在经济和社会发展中承担的职能和职责的法律规范。制度和立法不仅关系社会资源配置而且关系经济社会的发展，任何人和部门拥有的权力都是制度和法律规范下的权力，个人或部门权力不能凌驾于法律之上。当权力大于法律时，权力对诚信的轻蔑，权力对法律的无视，会使诚信缺失现象泛滥。

（三）道德对诚信的支撑作用

　　理论和实践表明，一切诚信缺失的本质是恶行自私；一切诚信缺失的诱因是利益；一切诚信缺失的土壤是机会主义即恶行自私的收益大于成本。诚信缺失的普遍存在是因为没有健全的制度、法律和道德规范。

　　从原始社会开始，人类就是通过家规、社规、族规来治理恶行自私，社会以制度和法律来约束诚信缺失行为，抑制机会主义。人们遵守规则、制度和法规是因为畏惧惩罚，久而久之，规则、制度和法规就会内化成自身的行为规范，或者是道德，或者是宗教，或者是文化，从而也就被人们从内心接受，并随着诚信教育而不断传承下来，成为社会认知和认同的道德规范而被人们自觉遵守。

　　由诚信制度、法规内化成的道德规范，对恶行自私行为的约束，对机会主义的抑制，对人们的克己复礼，决定了道德规范在诚实守信机制中的支撑作用，使得树立"以诚实守信为荣，以见利忘义为耻"的社会风气成为时代使命。诚实守信是我国人民的传统美德，是现代社会公民的基本道德规范，是先进文化的重要内容，它对任何民族、任何国家都具有普遍的价值。

　　产权制度，法律、法规，道德规范"三位一体"的架构是社会文明发展的结果，积淀了人类数千年来的诚信行为关系，这一架构是社会科学发展和社会和谐进步的不竭动力。

⭐ **案例**

我国信用教育实践

　　我国的信用管理专业大学本科教育始于 2002 年，中国人民大学、上海财经大学和首都经贸大学从 2002 年秋季学期开始招生。至 2009 年又有吉林大学、上海第二工业大学、上海立信会计学院、上海金融学院、浙江财经学院、天津财经大学、山西财经大学、厦门理工大学、广东金融学院、重庆工商大学共 10 所大学设立了信用管理本科专业。

　　从 2004 年开始，中国人民大学和上海财经大学开始招收信用管理专业的硕士和博士研究生。七年来，已经有近千名信用管理专业的本科生毕业，除了继续攻读研究生学位和出国留学的学生之外，信用管理专业的学生就业前景很好，在人力资源市场上的需求旺盛。一些开设信用管理专业的院校还与大型中资企业签订协议，向它们输送信用管理专业的毕业生，为毕业生提供了就业机会。从毕业生的就业方向看，大部分毕业生进入商业银行和其他金融机构从事信用风险控制工作，少部分毕业生进入国有或外资企业工作，进入征信行业就业的毕业生非常少。

2005 年 3 月，中国劳动和社会保障部正式设立"信用管理师"职业。2007年，劳动和社会保障部在编制《中华人民共和国职业分类大典（增补本）》时，已将信用管理师列入，职业编码为 2 - 0743 - 06，属于国家职业第二大类，即专业技术人员大类体系中的一项国家职业。对于信用管理经理人员和征信技术人员来说，信用管理师国家职业资格证书是一个准"执业执照"。

2006 年 1 月，劳动和社会保障部颁布了《信用管理师国家职业标准》，将信用管理师职业分为三个等级，从低到高排序为助理信用管理师（国家职业三级）、信用管理师（国家职业二级）和高级信用管理师（国家职业一级）。该标准对"信用管理师"的定义为：在企业中从事信用风险管理和征信技术工作的专业人员。同年，劳动和社会保障部成立了国家职业技能鉴定专业委员会信用管理师专业委员会进行技术指导，并指定中国市场学会信用工作委员会承担技术支持工作。

2006 年 10 月，中央政府举办了第一次国家职业资格考试。截至 2008 年 11 月，已经有 2 392 人参加了信用管理师国家职业资格考试的培训，有近 800 人取得了不同级别的国家职业资格证书。

摘自：林均跃：《中国社会信用体系十年建设历程和取得的成就——社会信用体系建设理论与实践》，长沙，湖南大学出版社，2009。

·本章小结·

1. 虽然诚实守信作为中国几千年传统文化的重要组成部分而备受推崇，但是，由于中国市场经济发展较晚，社会信用关系十分欠缺，加上社会转型期引发的价值观紊乱和市场经济的负面影响，以及道德教育的弱化、脱离实际，忽视人们的诚信意识和诚实品质的培养，因此，整个社会普遍缺乏适应现代市场经济的信用知识、信用意识和信用道德观念。信用教育的主要任务是向信用主体传授信用知识，塑造信用意识。

　　2. 建立完善的信用教育体系，必须根据市场经济发展的实际情况，确定信用教育的主要领域；根据社会不同阶层和信用经济发展的要求，明确信用教育的主要内容；并在全社会采取不同形式、使用不同方法开展各式各样的信用教育。

　　3. 构建诚实守信机制，形成以产权为基础、以法律为保障、以道德为支撑的社会信用制度，是建设现代市场体系的必要条件，也是规范市场经济秩序的治本之策，更是社会文明发展的重要历史任务。诚实守信机制是指能够维持新的生产方式平稳运行，传承社会诚实守信风尚，促进社会和谐发展的制度、法律和道德文化的综合体，即产权制度，法律、法规，道德规范的"三位一体"架构。

✏ 课后练习题

一、单项选择题

1. 最基础的社会文明是（　　　）。

　　A. 精神文明　　　　　B. 物质文明　　　　　C. 生态文明　　　　　D. 政治文明

2. （　　　）是整个社会信用体系的核心，是社会信用体系建设中最重要和最复杂的组成部分。

　　A. 政府信用　　　　　B. 商业信用　　　　　C. 企业信用　　　　　D. 银行信用

3. 诚信的制度基础是（　　　）。

　　A. 产权制度　　　　　B. 法律　　　　　　　C. 道德　　　　　　　D. 文化

4. 道德对诚信起（　　　）。

　　A. 保障作用　　　　　B. 维护作用　　　　　C. 支撑作用　　　　　D. 基础作用

5. 完善诚信道德体系建设这项系统工程，首先要完善（　　　）的诚信建设。

　　A. 政府　　　　　　　B. 企业　　　　　　　C. 学校　　　　　　　D. 金融机构

二、多项选择题

1. 信用教育体系包括以下（　　　）三个基本层次。

　　A. 全社会的信用教育体系

　　B. 基础信用教育体系

C. 以电视、报刊、广播等媒体为主的舆论教育体系

D. 高等信用教育体系

E. 网络

2. （ ）是社会主义精神文明建设的两个方面。

A. 科学文化建设　　B. 物质文明建设　　C. 思想道德建设

D. 文化体育建设　　E. 其他

3. 信用教育的主要领域包括（ ）。

A. 企业信用教育　　B. 政府信用教育　　C. 学校信用教育

D. 社会信用教育　　E. 家庭信用教育

4. 信用教育主要有（ ）三方面内容。

A. 诚实守信观教育　　　　　　　B. 义利观、责任心教育

C. 基本道德观教育　　　　　　　D. 权利义务平衡观教育

E. 重合同守信誉教育

5. 从集合的角度来确定文化的内涵，可将其归纳成（ ）三方面。

A. 文艺产品　　　　B. 意识形态　　　　C. 生活方式

D. 精神的物化产品　　　　　　　E. 思想形态

6. （ ）社会主义市场经济真正的道德基石，属于基本的价值观。

A. 信用　　　　　　B. 信用意识　　　　C. 信用至上原则

D. 诚信道德　　　　E. 意识形态

三、判断题

1. 在当代社会文明中，精神文明是派生文明，派生于物质文明。（ ）

2. 信用缺失行为的产生，与受信人的道德水准、信用等级等因素有关，与授信人无关。（ ）

3. 信用文化和信用法律体系是社会信用体系运行的基本规则和安全保证。（ ）

4. 信用文化是一种不成文或非正式的信用契约；信用立法是一种成文的信用契约，不具备强制性。（ ）

5. 诚信道德体系建设，只需要德治，不需要法制。（ ）

6. 构建诚实守信机制，形成以产权为基础、以法律为保障、以道德为支撑的社会信用制度，是建设现代市场体系的必要条件。（ ）

第十章
建立中国特色的社会信用体系

🎯 **学习目标**

1. 了解我国社会信用缺失的表现;
2. 掌握我国社会信用缺失的原因;
3. 理解加快建立我国社会信用体系的必要性;
4. 掌握我国社会信用体系建设的主要任务。

🔍 **基本概念**

信用缺失

建设社会信用体系，是完善我国社会主义市场经济体制的客观需要，是整顿和规范市场经济秩序的治本之策。当前，恶意拖欠和逃废银行债务、逃骗偷税、商业欺诈、制假售假、非法集资等现象屡禁不止，加快建设社会信用体系，对于打击失信行为，防范和化解金融风险，促进金融稳定和发展，维护正常的社会经济秩序，保护群众权益，推进政府更好地履行经济调节、市场监管、社会管理和公共服务的职能，具有重要的现实意义。

第一节　我国社会信用体系存在的问题及原因分析

一、我国社会信用缺失的表现及原因

（一）我国社会信用缺失的表现

从表现形式看，我国当前社会信用缺失主要表现在：

1. 个人信用失常

个人信用是社会信用最直接的表现，也是社会信用的基础。个人信用失常指个人利用合约的不完备性，进行逆向选择和恶意破坏合约的行为。例如，在经济与社会交往中的赖账行为、信用卡恶意透支、伪造学历和文凭、伪造票据和证件、剽窃别人学术成果、利用各种手段进行诈骗。有的医生竟然为吃回扣给病人开大剂量处方，甚至造假病历。上述种种行为都属于个人信用失常的事例。根据有关报道，由于我国假文凭和假学历泛滥，欧洲一些国家对我国留学生的文凭和学历不予承认，要求重新审核。个人信用失常的危害由此可见一斑。

2. 企业与中介组织信用恶化

企业信用是社会信用的核心内容，更是社会经济运行的基础。我国企业信用恶化突出表现为，假冒伪劣商品泛滥、恶意逃债、三角债泛滥、商业欺诈、做假账、会计信息失真、偷税漏税、出口骗税、伪造票据、金融诈骗、剽窃专利、搞虚假广告、对上市公司过度包装等。特别是号称"经济警察"的会计师事务所、律师事务所、资产评估事务所等各类市场中介组织与企业合谋，提供虚假信息，欺骗公众。例如，立华会计事务所为康赛集团出具虚假验资报告，为"活力28"造假出具审计报告并给出积极的结论，又为幸福实业虚增资产出具审计报告并给出积极的结论，等等。

3. 银行信用受损

银行信用是在商业信用基础上发展起来的，它是信用在现代经济中最集中的表现，一国银行信用的水平成为一国信用水平的标志。银行信用受损来自两方面。一是有的银行以贷谋私，信用缺失。例如，前几年媒体披露，有的银行在向企业贷款时索要"海底费"，也就是在贷款时向银行经办人员悄悄付一笔无任何凭证的现金，有的还搞"利润分成"，事先扣除一笔资金。二是我国银行信用近年来受个人信用失常和企业信用恶化的冲击，严重受损。大量呆坏账的存在使银行陷入困境，银行被迫一方面借用政府信用高额揽存，另一方面极度惜贷，大量资金沉淀在银行，银行信用本有的节约流通中的货币量、降低流通费用、促进交易的功能不能正常发挥。在我国浙江等地出现了企业以在民间融通资金代替银行融资的现象。

4. 政府信用降损

政府信用是社会信用的保障，是社会信用体系最后的防线。然而，我国政府信用在近年来受到巨大冲击。集中体现在，由于转轨时期政府政策的不稳定和不连续，使公众对政府政策和承诺的信任度下降。一些地方政府在农业产业化过程中，不履行与农民签订的包销合同。更有甚者，有的地方政府支持、帮助所辖地方企业造假，假冒行为被查处时，搞地方保护主义。由于我国干部管理制度改革不到位，一届政府一套政策，让当地人民无所适从；一些政府官员为了政绩，编造统计数字。更严重的是，有些政府官员买官卖官，贿选捞官；有的利用职务之便敛财、搞腐败等。这些行为和表现严重破坏了政府的形象，导致政府信用受损，威信下降。

5. 道德失范、信仰危机和社会风气败坏

在30多年的市场化改革过程中，传统的道德规范已经被打破，经济人的理性逐步得到培养，自身利益最大化成为人们的追求目标，这本是市场化改革的应有之意。但是，由于市场经济体制还没有完全有效地建立起来，人们还缺乏现代法律意义上的契约意识，出现了某些企业和个人唯利是图、金钱至上，将追逐金钱作为人生价值标准的现象。与此相对应，传统的信仰在市场经济冲击下显得苍白无力，有些人变得极端自私和短视。例如，见人落水，不去搭救，先讲价钱。专门利己，毫不利人。在极度追求物质财富的同时，精神极度空虚，出现了信仰空白和信仰危机，导致市场秩序混乱，社会风气败坏。

信用缺乏使交易秩序紊乱，有效的市场竞争难以开展，交易成本增加，效率降低，市场配置资源功能受到严重损坏，市场经济秩序被破坏，企业的发展受到抑制。道德失范、社会风气败坏，还影响社会安定，损坏我国经济发展软环境和我国对外开放形象，严重影响了我国社会经济发展和改革开放目标的实现。社会信用缺失已经成为众矢之的，成为我国社会主义市场经济的毒瘤。

（二）我国社会信用缺失的原因

我国社会信用缺失现象的产生，不是偶然的，也不是突然的，而是通过不诚信因素的不断积累与沉淀而形成的。有远期根源，也有近期根源；有制度性原因，也有非制度性原因。

近年来经济社会生活中凸显的信用缺失乃至信用危机，主要表现在市场经济关系中，是在我国传统指令性计划经济走向市场经济的转轨过程中凸显出来的。

市场经济是信用经济，或者讲，市场经济是道德经济。如果从要求和强调市场经济中的行为人应该讲信用、守道德的意义来说，那是可以的。但有个问题需要明确，市场经济并不内在地必然是信用经济和道德经济，否则，就不会出现信用危机了。

市场经济是信用经济，只是从要求的意义上来说的，不是从客观必然性来说的。这同讲市场经济是竞争经济，是追求利润最大化的经济不同。市场竞争、追求利润最大化，具有自然必然性，是客观规律性的东西，不存在缺失的问题。市场经济应当守信用、讲道德，但在一定条件下可能出现无信用、无道德的现象。要知道在追求利润最大化的竞争中，可能有三种获利情况。第一种情况是，通过效率与信用并重，达到个人利益最大化与社会利益最大化的统一。比如，企业采取改进技术，提高产品质量与性能，提高劳动生产率，降低成本与价格，重视消费者的需要与利益的方法，获得社会信誉，扩大市场份额，实现利润最大化，同时给社会提供了物美价廉的商品，增加社会利益。第二种情况是，企业通过合法途径追求利润，利己而不损人，不搞不正当竞争，不搞商业欺诈。第三种情况是，在追求利润最大化的过程中，唯利是图，不讲信用，搞不正当竞争，采取损人利己的方法牟取利润，其后果是破坏市场秩序，损害社会利益，阻碍社会经济发展。第三种情况表明，市场经济并不内在地必然是信用经济和道德经济，也可能出现信用缺失，甚至爆发信用危机。

当前，我国社会信用缺失现象的产生与市场经济不成熟、不完善有关。不成熟、不完善的市场经济为暗箱操作、造假行骗提供了更多空隙，但成熟和发达的市场经济只会减少而难以消除信用危机。例如，美国出现的安然公司造假事件，安达信会计师事务所帮助企业造假事件引发的信用危机就是这方面的例子。我国近年来的社会信用缺失现象乃至社会信用危机，主要也是由于第三种情况的扩大与发展造成的。

我国当前社会信用缺失的原因主要有以下几点：

1. 体制转轨

与以美国"安然事件"为代表的美国信用危机不同，我国的社会信用缺失与我国体制转轨有直接的联系。在传统计划经济下，整个社会的运行是依靠权力维系的。由国家通过指令建立经济秩序，统一对资源进行配置，以克服个体信息不对称带来的交易混乱。信用体现为对党和国家政治上的忠诚和伦理道德方面的正统，并被强化。这时，不存在竞争，也不能追求利润最大化，搞损人利己、假冒伪劣、破坏信用的空间很小，甚至没有。改革开放以后，发挥市场资源配置的作用成为改革的目标，国家计划逐步让位于市场。市场经济关系要靠契约维系，要遵守契约就需要信用。这就需要在经济领域建立与市场相容的信用秩序，但信用秩序的建立是一个长期的过程，再加上政府政策的偏颇，从而使经济领域的信用缺失显得特别突出。同时，在由传统计划经济体制向市场经济体制转轨的过程中，由于市场经济还处于不成熟、不发达阶段，市场体系不健全，市场机制不完善，各种相应的法规与制度还未有效建立，政治体制改革还不完全到位，因而弄虚作假、损人利己的空间和机会比较多，失信行为更容易发生。另外，体制的转轨客观上需要建立现代意义的伦理、道德规范和文化秩序，以促进社会主义市场经济的信用秩序建设，但这方面的工作远远落后于体制转轨的进程，从而加剧了整个社会的信用缺失。

2. 政府职能错位和缺位，政府行为不规范

我国体制转轨的性质决定了政府在转轨过程中的特殊地位和作用。一方面，体制转轨的政府主导性和强制性决定了制度变迁的方向和进程掌握在政府手中，也决定了政府容易采用计划经济时期惯用的权力手段来打破原有的秩序，建立新的秩序。另一方面，体制转轨的渐进性使得政府在运用权力手段实现自己意愿时，必须考虑市场机制的作用，实现与市场接轨。这就需要政府及时根据市场发展和改革进程转换职能，规范行为。然而，我国却出现了政府职能错位和缺位并存，政府行为不规范现象。这就使本应成为建立社会主义市场经济信用秩序的主导者的政府，成为信用缺失的发端者，使作为社会信用最终保障的政府信用受到损害。首先，政府行为不规范破坏政府信用。某些政府官员利用转轨过程中有关制度建设的不到位以权谋私和弄虚作假等行为直接损害了政府的形象，使过去清廉政府下人民群众对党和政府的信任遭到破坏；地方政府对假冒伪劣商品生产和销售的纵容和庇护，不履行政府与人民签订的合同，重收费轻服务等行为直接损害了人民的利益，伤害了人民的感情，甚至出现党群关系紧张现象。其次，政府职能错位破坏社会信用。由于政府习惯于采用行政权力方式推动体制转轨，容易使政策与市场发展脱节出现大量职能错位现象，损害社会信用。例如，在转轨时期应该建立适应市场经济需要的社会信用体系，但是，政府却一方面禁止民间融资的发展，抑制了民间信用；另一方面用政府信用为银行信用担保和实行"债转股"等，助长企业失信行为。又如，政府严格控制企业债券的发行，导致企业为取得资金，利用各种手段到股市"圈钱"，发生了严重的失信行为。此外，政府职能缺位使社会信用体系的建立缺乏政策、法律和制度支持。社会信用体系的建立是一个系统工程，需要政府主导。但是，政府在此方面的职能并没有得到履行。具体体现在，在转轨过程中忽视对信用的教育、宣传；没有出台关于信用的专门法律、法规和政策；没有开展建立社会信用体系的工作；没有赋予在社会信用体系建立中具有举足轻重地位的行业协会应有的权力；等等。

3. 缺乏专门的信用服务制度和法律

社会信用体系的建立和信用秩序的转变，需要进行政策引导和支持，尤其需要法律和相应

的管理制度进行规范。处于转轨时期的我国，计划经济的信用秩序已经被打破，需要建立新的、符合市场经济要求的信用秩序。而且，我国社会信用体系的建设面临更大的难题。我国的社会主义市场经济是由计划经济转轨过来的，是在党与政府的主导下新建起来的，不像资本主义市场经济是自然和自发地产生与发展的。因而，我国的市场主体还存在与市场经济要求不相适应的状况，不讲信用的机会较多，空间较大。但是，我国自改革开放以来，还没有一部专门的信用服务法律和政策，只在《中华人民共和国合同法》、《中华人民共和国担保法》、《中华人民共和国贷款通则》等法律和法规中有个别规定。对信用服务方面的工作始终没有得到应有的重视，缺少全国性的信用服务体系。即使在对信用要求最为迫切的金融行业，信用服务制度的建设也非常滞后。对信用中介组织的管理不但缺乏政策的支持，更缺乏规范、指导和管理。

4. 对失信行为的处罚力度小，守信收益小，失信成本低

由于缺乏专门的信用法律和管理制度，以及政府职能的缺位和错位，我国对失信行为的处罚力度小。一方面，大量失信行为得不到惩处，失信成本低。例如，《中华人民共和国企业破产法》颁布多年，但真正破产的企业很少，即使破产或被吊销执照，也可以很快重新注册登记，有些是搞假破产、真逃债。对假冒伪劣商品的打击、惩处力度也小。另一方面，诚实守信的企业和个人，因为没有客观的信用评级制度，也无法与失信企业区分，守信收益低，导致了严重的"劣币驱逐良币"、"李鬼打败李逵"的现象，守信企业和个人也逐步走向失信。

小知识

"劣币驱逐良币"是经济学中一个古老的原理，它说的是铸币流通时代，在银和金同为本位货币的情况下，一国要为金币和银币之间规定价值比率，并按照这一比率无限制地自由买卖金银，金币和银币可以同时流通。由于金和银本身的价值是变动的，这种金属货币本身价值的变动与两者兑换比率相对保持不变产生了"劣币驱逐良币"的现象，使复本位制无法实现。比如，当金和银的兑换比率为1∶15时，当银由于其开采成本降低而最后其价值降低时，人们就按上述比率用银兑换金，将金储藏，最后使银充斥于货币流通，排斥了金。如果相反，即银的价值上升而金的价值降低，人们就会用金按上述比例兑换银，将银储藏，流通的就只会是金币。这就是说，实际价值较高的"良币"渐渐为人们所储存离开流通市场，使得实际价值较低的"劣币"充斥市场。这一现象最早被英国的财政大臣格雷欣所发现，故称为"格雷欣法则"。

5. 传统文化道德作用削弱或者丧失，新的文化道德体制尚未有效建立

由于种种原因，我们对中国传统文化和道德规范在社会运行方面的调节和约束作用重视不足，甚至出现过对传统文化和道德规范严重破坏和试图用政治号召和权力来替代传统文化和道德规范。在转轨时期，传统道德规范的约束力已经很弱，但市场经济发展所需要的现代法律意义上的契约意识、信用观念并没有及时培养起来，市场经济文化和道德规范没有及时形成，出现了较严重的道德失范、文化危机和信仰危机现象，进一步助长了信用缺失现象泛滥。

二、我国社会信用体系建设存在的主要问题及原因

（一）我国社会信用体系建设存在的主要问题

1. 整体认识上的问题

（1）现在很多人把"信用"主要看成是道德层面"诚信"问题，不知道还有法律问题、制度问题、市场经济问题。

（2）对我国要不要成为征信国家没有达成共识。有人认为我国是个高储蓄率国家，没有必要发展信用消费。因此暂时没有必要为了信用消费而推出信用评级、评价机制，从而成为征信国家。事实上，现在我们已走向买方市场，必须要靠信用消费拉动内需；另外，在金融风险日益加大的时候，为防范和化解金融风险，也需要成为征信国家。

（3）我们国家要建立什么样的信用服务模式还没有明确。欧洲是政府公共信贷管理模式，美国是以民间征信力量为主的，我国走什么路？现在中央银行已有一个基础信息登记系统，民营征信机构也在蓬勃发展。

2. 在建立社会信用体系过程中政府作用的发挥问题

（1）行业的准入和监管问题。机构如何进入，门槛有多高，谁来监管，人员准入及监管标准怎样定，这些问题并未解决。

（2）从政府层面上讲信用信息的开放和透明，可以防止信用信息的流失和浪费。怎样把金融机构、税务部门、工商管理部门、海关、法院等的信用信息资源开放共享，降低获取成本？目前信息渠道不通畅，是阻碍社会信用体系建立的主要障碍之一。

（3）政府在信用中介服务中扮演什么样的角色，是裁判员还是运动员？政府应否成立机构参与市场，开展收费服务。国外政府一般是监督管理，而不直接参与信息的征集加工出售等具体业务，主要是监管信用信息的合理性。

3. 法律层面上的问题

社会信用体系过去没提到议事日程上来，现在市场经济发展了，但从立法层面来讲，信

用法律、法规体系还没建立起来。从执法层面上讲，失信惩戒的尺度如何把握，也没有很好的界定。

4. 市场主体层面问题

（1）信用行业自身发展及自律问题。现在我国信用行业规模小，人员素质有待提高，市场需求也较小，这是发展信用行业必须解决的问题。

（2）行业协会能起什么作用，是一个个企业单独作战，还是由协会组织大家来反映业内呼声？这个问题也没有解决。

5. 市场需求不足问题

企业和银行尚未把信用调查评估纳入它们的工作程序，怎样做大"信用需求市场"的确需要尽最大的努力。有了信用行业，可以使银行从"惜贷"、"惧贷"发展到主动为中小企业服务。我国未来的信用卡市场将是一个巨大的市场，这离不开信用机构对个人的评估。因此信用行业将有一个加速发展的时期。

（二）我国社会信用体系建设存在的问题的原因分析

1. 社会缺乏市场经济所要求的信用文化环境

由于我国近代市场经济发育不够充分，信用经济发育较晚，市场信用交易不发达，新中国建立后又长期处于计划经济体制之下，导致社会的信用观念淡薄。社会主体普遍缺乏市场经济所要求的守信意识和信用道德理念。改革开放以来，虽然企业和城乡居民的市场经济观念有所增强，但是现代市场经济所要求的信用文化环境并未真正形成。整个社会没有真正树立起以讲信用为荣、不讲信用为耻的信用道德评价标准和约束机制。

2. 企业内部普遍缺乏基本的信用风险控制和管理制度

企业内部的信用服务是财务管理的重要组成部分，包括对应收账款和商品销售的管理，对企业主要客户信用状况的调查、征信和管理，是企业财务部门连接各业务部门的桥梁，也是企业筛选客户，并与诚信客户保持长期联系的有效机制。但在我国企业内部，普遍缺乏健全的信用风险控制和管理制度，由此导致因授信不当使合约不能履行，以及受信企业对履约计划缺乏管理而违约的现象频繁发生。对客户的信用状况缺乏了解也使许多企业屡屡受骗上当，造成大量的经济纠纷和交易损失。同时，由于国有企业产权制度改革不彻底，内部治理结构不规范，也导致企业信用服务制度难以真正建立起来。

3. 缺乏信用信息的社会共享机制

信息不对称是导致信息弱势方上当受骗，失信者能频频得逞的客观基础。我国社会信用信息不对称的问题非常突出：一方面，信用信息数据的市场开放度低，缺乏规范的信息发布和收集渠道，对征信数据的开放与使用没有明确的法律规定，政府部门和一些专业机构掌握的可以公开的企业、个人资讯没有合法开放，增加了企业和征信机构信息获取的难度。另一方面，信用服务行业发育较晚，虽然也有一些为企业提供信用服务的市场运作机构和信用产品，但是市场规模很小，经营分散，行业整体水平不高，市场竞争不规范。另外，目前我国信用中介机构的数据库规模普遍较小，不能及时更新，致使信用信息缺乏完整性和有效性。

4. 缺乏有效的失信惩戒机制

由于我国的相关法律体系不完善，社会失信惩戒机制不健全，使尚未达到刑事犯罪程度的大量失信行为得不到相应的惩罚，失信成本过低。由于社会没有建立系统有效的信用联防机制，信用信息不对称，失信者的"黑色记录"得不到合法的收集和有效传播，导致失信活动一再发生。失信惩戒机制的欠缺助长了失信者的气焰，间接地打击了守信者的信心，搞乱了社会信用道德的评价标准。

5. 缺乏有效的信用监管体系

在社会信用体系比较健全的国家，大都有比较健全的国家信用监管体系，包括国家关于信用方面的立法和执法，政府对信用行业的监督管理等。目前我国在这些方面存在严重不足。在立法方面，我国的《中华人民共和国民法通则》、《中华人民共和国合同法》和《中华人民共和国反不正当竞争法》中虽然都有讲信用的法律原则，《中华人民共和国刑法》中也有对诈骗等犯罪行为进行处罚的规定，但这些仍不足以对社会的各种失信行为形成强有力的法律规范和约束，针对信用方面的立法仍然滞后。同时，有法不依和执法不严的问题相当严重，在一些失信和诈骗案件的审理中，还存在严重的地方保护主义倾向。政府对信用市场的监督管理也比较薄弱。

6. 缺乏市场化程度较高的信用服务体系

目前我国仍是非征信国家，因此，信用服务行业发展滞后，市场化程度很低。目前，我国虽然也有一些为企业提供信用服务的市场运作机构（如征信公司、信用评级机构、信用调查机构等）和信用产品，例如信用调查报告、信用评级报告等，但不仅市场规模很小，经营分散，而且行业整体水平不高，市场竞争基本处于无序状态，没有建立起一套完整而科学的信用调查和评价体系，导致了企业的信用状况得不到科学、合理的评价，市场不能发挥对信用状况的奖惩作用，企业也缺乏加强信用服务的动力。

我国信用服务市场还存在严重的供需双重不足的局面：一方面信用服务行业的社会需求不足，社会和企业对信用产品的需求还十分有限，企业普遍缺乏使用产品的意识；社会其他主体在经济交往中未能利用信用产品来保护自己的利益；国家有关部门对信用的需求不够，很多政府债券和企业债券在向公众公开发行时政府并不要求由公正的信用评级机构进行评级。另一方面，从信用服务的供给来看，国内有实力提供高质量信用产品的机构或企业还很少。同时，我国整个信用服务行业缺少健康发展的市场环境。社会相关的信用数据的开放程度很低，很多涉及企业的信用数据和资料服务企业无法得到，从而无法依靠商业化、社会化，具有客观公正性、独立性的信用调查、征信、信用评价和专业信用服务等方式，提高社会信用信息的对称程度，导致了失信现象愈演愈烈。消费者个人信用调查市场更是一个被严格控制的领域，开放度更低。已经试点的上海资信有限公司在个人信用管理方面进行了探索并取得了突破，但是目前也仍是在较小的范围内试行，尚未形成市场共享的信用资源。

第二节　加快建立我国社会信用体系的必要性

一、全面建设小康社会的要求

全面建设小康社会是党领导人民在 21 世纪新阶段开创有中国特色社会主义事业新局面的历史性任务。全面建设小康社会的目标是社会主义经济、政治、文化全面发展的目标。在这一目标体系中，包含着信用建设的内在要求，规定了在全社会铸造信用的战略任务。

（一）信用建设是社会主义市场经济健康有序发展的内在要求

1. 信用是市场经济运行的前提和基础

市场经济是以市场作为资源配置的基础性方式和主要手段的经济体制。在市场经济条件下，日益扩展和复杂化的市场关系逐步构建起彼此相连、互相制约的信用关系。信用关系遍布经济生活的各个领域，整个经济活动被信用关系所联结。信用关系作为一种独立的经济关系得到充分发挥，并维系着错综复杂的市场交换关系，支持并促成规范的市场秩序。可见，没有信用，就没有市场经济存在的基础。

2. 信用是市场经济健康发展的基本保障

在市场经济条件下，信用交易的特点使其较之传统的现金交易具有较大的风险。为了控制这种风险，需要一整套严格的信用管理体系。只有在这一体系的基础上建立起稳定可靠的信用关系，现代市场经济才能发展。

3. 信用是重要的宏观调控手段

信用具有货币属性，能够实现一定的经济政策功能，成为国家宏观调控的重要工具。

（二）信用建设是社会主义民主政治建设的客观要求

发展社会主义民主政治，建设社会主义政治文明，是全面建设小康社会的重要目标。这一目标的实现同样需要诚信。这里的"诚"集中表现为对有中国特色社会主义事业的忠诚。

它要求通过党的主张、政府的政策和各级官员的工作，全面贯彻"三个代表"重要思想，坚持立党为公、执政为民，不断改革和完善党的领导方式和执政方式，不折不扣地实践全心全意为人民服务的宗旨，实现好、维护好、发展好最广大人民的根本利益。这里的"信"，集中表现为相信群众，依靠群众，尊重和发挥群众的创造精神，努力扩大社会主义民主，加强社会主义法制建设，为人民群众当家做主、依法行使民主管理国家和社会事务创造条件，真正做到权为民所用，情为民所系，利为民所谋，以切实增强人民群众对社会主义的信念，对党和政府的信赖，对各级政府官员的信任，对在党和政府领导下全面建设小康社会、开创有中国特色社会主义事业新局面的信心。

（三）信用建设是发展社会主义先进文化的应有之义

全面建设小康社会，必须大力发展社会主义文化，建设社会主义精神文明。文化包括科学技术和思想道德两大领域，信用是思想道德文化的重要内容之一。对于个人来说，信用是为人之本，是人与人交往的核心原则。《公民道德建设实施纲要》把诚实守信确定为我国公民基本道德规范之一，十六大进一步明确要求公民道德教育要"以诚实守信为重点"。这是对社会主义思想道德建设和社会主义先进文化建设规律认识的进一步深化，凸显了信用建设在社会主义文化建设中的地位和作用。要贯彻落实十六大提出的"建设与社会主义市场经济相适应，与社会主义法律体系相协调，与中华民族传统美德相承接的社会主义思想道德体系"这一社会主义文化建设，特别是思想道德建设的指导方针，就必须紧紧抓住信用建设这一重点，引导人们恪守诚信道德，说老实话，办老实事，做老实人，在全社会培育诚实守信的良好社会风尚。

二、保持我国国民经济持续稳定增长的需要

（一）企业的经济活动需要信用来保障

企业是社会信用活动中最活跃的层次，是主要的信用需求者和供给者。企业进行转产改制和科技创新需要通过银行信贷、证券市场操作等方式筹集大量的生产发展和技术改造资金。但是由于信用缺失行为大量存在，使得商业银行不敢轻易放贷，企业难以通过正常的信用渠道获取生产发展的资金。

（二）扩大消费市场需要信用来启动

在买方市场条件下，依靠扩大本国信用交易总额来扩大市场规模、拉动经济增长是许多发达国家的成功经验。在良好的市场信用环境下，一国的市场规模会因信用交易的增长而成倍增长，从而拉动经济、增加就业。扩大内需是我国要长期坚持的一项战略方针。目前，我

国城市居民的消费结构出现明显的升级趋势，家庭消费逐步向住房、汽车、教育等方面转移。这种消费仅通过家庭的现金积累是难以快速满足的，客观上要求发展信贷消费。然而，由于我国尚未建立起较为完善的社会信用体系，银行为了控制信用风险，不得不以烦琐的手续、严格的条件来抬高消费信贷的门槛，致使消费信贷在商业银行的信贷总规模中只占很小的比例。因此，要扩大市场消费需求，拉动经济增长，就必须加快建立社会信用体系。

三、防范金融风险和深化金融改革的需要

（一）防范金融风险，必须加强信用制度建设

金融安全是国家经济安全的核心，金融风险危及金融安全，而信用风险是目前我国最大金融风险。我国的金融风险主要是在经济转型过程中，银行信用规模快速扩张，信用制度不规范、不健全造成的。金融风险挤压了银行的发展空间，恶化了金融发展环境。加强信用制度建设，通过增强借款人偿还能力和提高偿还意愿，提高借款人履约水平，能够降低银行业信用风险，从而维护金融安全，保证国家经济安全。

（二）深化金融改革，促进金融发展，必须加强信用制度建设

金融是现代经济的核心，深化金融改革是经济发展的必由之路。当前，国际金融形势出现新的变化，国内改革开放和经济建设面临新的任务，都要求进一步深化金融改革，提高我国金融竞争力。

从当前和长远来看，不论是对国有独资商业银行实行股份制改造，建立现代金融企业的法人治理结构，还是改进和加强金融监管，提高金融服务水平，都离不开社会信用体系建设。

四、整顿和规范市场经济秩序的需要

我国市场经济体制的建立是一个较长的过程。在新旧体制的交替中，旧体制虽然已无法发挥主导作用，但又经常左右着人们的行为方式。新的体制框架虽然已经确立，应该发挥主导作用，但又存在许多值得改进和完善的地方。导致市场经济秩序紊乱的主要原因有三：一是市场规范不完备，市场规则处于新建和修正过程中，市场主体有个适应的过程；二是控制手段失当，各种经济调控手段之间需要一个协调、磨合和完善的过程，司法手段、行政手段和经济手段之间的配合一旦出现问题，就会导致市场传导机制发生偏差；三是市场主体对市场机制作用下的市场经济运行规律的认识和适应有个过程，往往自觉不自觉地背离市场经济

的要求，既缺乏保护自己的有效手段，又没有足够的力量打击侵犯自己权益的违法者。在这种情况下，加快建立社会信用体系可以对此起到重要的、不可替代的作用。

由于社会信用体系建设的滞后，市场经济秩序混乱的状况还没有得到根本改变，经济领域违法犯罪现象还相当严重。假冒伪劣商品充斥市场，偷税漏税、走私骗汇屡禁不止，商业欺诈、逃废债务现象严重，财务失真、假账假票、违反财经纪律比较普遍，建筑工程招投标弄虚作假、权钱交易滋长蔓延，非法经营问题突出，地区封锁、部门行业垄断在不少地方存在，等等。市场经济秩序紊乱不仅给国家和人民利益造成重大损失，而且败坏了国家信誉和形象，严重影响到市场经济的正常发展。究其原因，一个根本问题是社会信用缺失，失信者得不到严惩，风险成本很小而获利巨大；守信者得不到鼓励，依法经营反而无利可图。这势必造成违规者多而法不责众，更使人们对无信获利行为趋之若鹜，市场经济秩序紊乱现象愈演愈烈。因此，建立社会信用体系，真正形成全社会的奖优惩劣机制，有效维护经济活动的正常秩序，已成为当务之急。只有建立健全社会信用体系，才能从根本上扭转市场经济秩序的混乱状况，使守信者得到奖励，失信者付出代价，形成"一处失信，处处制约；事事守信，路路畅通"的社会氛围，实现社会经济生活的长治久安。

五、我国经济社会全面转型时期的需要

在计划经济体制下，我国对人的管理主要通过部门或单位来进行。如"进了国企的门，就是国企的人"，即是说一旦参加工作，一个人生、老、病、死都由其所在部门或单位"全包"下来，对人的管理也主要靠部门和单位负责。随着用人制度的改革和社会保障体系的建立，越来越多的人从"单位的人"变为"经济的人"和"社会的人"。越来越多的"社会人"的管理成了转轨时期政府管理经济社会的新课题。近年出现的一些重特大恶性事件，都和我们疏于对"社会人"的管理有关。征信国家对于"社会人"的管理，是靠严格的征信系统和完整的信用记录进行的，对不讲信用的企业和个人形成强大的压力和威慑力。例如，无人与其做生意，无人给予其贷款，无人租给其住房，无人聘用其为雇员，甚至加入各类保险的保费也要比他人高得多。由此，加强了全社会对"社会人"的监督、制约和管理。从某种意义上说，信用记录就是"紧箍咒"，失信就等于自己给自己念"紧箍咒"。

六、应对全球经济一体化的需要

进入 21 世纪，全球经济一体化日益展示为一种新的世界经济新秩序，对世界各国经济、

政治、文化等各方面都造成越来越大的冲击。全球化时代的各经济主体都必须按统一的国际市场规则进行经济活动，这就需要有全球统一的社会信用体系来约束和支撑。加入世界贸易组织后，我国经济面临更大的发展空间和更为激烈的竞争环境，国内市场经济将高度活跃，经济主体之间的信用活动将日趋频繁。我国经济将在全球经济分工中占有什么位置，拥有多少市场份额，如何更有利地参与国际竞争，这些都与我国社会信用体系的建设有直接关系。

就信用服务业本身而言，在西方发达国家，信用服务业被视作现代经济的重要组成部分。而在我国，信用服务业发展缓慢，相关法制建设和政策配套滞后，评估机构的独立地位尚未完全确认，机构小而杂，没有形成权威，评估队伍总体素质和水平偏低。当前，我国信用服务市场对外开放的国民待遇，使国外信用服务机构依托其国际知名度、全球化的市场、完备的人才及成熟的技术等优势，对我国的信用服务机构产生巨大威胁，甚至垄断某个领域、某个地域的信用服务市场。因此，需要大力加强我国信用服务行业的建设，以应对国外信用服务机构的挑战。

七、培育新的信用文化的需要

在我国的传统文化中，诚信作为一种美德被广泛传颂，作为一种价值观念产生道德约束。这在小农经济、计划经济条件下得到了维持。而在现阶段，我国处于计划经济向市场经济的转轨时期，传统的信用文化被打破，新的信用文化尚未建立。在经济利益的驱动下，造假、欺诈、骗约、违约、毁约、赖账、逃废债务、偷税等失信行为层出不穷，严重破坏了正常的经济秩序。社会信用秩序紊乱在导致资源严重浪费的同时，破坏着市场经济得以存在和运行的基础，甚至以渐进的方式毁坏着中华文明。发展市场经济必须培育新的、与市场经济相适应的信用文化，使诚信不仅仅是一种美德，更是一种实际的管理手段，与企业的发展和个人的创业、生活、工作、就业等直接挂钩，让守信者获得种种收益，让失信者遭到市场的淘汰。这样一种意识和文化的形成与确立，不能仅靠简单的教化来解决，而必须要依靠规范的信用制度来实现。

第三节 我国社会信用体系建设的总体思路

为保证我国经济持续稳定发展，使信用经济的发展对拉动我国国民经济增长的作用发挥出来，必须得到社会信用体系的保障。然而，在新的历史条件下，我国发展信用经济不可能走发达国家走过的老路，花费100多年的时间去形成社会信用体系，而是必须抓住历史机遇，探索出一条具有中国特色的赶超之路，加速我国的社会信用体系建设进程。

一、我国社会信用体系建设的指导思想、原则

社会信用体系建设要以邓小平理论和"三个代表"重要思想为指导，牢固树立和全面落实科学发展观，以法制为基础，以信用制度为核心，以健全信贷、纳税、合同履约、产品质量的信用记录为重点，坚持"统筹规划、分类指导，政府推动、培育市场，完善法规、严格监管，有序开放、维护安全"的原则，建立全国范围信贷征信机构与社会征信机构并存、服务各具特色的征信体系，最终形成体系完整、分工明确、运行高效、监管有力的社会信用体系基本框架和运行机制。

要结合我国实际，明确长远目标、阶段性目标和工作重点，区别不同情况，采取不同政策，有计划、分步骤地推进社会信用体系建设工作。要加大组织协调力度，促进信用信息共享，整合信用服务资源，加快建设企业和个人信用服务体系。要坚持从市场需求出发，积极培育和发展信用服务市场，改善外部环境，促进竞争和创新。要抓紧健全法律、法规，理顺监管体制，明确监管责任，依法规范信用服务行为和市场秩序，保护当事人的合法权益。要按照循序渐进的原则扩大对外开放，积极引进先进的管理经验和技术，促进信用服务行业发展，满足市场需要，维护国家信息安全。

二、社会信用体系建设的主要任务

（一）完善行业信用记录，推进行业信用建设

社会信用体系建设涉及经济社会生活的各个方面。商品的生产、交换、分配和消费是社会信用关系发展的基础，社会信用体系的发展要与生产力发展水平和市场化程度相适应。应根据我国的国情和现阶段经济社会发展的需要，针对我国市场经济秩序中存在的突出矛盾和问题，借鉴国际经验，进一步完善信贷、纳税、合同履约、产品质量的信用记录，推进行业信用建设。

行业信用建设是社会信用体系建设的重要组成部分，对于促进企业和个人自律，形成有效的市场约束，具有重要作用。要依托"金税"、"金关"等管理系统，完善纳税人信用数据库，建立健全企业、个人偷逃骗税记录。要实行合同履约备案和重大合同鉴证制度，探索建立合同履约信用记录，依法打击合同欺诈行为。要依托"金质"管理系统，推动企业产

品质量记录电子化，定期发布产品质量信息，加强产品质量信用分类管理。要继续推进中小企业信用制度建设和价格信用建设。要发挥商会、协会的作用，促进行业信用建设和行业守信自律。国务院有关部门要根据职责分工和实际工作需要，抓紧研究建立市场主体信用记录，实行内部信用分类管理，健全负面信息披露制度和守信激励制度，提高公共服务和市场监管水平。各部门要积极配合，及时沟通情况，建立信用信息共享制度，逐步建设和完善以组织机构代码和身份证号码等为基础的实名制信息共享平台体系，形成失信行为联合惩戒机制，真正使失信者"一处失信，寸步难行"。

（二）加快信贷征信体系建设，建立金融业统一征信平台

金融是现代市场经济的核心，金融业是高风险行业，一旦出现金融风险必将影响国民经济全局。金融领域的信用制度，是社会信用体系的重要组成部分。加快建立金融领域的信用制度，是社会信用制度建设的迫切任务，既是加强金融监管，防范和化解金融风险的客观需要，也是国民经济持续、快速、健康发展和社会稳定的重要前提。金融业特别是银行业是社会信用信息的主要提供者和使用者。要以信贷征信体系建设为切入点，进一步健全证券业、保险业及外汇管理的信用服务系统，加强金融部门的协调和合作，逐步建立金融业统一征信平台，促进金融业信用信息整合和共享，稳步推进我国金融业信用体系建设。各地区、各部门要积极支持信贷征信体系的建设和发展，充分利用其信用信息资源，加强信用建设和管理。信贷征信机构要依法采集企业和个人信息，依法向政府部门、金融监管机构、金融机构、企业和个人提供方便、快捷、高效的征信服务。

（三）培育信用服务市场，稳妥有序地对外开放

要加大诚实守信的宣传教育力度，培育全社会的信用意识，树立良好的社会信用风尚。要鼓励扩大信用产品使用范围，培育信用服务市场需求，支持信用服务市场发展。要坚持以市场为导向，培育和发展种类齐全、功能互补、依法经营、有市场公信力的信用服务机构，依法自主收集、整理、加工、提供信用信息，鼓励信用产品的开发和创新，满足全社会多层次、多样化、专业化的信用服务需求。

政府信息公开是信用服务市场发展的基础。各部门、各地区在保护国家机密、商业秘密和个人隐私的前提下，要依法公开在行政管理中掌握的信用信息。地方人民政府要进一步推进本地区社会信用体系建设，充分利用信贷、纳税、合同履约、产品质量的信用记录，改善地方信用环境，减少重复建设和资源浪费。具备条件的地区，可以本着节约高效、量力而行的原则，积极探索社会信用体系建设的有效方式和途径。

在严格监管、完善制度、维护信息安全的前提下，循序渐进、稳步适度地开放信用服务市场，引进国外先进的管理经验和技术。根据世界贸易组织关于一般例外及安全例外的原

则，基础信用信息数据库建设、信用服务中涉及信息保护要求高的领域不予开放。

（四）完善法律、法规，加强组织领导

完备的法律、法规和国家标准体系，是信用行业健康发展的保障。要按照信息共享，公平竞争，有利于公共服务和监管，维护国家信息安全的要求，制定有关法律、法规。要坚持规范与发展并重的原则，促进信用服务行业健康发展。要严格区分公共信息和企业、个人的信用信息，妥善处理好信息公开与依法保护个人隐私、商业秘密和国家信息安全的关系，切实保护当事人合法权益。要加快信用服务行业国家标准化建设，形成完整、科学的信用标准体系。

信用法律、法规的主要内容应该包括：信用信息公开的内容、范围、途径和时限；信用服务行业准入条件、退出机制、执业规范、法律责任；被征信人合法权益的保护、信息纠纷的处理；信用分类监管和失信惩戒等。

透明高效的监管体制是信用行业健康发展的重要保障。为加强统筹协调，应由国务院办公厅牵头建立国务院社会信用体系建设部际联席会议制度，指导推进有关工作。按照统一领导、综合监管的原则，根据具体业务范围和各部门的职责分工，分别指定有关部门具体负责日常监管，落实监管责任。有关部门要依法严格市场准入，监督和管理信用服务机构，查处违法违规行为，完善市场退出机制，维护市场秩序，防止非法采集和滥用信用信息，促进社会信用体系和信用服务市场健康发展。

（五）开展诚信宣传教育和培训

一是要制定具体的工作方案，组织形式多样、生动活泼的诚信宣传教育活动。二是大力普及信用知识，各类院校、研究机构、行业组织和信用服务机构，要面向社会各阶层开展系统的信用知识培训。

（六）实行信用分类监管

行政管理部门要结合工作的特点，改革对市场主体的监管手段，实行信用分类监管。要建立并完善信用信息分类标准和内部评估机制，改善信用信息的处理手段和方法，建立信用档案，连续、完整、准确记录管理相对人的信用信息，改进管理方式，提高管理效率。部门之间和地区之间要建立信用信息交换机制。依据信用档案和信用信息交换机制，对管理相对人进行全面的信用评价，并据此实行不同形式的内部信用等级分类管理，把经常违规或违规情节严重者列入"黑名单"，公开警示；对守法守信者给予各种便利。

（七）建立信用信息公开制度

政府、金融机构、工商企业和行业协会等社会信用体系的各个主体，都要依法依规，以不同的形式公开在行政管理和业务活动中掌握的信用信息。政府要率先公开信用信息，信息

公开一般应当是无偿的。管理相对人的注册信息、基本情况和重大违法违规行为要向全社会公开；企业、个人一般性违规失信信息，要向信用服务机构公开。要实现跨部门、跨地区的互联互通和相互查询。

鼓励公用事业单位建立用户档案，记录缴费和欠费情况，情节严重、久拖不付的要进入"黑名单"，并向查询者公开，以形成对欠费者的社会约束和压力。

行业协会可以为政府和信用服务机构提供一定的信用信息。企业也可以在自愿的基础上公开自身的信用信息。

（八）建立鉴证类信用服务机构的信用服务制度

会计、审计、公证、资产评估、质量检验、认证认可、价格鉴定等鉴证类信用服务机构，从事对经济和社会活动的社会公证和监督，是社会公信力的重要体现。鉴证类信用服务机构自身能否讲求诚信、规范运作，直接关系全社会的诚信水平。政府主管部门和行业协会要加强对鉴证类信用服务机构的监管，建立信用档案，记载承揽业务、执业质量、收费水平、客户反馈及奖罚情况等信息，及时发现异常变动，为监管提供依据，加强对执业质量的监督检查。逐步完善鉴证类信用服务机构内部的信用制度建设，加强信用自律，增强信用服务机构执业的独立性和公正性。

（九）建立行业信用自律机制

建立行业信用自律机制是行业协会的重要职责。行业协会要制定各自行业信用自律的行规行约和信用发展规划，公开信用信息，对失信行为进行行业评议和相应惩戒，强化会员的守信意识和诚信自律，为会员企业提供信用服务的技术支持与咨询、培训。

（十）建立商业化运作的企业和个人信用服务体系

支持信用服务机构开展信用调查、信用评估、信用担保、信用管理咨询等业务活动。政府部门要在信息公开、免费查询等方面为信用服务机构的经营活动提供便利，不经营商业性的信用服务业务。要支持信用服务机构扩大经营规模，开发新的信用产品，要鼓励实力强、信誉好、经营规范的信用服务机构做大做强，逐步形成与社会需求相适应的信用服务能力。个人信用服务机构归集和加工个人信用信息，形成个人信用产品，满足市场需求。

加强对信用服务行业的监管，建立相应的市场准入、日常监管、违规处罚和退出机制，使其健康发展。对企业信用服务机构要设置适度的准入标准，鼓励公平竞争，限制垄断。对个人信用服务机构要设置较严格的资质和市场准入标准，防止滥用个人信用信息。

（十一）建立标准化和技术支撑体系

加快建设和完善全国信用行业的标准化体系，制定信息分类编码、信用数据格式、信用信息数据库建设规范、安全标准、信用服务标准等，为实现全国信用信息的互联互通和数据共享奠定基础，避免资源浪费。

　　社会信用体系建设是一项宏大的社会系统工程，也是一项长期复杂的任务。要完成建设任务，需要各地、各部门在国务院的统一领导下，根据各地实际和各自的职能分工，积极推进这项工作；需要相关行业协会和社会中介机构积极探索，并制定信用方面的行规行约，强化成员的诚信意识，形成多元化的诚信机制；需要各类企业建立以风险防范制度和自律机制为目标的内部管理制度；需要引导社会各界积极参与和全力配合，营造诚实守信的社会环境，增强对各类失信行为的防范意识和自我保护能力。

★ 案例

2001 年话信用

　　2000 年 10 月爆出基金黑幕事件后，面对中国股市浓烈的投机气氛，当时已 70 岁高龄的经济学家吴敬琏在接受中央电视台《经济半小时》和《南方周末》采访时语出惊人："中国的股市很像一个赌场。""基金市场黑不得"的声音传遍大江南北，吴敬琏用自己的行动宣示了一个道理：做学问重要，良知和勇气更重要。吴敬琏以一个经济学家的身份获得"2000 年中国经济年度人物"当之无愧，是众望所归。

　　这一年，从中央到地方、从沿海到内地、从生产领域到流通领域，一场整顿市场经济秩序的专项斗争拉开帷幕。伴随着全国整顿市场经济秩序工作会议的召开，一个重建信用经济的大行动在全国各地广泛开展起来。经济领域的信用问题引起社会各界的关注，几乎所有的经济学家都承认，中国市场经济建设正在遭遇一个空前尴尬的局面，那就是信用危机。

　　2001 年被称为"信用年"。这可以从《中华工商时报》在这一年里持续关注这一话题得到证明。

　　1 月 31 日，《2001：重建信用经济》报道中透露，有关部门宣布今年将进一步推进"百城万店无假货"活动。而在上年年底，一场声势浩大的全国范围的联合打假活动已经迅猛展开。在金融领域，人民银行正在考虑建立个人信用制度的可能性，上海等地的金融机构已开始建立个人信用档案数据中心。种种迹象表明，2001 年将是重建信用经济的一年。

　　2 月，民营企业家史玉柱悄然复出引出一场还款风波，并引发了人们对信用的极大关注。联系几位经济学者的"股市论战",《中华工商时报》提出：证券市场要加强监管，股市也要信用，并发表评论《股市也需要史玉柱》。沉寂几年的史玉柱靠保健食品"脑白金"重新回到了市场。很快，"脑白金"就铺天盖地，史玉柱重新站起来，并再次获得成功。

据说，在1999年前后，已决定靠"脑白金"重返市场的史玉柱，没有市场的启动资金，就在他几乎山穷水尽的时候，是段永基帮了史玉柱。到2001年初，史玉柱凭着"脑白金"，已从市场上获利上亿元人民币。而在整个"脑白金"的运作过程中，史玉柱几乎是隐姓埋名。"巨人"已破产，史玉柱重新面对公众的时候，选择的是偿还过去巨人所有欠款的方式。据说，当年巨人欠款高达近3亿元。史玉柱靠信用的取向重新站起来，更加获得市场的好评。

3月14日，中国广告协会发布将评选十大虚假广告，协会副秘书长说，这是中广协开展"中国广告信誉年"——"真实承诺我先行"活动的一部分。15日，全国政协委员赵海宽提出，我国当前社会信用，尤其是商业信用和银行信用已严重恶化，建议采取有效措施，以促进经济健康发展，并做好加入世界贸易组织准备。

5月17日，参加全国工商联八届八次常委会的周晋峰等民营企业家在南昌发出倡议：9月19日为中华全国工商业联合会企业会员诚信日，提出诚实守信是企业生存与发展的根本。

6月4日，《中华工商时报》一篇名为《信用公示拯救信用危机》的文章报道了一项旨在重建企业信用的"信用公示工程"由杭州市工商局富阳分局推行后，在浙江全省范围内全面推广，已有173万个个体私营企业积极响应。

8月7日，国家经济贸易委员会发布100户"重合同守信用"中小企业名单。李荣融提出，规范有序的市场经济需要建立有效调动社会资源和规范交易行为的信用制度。

9月10日，上海开始为企业试建信用档案。有经济界人士评价说，作为中国第一个全面而且完善的企业户籍库，它为以"诚信"为基础的现代经济社会发展奠定了基础。

12月8日，由中华全国工商业联合会主办，《中华工商时报》和温州市工商联协办，温州吉尔达鞋业公司发起并承办的"信用经济与温州民企发展研讨会"在北京举行，来自中央有关部门、温州市政府的官员、专家学者、企业家普遍认为，信用是一个企业生存与发展的基础，但信用经济的建立绝非一期一夕之功，需要付出长期的巨大努力。

12 月 25 日，国家工商行政管理总局公布首批"重合同守信用"企业名单。这些企业已连续八年以上被各地工商部门和人民政府命名为"重合同守信用"企业。这一称号被许多外商评价为中国政府的"信用证"。

2001 年，从全球来看，也是极其不平静的一年。不平静显然是指"9·11"事件。也就是在"9·11"事件之后，12 月 2 日，"美国最具创新精神的公司"安然公司申请破产。与安然事件几乎同时暴露的还有美国世通公司的财务丑闻。这也表明"信用"受到全面的挑战。与此同时，美国纳斯达克股灾使得美国经济突然变得动荡不安。现在从某种角度来看，2008 年，由美国次贷危机所引发的金融海啸及产生的经济危机，其实在 2001 年的"9·11"事件时就已埋下了"祸根"。

资料来源：张志勇：《中国往事 30 年》，北京，经济日报出版社，2009。

· 本章小结 ·

1. 信用缺失使交易秩序紊乱，有效的市场竞争难以开展，交易成本增加，效率降低；市场配置资源功能受到严重损坏，市场经济秩序被破坏，企业的发展受到抑制，道德失范，社会风气败坏，还影响社会安定，损坏我国经济发展软环境和我国对外开放形象，影响我国社会经济发展和改革开放目标的实现。我国当前信用缺失的主要表现有：个人信用失常，企业与中介组织信用恶化，银行信用受损，政府信用降损，道德失范出现信仰危机和社会风气败坏等。

2. 我国当前社会信用缺失的原因主要有：体制转轨；政府职能错位和缺位，政府行为不规范；缺乏专门的信用服务制度和法律；对失信行为的处罚力度小，守信收益小，失信成本低；传统文化道德作用削弱或者丧失，新的文化道德体制尚未有效建立等。

✏️ 课后练习题

一、单项选择题

1. (   ) 是社会信用的基础。

A. 个人信用　　　　B. 企业信用　　　　C. 银行信用　　　　D. 政府信用

二、多项选择题

1. 我国当前信用缺失的主要表现有（　　　）。

    A. 个人信用失常　　　　　　　　　　B. 企业与中介组织信用恶化

    C. 银行信用受损　　　　　　　　　　D. 政府信用降损

    E. 道德失范、信仰危机和社会风气败坏

2. 社会信用体系建设的主要任务有（　　　）。

    A. 完善法律、法规，加强组织领导　　B. 开展诚信宣传教育和培训

    C. 实行信用分类监管　　　　　　　　D. 建立信用信息公开制度

    E. 建立行业信用自律机制

三、判断题

1. 个人信用是社会信用最直接的表现，也是社会信用的基础。（　　　）

2. 个人信用是社会信用的核心内容，更是社会经济运行的基础。（　　　）

3. 银行信用是在商业信用基础上发展起来的，它是信用在现代经济中最集中的表现。（　　　）

4. 企业信用是社会信用的保障，是社会信用体系最后的保障线。（　　　）

5. 信用是市场经济运行的前提和基础。（　　　）

6. 信用具有货币属性，能够实现一定的经济政策功能，成为国家宏观调控的重要工具。（　　　）

附录 课后练习题参考答案

第一章 社会信用与现代市场经济

一、单项选择题

1. A   2. B   3. B   4. C   5. C

二、多项选择题

1. AC   2. ABCD   3. BC   4. ACD   5. ABD   6. ABCD   7. ABCD   8. ABC

9. ABCD   10. AD

三、判断题

1. ×   2. √   3. ×   4. ×   5. ×   6. √   7. √

第二章 社会信用体系概述

一、单项选择题

1. A   2. B   3. A   4. A

二、多项选择题

1. ABCDE   2. ABC   3. ABC   4. ABCD   5. ABCD   6. ABC

三、判断题

1. √   2. √   3. ×   4. √   5. √   6. ×   7. ×

第三章 社会信用体系的国别比较及借鉴

一、单项选择题

1. D   2. C   3. C   4. B   5. B   6. D   7. B

二、多项选择题

1. ABC   2. ACD   3. ABCD   4. ABD   5. AB

三、判断题

1. ×　2. √　3. ×　4. ×　5. √　6. ×　7. √　8. √

第四章　信用法律、法规体系

一、单项选择题

1. A　2. C　3. A　4. B　5. A

二、多项选择题

1. ABCD　2. ABC　3. AC　4. ABCD　5. ABC　6. AC　7. ABCD

三、判断题

1. ×　2. √　3. √　4. ×　5. √　6. √　7. √

第五章　征信体系

一、单项选择题

1. B　2. D　3. A

二、多项选择题

1. ACD　2. ABCDE　3. AB　4. ABCE　5. ABC

三、判断题

1. √　2. ×　3. ×

第六章　信用评价体系

一、单项选择题

1. B　2. A　3. D　4. C　5. B　6. B　7. C

二、多项选择题

1. ABCD　2. ABCD　3. ABD　4. ABC　5. BCD　6. ABCD　7. ABC　8. ACD

三、判断题

1. √　2. √　3. ×　4. ×　5. ×　6. ×　7. √　8. √

第七章　社会信用服务业务

一、单项选择题

1. D　2. B　3. A　4. B　5. A　6. B　7. C　8. D　9. B

二、多项选择题

1. AB　2. ABCD　3. BC　4. ABCD　5. ABC　6. ABD　7. ACD　8. ABCD

三、判断题

1. ×　2. √　3. ×　4. ×　5. √　6. √　7. ×　8. ×　9. ×

第八章　信用监管与失信惩戒机制

一、单项选择题

1. A　2. B　3. C　4. B　5. D　6. D

二、多项选择题

1. ABC　2. ABCD　3. ABD　4. BCD　5. ABD　6. BC

三、判断题

1. √　2. ×　3. √　4. √　5. ×　6. ×

第九章　信用教育体系

一、单项选择题

1. B　2. C　3. A　4. C　5. A

二、多项选择题

1. ABC　2. AC　3. ABC　4. ABD　5. BCD　6. ABC

三、判断题

1. √　2. ×　3. √　4. ×　5. ×　6. √

第十章　建立中国特色的社会信用体系

一、单项选择题

1. A

二、多项选择题

1. ABCDE　2. ABCDE

三、判断题

1. √　2. ×　3. √　4. ×　5. √　6. √

参考文献

[1] 谭中明，等．社会信用服务体系——理论、模式、体制与机制．合肥：中国科学技术大学出版社，2005．

[2] 吴晶妹．现代信用学．北京：中国人民大学出版社，2009．

[3] 荣艺华．国外发达国家社会信用体系建设的启示及借鉴．西安金融，2003（8）．

[4] 曹元芳．发达国家社会信用体系建设经验与我国近远期模式选择．现代财经，2006（6）．

[5] 李信宏，等．信用评级．北京：中国人民大学出版社，2006．

[6] 欧志伟，萧维，等．中国资信评级制度建设方略．上海：上海财经大学出版社，2005．

[7] 安贺新．我国社会信用制度建设研究．北京：中国财政经济出版社，2005．

[8] 刘军，钱超．论信用教育体系建设．理论界，2006（7）．

[9] 曹晓鲜．现代市场经济社会信用体系研究．长沙：中南大学出版社，2005．

[10] 林钧跃．社会信用体系原理．北京：中国方正出版社，2003．

[11] 张亦春，等．中国社会信用问题研究．北京：中国金融出版社，2004．

[12] 中国市场学会信用工作委员会．公务员信用知识读本．北京：中央文献出版社，2004．

[13] 李晓红．中国转型期社会信用环境研究．北京：经济科学出版社，2008．

[14] 孙毅．信用服务概论．北京：中央广播电视大学出版社，2004．

[15] 人事部高级公务员培训中心．新编信用知识读本．北京：中国人事出版社，2007．

[16] 曾康霖，邱伟．中国转型期信用制度建设研究．北京：中国金融出版社，2007．

[17] 全国整顿与规范市场经济秩序领导小组办公室和北大中国信用研究中心．中国信用发展报告．北京：中国经济出版社，2009．

[18] 李新庚．信用论纲．北京：中国方正出版社，2004．

[19] 全国信用标准化技术工作组．中国社会信用体系建设法规政策制度精编．北京：中国标准出版社，2007．